生野南小学校教育実践シリーズ

(第1巻)

「『生きる』教育」

自己肯定感を育み，自分と相手を大切にする方法を学ぶ

監修 西澤 哲・西岡加名恵

編 小野太恵子・木村幹彦・塩見貴志

執筆 才村眞理・竹内和雄・橋本和明・
大阪市立生野南小学校・田島中学校

Ikuno Minami Elementary School,
Educational Practice Series

日本標準

「『生きる』教育」はなぜ生まれたか

　かつて私が新任で勤めた中学校は，校内でもいじめや喫煙等の課題を抱えており，家庭でも子ども虐待等の課題を抱えていた。校内での課題を解決するのもままならない中，家庭の問題まで口をはさむ余裕もなく，歯がゆい思いでいた。それでも教員経験を20年以上積み重ね，家庭に起因するような課題にも一定対応できるようになったと思っていた。

　しかし，2011年に生野南小学校に教頭として赴任し，児童養護施設から通う子どもたちの厳しい状況を見たとき，対症療法的対応では到底太刀打ちできないと考え，根本的な解決方法を探した。そうした課題を校内で共有したところ，2013年度に田中梓養護教諭が人権教育の一つとして「性教育」を扱うことを提案した。さらに2014年度には「性教育」を，自己肯定感や自尊感情を揺さぶるような保健教育として位置づけ，国際的潮流にあわせて人間関係やジェンダーまで扱うようにした。さらに2016年度には，小野太恵子教諭と別所美佐子教諭が中心となり「『生きる』教育」として，1年生で「プライベートゾーン」，4年生で「ライフストーリーワーク」，5年生で「デートDV」の授業を整え，ほぼ今の6年間のプログラムを完成させた。

　「『生きる』教育」とは，「自分」「赤ちゃん」「生い立ち」「大人」「パートナーとの関係」「親子関係」等，子どもたちの人生の中で一番身近にありながら，心の傷に直結しやすいテーマで，自分の心と体を大切にしつつ，人とつながる力，つまり，生きていくうえで不可欠な力を培う教育である。

　2019年度には，5年生「スマホについて考えよう」としてSNS等，デジタルコミュニケーションツールの「良さ」と「危うさ」を学ぶプログラムを追加。2020年には，校区の田島中学校で3学年分のプログラムを作成。6年生「心の傷のメカニズム」では，児童がトラウマについて理解し，友達の心の傷を癒す視点をもつ。4年生「考えようみんなの凸凹」で子どもから見た「発達課題」と「アタッチメント（愛着）に関わる課題」，その境界線へのアプローチを扱う等，「『生きる』教育」は進化を続けている。

　普通ではない大きな課題があったからこそ，教員が一致団結し，医療，福祉，心理，教育の専門家を訪ね，普通ではない解決法を見つけ出した。しかし，この解決法を必要としているのは普通の子どもたちであり，普通の教員である。ご指導いただいた才村眞理先生，下川隆士先生，竹内和雄先生，辻由起子先生，西澤哲先生，橋本和明先生には，深く感謝する。

　今回，京都大学の西岡加名恵先生より書籍化のお話をいただいた。本書を手にした方に少しでもお役に立てればと思う。

　2022年3月

大阪市立生野南小学校

校長　木村幹彦

※2022年4月より生野南小学校と田島小学校を統合した田島南小学校が田島中学校敷地内に新設され，田島南小中一貫校として施設一体型の小中一貫教育が進められている。
※「田島南小中一貫校」は愛称。正式の学校名は「大阪市立田島南小学校」「大阪市立田島中学校」である。

スタンダードをめざして

　この文章を書いている時点で，私はまだ田島中学校で1年間働いていない。にもかかわらず書籍化のタイミングで，校長として教員の授業づくりと生徒の変容を見守ることができた偶然に感謝したい。

　書籍化については，内心，「第1ステージの整理かつ第2ステージの始まり」になると目論んだ。さらに，第1ステージ「教材の開発」，第2ステージ「特別から普通へ」と，秘かにテーマまで決めている。

　生野南小学校において，2014年から始まった「『生きる』教育」は，実践と研究を往還することで進化してきた。それを受けて，田島中学校では，2020年より従来の性教育を「『生きる』教育」の7，8，9年目と位置づけて，内容を抜本的に見直した。こうして「『生きる』教育」（「性・生教育」）の9年間プログラムが完成した。実践の内容は，家庭背景をはじめとする児童・生徒の状況や特性を十分に考慮することを当然としても，すべての小・中学校に対して参考になるものと考える。特に，小学校プログラムはブラッシュアップを繰り返しており，生野南小学校では転任1年目の教員であっても，このプログラムを通して児童の声を紡いでいることを報告しておきたい。

　2021年の田島中学校での公開授業および研究協議で，「この授業が普通に行われるようになったら，この社会も少し生きやすくなっている」と挨拶した。「普通に行う」という文言には，以下のような願いと危機感を込めた。中学校プログラムは開発初期ということもあり，授業者は一部の教員が担っている。そのため，生徒にとっても教員にとっても「特別感」の強い授業となっている。3年目以降はすべての教員が，プログラムを自分のなかに落とし込み，授業できるようになることが課題である。また，生野南小学校・田島小学校・田島中学校は，2022年4月からは田島南小中一貫校としてリスタートする。小学校プログラムも，対象が教員・児童ともに2倍に膨らむ。「あの時の生野南小学校だからできた」というように「特別」に逆戻りさせてはならない。

　「『生きる』教育」（「性・生教育」）の9年間プログラムに興味・関心のある人，授業づくりの参考にしようとしている人，第2ステージをめざす本校関係者など，本書を手にしていただいたすべての人にとって，この実践報告が「羅針盤」になることを願う。

　2022年3月

大阪市立田島中学校

校長　塩見　貴志

※2022年4月より生野南小学校と田島小学校を統合した田島南小学校が田島中学校の敷地内に新設され，田島南小中一貫校として施設一体型の小中一貫教育が進められている。
※「田島南小中一貫校」は愛称。正式の学校名は「大阪市立田島南小学校」「大阪市立田島中学校」である。

目 次

第2章
ライフストーリーワークの 視点を取り入れた教育 ──治療的教育── ⓪63

「『生きる』教育」とは何か
── 子どもたちの幸せを願って ──

「『生きる』教育」の授業風景（6年生）

　生野南小学校・田島中学校の教室には，虐待経験（暴力・暴言，ネグレクト，面前DVなど）や親の離婚によるトラウマを抱える子どもたちが複数いる。そういった子どもたちは，自己肯定感が低く，しばしばアタッチメント障害（愛着障害）など発達上の課題を抱えることとなる。

　「『生きる』教育」には，そういった子どもたちに，幸せに生きるうえで必要な知識を身につけさせるとともに，友達と真剣に話し合うことを通して人を信じることができる力を保障したい，という願いがこめられている。トラウマに起因するアタッチメント障害がもつ"負の引力"は，思春期において大きな揺れをもたらしてしまう。そのような"負の引力"に打ち勝つとまではいかないまでも，将来，どうしてもしんどくなった時に，授業での温かい記憶を一瞬でも思い出してくれたらと願い，「授業」の力を信じて実践を重ねている。

　序章では，「『生きる』教育」の実践が生まれた背景を紹介するとともに，本書で紹介する10のプログラムを概観しよう。

逆境体験のある子どもたちのニーズ
── 「『生きる』教育」の出発点

　毎朝8時10分，生野南小学校の校門前には，一刻も早く学校に来たい子どもたちであふれる。走ってはいけない廊下は速足で通過し，ランドセルを教室に置くと，一目散に校庭に駆け出していく。やがて校庭には仲良く遊ぶ子どもたちの声が響く。授業が始まれば，楽しそうに，熱心に友達と学ぶ子どもたちの姿がある。授業が盛り上がると，子どもたちはしばしばチャイムが鳴っても集中して学び続けている。

　しかし，10年前（2011年度当時）の生野南小学校では，激しい暴言・暴力，規律違反や窃盗，器物破損，授業離脱，教師への反抗が連続的，多発的に起きていた。筆者（小野）が担当したクラスでも，他校で経験したのとは異なる質の「荒れ」を経験していた。たとえば，スイッチが入るとプロボクサー級のスピードでこめかみを1発なぐる，相手がうずくまった瞬間にみぞおちを膝蹴り，よろめいた相手の髪の毛をつかんでおでこを壁に打ち付ける，倒れた相手の上に馬乗りになり，ぼこぼこにする，といった激しい暴力をふるう子どもたちがいた。

　このような10年間の変化は，問題行動に対し一貫した対応を徹底し，人権教育を充実させることによって「荒れ」を克服するとともに，学校全体で国語科教育の研究に取り組んで学力向上に努めてきたこと，日常生活や行事において子どもたち一人ひとりに活躍の場を与え「すべての個性を輝かせる場づくり」を実現してきたことなどによってもたらされたものである（詳細は，第2巻・第3巻を参照）。

　ただ，学校の努力によって「荒れ」が克服されたとはいえ，社会的背景に起因する困難がなくなったわけではない。生活態度や学力が向上してもなお，約2〜3割の子どもたちについては「自己肯定感」の向上が見られないという問題が残っていた。「あなたは自分のよい所を見つけることができますか」という問いに否定的に回答する子どもたちの多くには，「家族関係」や「生い立ち」に関わる課題がある。

　生野南小学校がある生野区は，大阪市の中でも生活保護率の高い地区である（大阪市「生活保護状況　平成29年3月分」によると，7.24％）。また，生野区の総人口の約2割が，韓国・朝鮮人などの外国人である。生野南小学校に通う子どもたちの約1割は，地域にある児童養護施設から通ってくる。10年前に見られた子どもたちの「荒れ」は，こういった複雑な社会的な背景によってもたらされていたといえるだろう。

　たとえば，「もうすぐお母さんと一緒に暮らせんねん」と，はにかんでつぶやいた子どもの母親が，わが子との約束を守れない。期待して会えなかった次の日に，その子どもは，いつもものすごい暴れ方をしていた。そして泣きながら言う。「お母さんは仕事がんばってるから無理やってん。ほんまはやさしいねん」と。母親と一緒に暮らす夢は叶わないまま，

彼は成人を迎えることとなり，一般社会では生活できなくなってしまった。

　現在でも，施設から通う子どもたちは，参観日や運動会ごとに実親が来てくれるかどうかとそわそわする。友達が語る夏休みやクリスマスの思い出をさみしそうに聞いている姿には，いつも胸が詰まらされる。毎年3月が近くなると子どもたちは揺れ，特に6年生はそれが顕著である。進学とともに家庭に帰ることができる子どもと，それを見送る子どもがいる。見送りながら，自分の悲しいルーツを突き付けられる，あまりにも過酷な「さよなら」の季節である。

　子どもたちの「自己肯定感」の低さという問題が気にかかり，模索していた2016年夏，筆者は研修会で，子ども虐待を研究する西澤哲先生の講演[1]と，虐待防止をめざしてシングルマザーへの支援などに取り組む社会福祉士の辻由起子先生の講演[2]を，相次いで聞く機会を得た。児童虐待によるトラウマがもたらすアタッチメント障害（愛着障害）の説明は，かつて生野南小学校で見られた児童の実態と酷似していることに気づかされた（表序-1）。

表序-1　アタッチメント障害（愛着障害）と，かつての児童の実態との類似性

	アタッチメント障害	かつての生野南小でみられた児童の実態
暴言・暴力	○ まず，心に棲む人がいないことで，「大切な人が悲しむから…」というストッパーがない。 ○ トラウマの再演（PTSD）により，怒りの対象が相手児童ではなく，脈略や感情もなく，「スイッチ」だけがある状態。	殴られ続け鼻骨骨折，遊びでガラスを割り縫う怪我，多数の打撲や出血を伴う怪我が多く見られた（当時の保健室の記録より）。教師にあいさつ代わりに「死ね」「だまれ」という言葉をかける，コンパスを投げ，指導をすれば警察にかけ込むなどの行動も見られた。
人との関係	○ 親子関係において「支配される」関係以外の経験がないから，自分を守るため，「隷属」する方法しか知らない。 ○ 期待することと，裏切られることを繰り返した経験から，本当に信頼できるかを「ためす」。	「あいつを殴ってこい」と言われれば殴りに行き，「ここから飛び降りろ」と言われれば飛び降りて怪我をする。力をもつ者の命令が絶対であった。特に自分へ愛情を向けてくれる教師への執拗なまでの「試し行動」が日常的であった。
自己	○ 親の感情を中心に育ったうえに照らし返しもなかったので，自分の感情にラベル付けすることができない。 ○ 不快に鈍感で「快」になる方法を知らない。	何に関しても「わからん」という返答。心身の「快」についても，自覚が弱い。「あなたはこんないい子だ」という肯定的な照らし返しや，「今，こんな気持ち?」というラベル付けを，教師が一緒にしていく必要がある状態。

（筆者作成。「アタッチメント障害」の欄については，大阪府立母子保健総合医療センター・小杉恵氏の講演資料「虐待はなぜ起こるのか――虐待の基本的理解と虐待を受けた子どもの育ちと問題」（児童虐待防止協会オープン講座，2016年8月4日）を踏まえている。）

　「荒れ」が収まったとはいえ，逆境体験のある子どもたちには残されているニーズがある。小さな身体で，社会問題ともいえる重い課題を背負い，「今」を一生懸命生きる子どもたち。小学校では，「今」を力いっぱいに輝かせている。でも，今は笑顔の子どもたちでも，思春期になると，心の奥底にある傷や影が大きな揺れをもたらしてしまう。努力家で真面目，何事にも一生懸命だった子どもたちが無気力になったり，自傷行為をしたりすることも珍

しくない。そんな子どもたち一人ひとりの生い立ちをたどると，トラウマやアタッチメント障害による"負の引力"が働いていることに気づかされる。

　ハサミを投げられても，「ママはぼくが守ってあげるねん」と言う。お風呂に沈められてもライターで怖い思いをさせられても，「パパ好き」と言う。自分よりも彼氏を選ぶ母親と「一緒に暮らしたい」と言う。空想の親が子どもたちの心を拘束する力には，計り知れないものがある。子どもたちは，美しい親像を内在化しておかなければ心を保つことができない。それが，自分を守る生き方なのだ。

　健全な愛着形成がなされていれば，心に大切な人が棲むことで自立がかなう。しかし，これがうまくいっていない場合，時に「支配・被支配」「束縛」「依存」の関係を愛情として錯覚してしまう。ただ愛情が欲しいだけなのに，違うものばかりを追い求め，傷ついてしまう。望まない妊娠やDVは，避妊の方法やDVの定義といった知識のみを教えても少なくはならない。出会ってきた教え子たちに，悲しい人生を送ってほしくない。では，学校として何ができるのか——この問いが，「『生きる』教育」の出発点となった。

第2節　「『生きる』教育」—— 10のプログラム

　こうして2017年度から，生野南小学校では「愛着課題へのアプローチ」を研究の柱の一つとしてかかげ，独自の教育プログラムである「『生きる』教育」の開発に取り組むこととなった。「『生きる』教育」とは，「子どもたちにとって一番身近であり，心の傷に直結しやすいテーマを授業の舞台にのせ，社会問題として捉えなおす。示された『人生の困難』を解決するために必要な知識を習得し，友達と真剣に話し合うことで，安全な価値観を育む。授業の力で子どもたち相互にエンパワメントを生み出し，個のレジリエンスへつなげることをめざす」教育である。

　開発のプロセスでは，地域にある児童養護施設と緊密な連携を取り，また西澤先生・辻先生をはじめ，本書に寄稿くださっている才村眞理先生，竹内和雄先生，橋本和明先生など，さまざまな専門家から指導・助言をいただいた。さらに，2020年度からは，子どもたちが進学する大阪市立田島中学校との連携により，中学校においても「性・生教育」として「『生きる』教育」を実践することができるようになった。こうしてできた「『生きる』教育」は，表序-2に示した10の単元で構成されている。

　まず，小学校段階の「『生きる』教育」は，虐待の連鎖を断ち切るような「A．虐待予防教育」と「B．ライフストーリーワークの視点を取り入れた教育——治療的教育」が2つの柱となっている。本書では，「A．虐待予防教育」を第1章，「B．ライフストーリーワークを取り入れた教育——治療的教育」を第2章で紹介している。

表序-2　「『生きる』教育」の単元一覧

	学年	単元名
生野南小学校	1年生	A. たいせつな　こころと　体　～プライベートゾーンを学ぶ～
	2年生	B. みんな　むかしは　赤ちゃんだった　～いのちのルーツをたどる～
	3年生	B. 子どもの権利条約って知ってる？　～今の自分と向き合う～
	4年生	B. 10歳のハローワーク　～ライフストーリーワークの視点から～
	4年生	C. あつまれ！　いくなんの星☆　～考えよう　みんなの凸凹～
	5年生	A. 愛？　それとも支配？　～パートナーシップの視点から～
	6年生	A. 家庭について考えよう　～結婚・子育て・親子関係～
田島中学校	1年生	D. 脳と心と体とわたし　～思春期のトラウマとアタッチメント～
	2年生	D. リアルデートDV　～支配と依存のメカニズム～
	3年生	D. 社会の中の親子　～子ども虐待の視点から～

　「虐待予防教育」として，まず小学校1年生には，「あなたがとっても大切」と伝え，自分の体や心を大切にする方法を教える。「安心」・「安全」・「清潔」を保つために，危険・不安・不潔に気づく「基準」を考えるとともに，「プライベートゾーン」は「見ない」「見せない」「さわらない」「さわらせない」という「お約束」を学ぶ。さらに，具体的な事例のなかで，「プライベートゾーンのお約束」が守られていない場合を見きわめるワークに取り組み，困ったときに相談できる人や場所を確認する。

　2年生から4年生にかけては，「ライフストーリーワークの視点を取り入れた教育──治療的教育」にじっくりと取り組む。「ライフストーリーワーク」とは，「子どもの日々の生活やさまざまな思いに光を当て，自分は自分であっていいということを確かめること，自分の生い立ちや家族との関係を整理し（空白を埋め，輪郭をつかむ），過去－現在－未来をつなぎ，前向きに生きていけるよう支援する取り組み」[3]である。

　2年生では，安心できる距離感について体験的に学ぶとともに，「赤ちゃん」が誕生して育つまでにはたくさんの「抱っこ」があったことを知る。3年生では，「子どもの権利条約」について学ぶ。権利が守られている場合と守られていない場合を見きわめる目を養い，権利が守られていない場合には助けを求める「受援力」を高める。4年生では，自分の「未来」を描いたうえで，「今」の自分と向き合う。さらに，自分の「過去」を振り返り，「10年後の自分へ」手紙を書く。虐待を受けている子どもたちは，時に「過去」についての記憶が空白だったり途切れ途切れだったりするために，アイデンティティ形成に困難をきたす。「過去」を振り返るワークは，子どもたちにとって再トラウマ体験とならないように細心の注意が必要であり，時には一対一での対応が求められる場面である。しかし，信頼できる仲間や教師との語り合いを経ることで「過去」の整理がついた子どもたちは，きまって晴れ晴れとした表情へと一変する。

4年生については，2021年度より，「C．障害者理解教育」の授業も実践することとなった（第3章）。この授業を開発した背景には，厚木市5歳児衰弱死事件（2014年5月30日）から受けた衝撃があった。事件において，5歳児を衰弱死させてしまった父親は，シングルファザーであり，知的なハンディキャップをもっていた。また，自身も精神疾患のある母親のもとで育ったという[4]。父親自身が，自分のハンディキャップを認識し，必要な助けを求めることができていれば，このような事件は起きなかったのではないだろうか。

　ひるがえって教室の子どもたちを見ると，はっきりと分類はできないが，いわゆるグレーゾーンにいる児童や，複数の特性を持ち合わせている児童がいることに気づかされる（表序-3には，本校の子どもたちに見られる傾向の一部を示している）。そこで，発達課題やアタッチメント障害の特性や特徴を理解するとともに，困難に出合った時の原因や解決方法を「環境調整」と「人とのつながり」という視点から考える授業を構想した。宇宙人との運動会というファンタジーを取り入れた授業は，4年生の子どもたちに大好評となった。

　5年生では，再び「A．虐待予防教育」へと戻る。逆境体験をもつ子どもたちにとって，恋愛という親密な関係は実に魅力的なものである。しかし，お互いを尊重する関係の築き方がわからないために，交際が始まると同時に「支配・依存」の関係に陥ってしまう例が少なくない。人を好きになってからパートナーシップについて学んだのでは遅い。まだ恋を知らない5年生に恋愛をどのように教えればよいのか悩みつつも，恋愛の中で生じがちな「支配」や「我慢」を見抜く目をしっかり育てることをめざした。また，その中では，スマートフォンの便利さとリスクについて学ぶ授業も織り込んだ。

　6年生では，「家庭」をテーマとして位置づけ，結婚，子育て，親子関係について考える。まず，結婚は法的にみて夫婦が同じ権利をもつものであること，子育てにはさまざまな仕事があり苦労と喜びがあることを学ぶ。また，将来の自分の理想の「間取り」を考えることで，未来のイメージを膨らませる。さらに，大切な人の暴力や暴言がトラウマにまでなるというメカニズムを学ぶとともに，その治療法も考える。「人でできた傷は，人でしか癒されない」という西澤先生の言葉の奥深さを，12歳なりに味わってほしいと願っている。

　中学校の「D．性・生教育」では，法的・科学的な視点を取り入れるとともに，加害者をも生み出さない授業にすることをめざして，より社会性を含んだ内容を扱っている（第4章）。

　1年生では，思春期の素晴らしさとともに，思春期ならではのストレスもあることを知る。「トラウマ」や「うつ病」のメカニズムを学ぶとともに，ストレスへの対処方法を考える。

　2年生では，恋愛における支配と依存のメカニズムについて理解する。デートDVにはさまざまなタイプの暴力があること，また「イライラ期」「バクハツ期」「ラブラブ期」のサイクルを繰り返すために「依存」から抜け出しにくいことを学ぶ。さらに，よいパートナーシップを築くためのルールを考える。

　義務教育の締めくくり，中学校3年生では，「『生きる』教育」の出発点にあった「子ど

も虐待」の事例に迫っていく。虐待の定義を知るとともに，助けてくれる法律，相談機関，福祉制度を学ぶ。また，実際に子育ての困難に直面する親の立場にも立ってみる。最後に，虐待を防ぐためにどうすればよいかについて，子どもたち一人ひとりが考える。

表序-3 子どもたちに見られる特性・傾向

【ADHD傾向】 ○自分の興味のあることについては積極的に行動できるが，めんどうだと感じることや苦手なことへの拒否感は強い。思考が幼かったり，自分の気持ちを上手に話せなかったりするため，みんなとの会話がうまくいかなくてケンカになることが多い。 ○順番やルールを守ることが苦手で，勝ち負けに極端にこだわる。自分の思う通りにいかないと，すぐに手が出てしまったり，言葉で相手を傷つけてしまったりすることが多い。片づけが苦手で常に机の下は物が落ちている。忘れ物も多い。 ○常に声をかけ続けていないと，授業中も物づくりに熱中し，絵を描いたり，消しゴムのカスを練っていたりするなど，落ち着いて学習することが苦手。ゲームのルールを理解しにくいのか，理解していてもルールを破ってしまうことがあるため，友達とのトラブルが多い。
【ASD（自閉スペクトラム症）傾向】 ○計算領域・暗記分野は得意だが，抽象的な言葉の意味や物語の登場人物の心情を読み取ることが苦手。人からの直接的な関わりには対応できるようになってきたが，予測不可能な対応や自分に理解できない関わり方をされると，どうしてよいかわからなくてパニックになる。 ○抽象的な言葉や人の心情を読み取ることが苦手。言葉をそのまま聞き取ってしまうため相手の気持ちを考えることなく強く非難してしまい，トラブルとなる。以前は，予定が変更されると，気分を害する様子を見せていた。突然，会話の中で不自然に大人のような発言が混ざることがあり，馬鹿にされたと思った相手とケンカになることが多かった。 ○こだわりが強く自分が思ったことは口にしないと気持ちが収まらない。宿題のプリント類を持って帰るのを忘れたり，失くしてしまったりすることが多い。相手の気持ちを汲み取って会話することが苦手なので，直接的に相手をしつこく非難してしまうことがあるので，ケンカになる。
【アタッチメント障害（愛着障害）傾向】 ○初めての活動，初めて会う人に対しての抵抗感が激しく，試し行動をする。慣れてくると人懐こく相手に接する。以前は，自分の理解を超えた状況に対して，相手への暴力や言葉での罵りが激しかった。できていることに対しても自分に自信がなく，人前での発表・音読は極端に嫌がっていた。物を片づけることが苦手で，物を大切にいつまでも使うことも苦手。 ○自分が興味のあることに対しては参加するが，苦手なことやめんどくさいと感じることは参加せず，無意識にふらふらと離席することが多かった。相手の気持ちを逆なでするような言葉をわざと言ったり，おそらく自分の気持ちとは反対のことを言ったりすることが多かった。自分に自信がなく人前での発表・音読は極端に嫌がり，なかなか素直な気持ちを人前で見せることができなかった。自分の優しさを指摘されることがあっても恥ずかしさのあまりその相手を馬鹿にするような言葉を言ってしまって，相手を傷つけるようなこともあった。自分の大切なものへの執着心は強く，そのことについて話しているとだんだんと興奮してくる。 ○身だしなみを整える，物を片づける，物を大事に使うことが苦手。優しい気持ちはいっぱいあるのに，言葉がぶっきらぼうなため誤解を受けやすい。自分の興味があることへの集中力はとても高いが，めんどうくさいと感じることや苦手なことへの拒否感も高い。手先が器用で，常に絵を描くか，物作りに没頭している。
【発達性トラウマ障害傾向】 ○フラッシュバックを起こしたり，自分では止められない自傷行為をしたり，友達に突発的な暴力をふるったりする児童が，本校ではこれまで少なくなかった。

第3節 「『生きる』教育」へのアプローチ

　現在,「『生きる』教育」は,虐待予防教育や包括的性教育として注目されている。しかし,私たちとしては,ただただ目の前の子どもたちの命を守るために必要な授業を模索してきたというのが実感である。各学年で習得させたい知識や技能は何かを明確にし,その力を試す・活かす場を設け,授業の主題に切り込む主発問を練りに練った。目の前の子どもたちの何人かは,授業で今,扱っている問題の渦中にいる。渦中にいる子どもがいるから避けて通るのではなく,世の中には助けてくれる場所や守ってくれる人がいるという知識を保障する必要がある。そして,一人で抱えてきた,自分ではどうしようもない問題について,解決しようと真剣に考えてくれる仲間がいることを,授業の中で体験し,肌で感じてほしい――このことこそが,私たちが「『生きる』授業」で一番教えたいことである。

　一方で,公教育の現場で行う授業である以上,逆境体験をもつ子どもたちだけでなく,どの子どもにも意義深い学びとなるように,内容や展開のバランスにも配慮した。心身の貧困や虐待の連鎖を止めるのは,逆境体験のある子どもたちだけではない。すべての子どもたちが友達や社会に目を向け,うれしいことも悲しいことも他人事ではないと思えるように育てていく必要がある。

　赤ちゃんとしてのケアをされてこなかった子ども,子どもの権利が守られていない子ども,生い立ちの真実を伝えないほうがよい子ども……と,きめ細やかな配慮が必要な中,こちらの覚悟が試されるような実践が続く。でも,子どもたちは,どんな自分をも受け止めてくれる先生なのか,じっと見ている。西澤哲先生の言葉に,「選ばれる大人になる」というものがある。子どもたちに人を信じることができる力を保障すること――このことは,子どもたちに必要となる「受援力」につながるものだろう。

　子どもたちが生きていく未来社会には,きっとたくさんの困難が待ち受けている。だからこそ,何をもってレジリエンスとし,どのようにエンパワメントし合うのか――人生の試練との向き合い方を,義務教育の中でしっかりと伝えていく必要がある。ただシンプルに「生きていてよかった」と思える人生を歩んでほしい。「『生きる』授業」には,そんな願いを込めている。子どもたちが自己を誇り,未来を信じ,人を大切にできますように。

(小野太恵子)

| 注 |

(1) 西澤哲「子どもの回復に向けた支援――総論」公益財団法人 明治安田こころの健康財団主催 2016年度子ども・専門講座「虐待を受けた子どもの回復に向けた支援のあり方――精神療法,心理療法,ソーシャルワークの現場から」2016年7月30日。

(2) 辻由起子「すべてのこどもの安心と希望の実現のために――子どもの貧困の現状とその対応策について」生野区役所 職員向け夜間自己啓発セミナー,2016年8月9日。

(3) 才村眞理,徳永祥子「ライフストーリーワークの説明」才村眞理,大阪ライフストーリー研究会編『今から学ぼう! ライフストーリーワーク』福村出版,2016年,p.8.

(4) 杉山春「5歳児を衰弱死させた父親の絶望的な『孤立』――『助けを求めることを知らない』親たち」東洋経済ONLINE,2017年4月12日,https://toyokeizai.net/articles/-/165996(2022年3月10日閲覧)。

児童虐待，子どもの貧困 ── 根本解決をめざす「『生きる』教育」

──社会福祉士　辻由起子先生に聞く

生野南小学校で「『生きる』教育」が生み出される一つの契機となったのは，小野太恵子教諭が，社会福祉士の辻由起子先生の講演を聞いたことでした。辻先生の知見は，「『生きる』教育」のプログラム開発にも活かされています。辻先生の視点から見た「『生きる』教育」について，2021 年 4 月 3 日と 2022 年 3 月 25 日にお話しを伺いました。

「『生きる』教育」との関わり

社会福祉士として，子ども・若者・シングルマザーの支援活動などに取り組んでいます。

小野太恵子先生との出会いは，2016 年夏に生野区の職員研修で，子どもたちの生きづらさの背景にあるシングルマザーの状況について講演をした時のことでした。講演では，彼女たち自身も虐待されて育ち頼れる家族がいない，恋人となった男性からは DV を受けて逃げざるをえない，心にぽっかり穴が空いているために自傷行為を繰り返す，子連れで働こうと思うと託児所つきの風俗しか見つからない──そんな状況を赤裸々にお話ししました。

講演終了後，「私たちにもできることをしたい！」と小野先生が声をかけてこられて，「よし，じゃ，作戦を練ろうか」とそのまま区長のいる部屋に一緒に行ったことを覚えています。

その後，一つ一つの授業づくりの相談にのってきました。最初に作ったのは，「デート DV」の授業でした。プライベートゾーンや赤ちゃんとの触れ合いなどは他の学校でも扱われますが，生野南小学校の「『生きる』教育」では，それらが虐待予防の視点で貫かれています。また，学年ごとに発達段階を踏まえた体系が組み立てられています。

生野南小学校の取り組みの特徴

教育の世界では，子どもたちをどう指導するかという視点で物事を見がちです。しかし，福祉のメガネを通して見ると，指導が積み上がらない子どもたちの背後には，家庭が「安心・安全」の場所ではない，信頼できる大人がいない，という実態が浮かび上がって見えます。

残念ながら，現代の学校は，必ずしも子どもたちにとって「安心・安全」な場所にはなっておらず，子どもたちのニーズに対応できていない例も見られます。それに対し，生野南小学校の先生方は，学習指導要領の土台の上に立ちつつ，全教科を横断して「安心・安全」を保障する，現代の子どもたちのニーズに合った授業を創り上げてこられました。

「『生きる』教育」で扱っている内容は，子どもたちのトラウマにもアプローチするものとなるため，毒にも薬にもなる「怖い」ものです。生野南小学校では多くの専門家のアドバイスのもと，先生方が授業研究を繰り返し，内容を練りに練ってこられました。先生方からは，子どもたちの命を守るという強い責任感を感じます。

諸問題の根っこは一つ

自傷行為，依存，DV など諸問題の根っこは，実は一つです。自分の満たされない心を，何かで埋めようとしているだけなのです。

「『生きる』教育」では，自分の生きづらさがどこから発生しているのか，メカニズム（親との関係や裏切られ傷つけられた経験などか

らの影響）を正しく知るとともに，適切に人とつながり，適切に助けを求めることができる「受援力」を高めるための実践をしてきました。

そうでなければ，SNSなどで甘い言葉を言いつつも，より困難な方向へと引きずり込む人たちに手を伸ばしてしまいます。たとえば，「＃家出少女」「＃泊めて」とSNSに書き込めば，男性たちから「うちにおいで」という誘いが大量にくるという実態があります。

学校教育において，正しい知識を伝えておくことが，子どもの貧困問題に取り組むうえでも，非常に大切です。

政策への影響

生野南小学校が，「『生きる』教育」が一つのモデルを作ってくださったことで，国の「生命（いのち）の安全教育」や，大阪市で子どもを守る視点から「性・生教育」を実現することにつながりました。

自分と他者を大切にすることを学ぶ「『生

きる』教育」は，性教育の枠組みにとどまらず，不登校やいじめをなくす教育としても位置づけることができます。

他校の先生方へのメッセージ

「『生きる』教育」に，マニュアルはありません。たしかに，ある程度の型はありますが，時代の変化は非常に急速です。自治体の規模や地域の事情によって，課題は異なります。目の前の子どもたちや社会の状況を踏まえて，内容の詳細については常に練り直すことが求められます。

「『生きる』教育」のエッセンスは，自分で自分を満たす方法を学ぶことにあります。自分の心と体をまず大切にすることを学ぶことによって，他者をも大切にすることができるようになっていきます。何のための実践なのか，何を伝えるのか──目的を間違えずに取り組むことが重要です。

（インタビューまとめ　西岡加名恵）

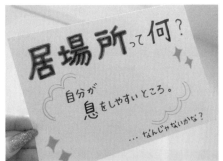

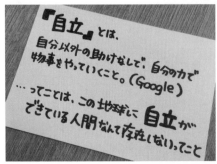

辻先生のもとに身を寄せた女性が書いたお習字（子どもの頃に言われたこと）とカード。
このような女性たちの経験を踏まえることで，「受援力」を育てるという「『生きる』教育」の目標が定まった。

第 1 章

未来の加害者・被害者を生み出さないために
── 虐待予防教育 ──

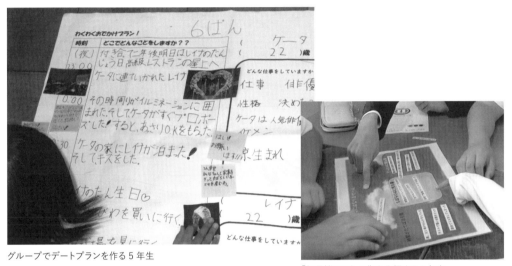

グループでデートプランを作る5年生

「信号機」で心の傷を分類する6年生

　子どもたちを虐待から守るために，学校として何ができるのか。この問いから生まれたのが，生野南小学校の「『生きる』教育」である。本章では，「『生きる』教育」の第1の柱である虐待予防教育について紹介する。

　「『生きる』教育」のスタート──1年生の実践では，子どもたちの日々の「当たり前」は本当に安全・安心であるかを問いかけることから始まる。子どもたち一人ひとりがもっている「くらしの中の心地よさ」を測るものさしを一つ一つ確認し，授業の中で正しいものを示していくことをめざす。

　高学年では，「人」と「人」との向き合い方をテーマに学習を展開する。5年生では，親友，恋人，親子等，一対一の特別な関係だからこそ起こる葛藤をテーマに，異性への関心が高まりだすこの時期に「恋愛」について学習する。6年生では，結婚や育児を捉え直したうえで，自らの理想の未来像を描くとともに，人との関係の中で生まれてしまう心の傷の癒し方について考える。

たいせつなこころと体
—— **プライベートゾーンを学ぶ〔1年〕**

　1年生の「『生きる』教育」は，「安全」「安心」「清潔」をテーマにしている。虐待予防をめざした「『生きる』教育」であったが，実際には，子どもたちの日々の「当たり前」を問い直すことから始めることが必要であった。なぜならば，家庭で「安全」「安心」「清潔」を十分に保障されていない（したがって，そのイメージを全くもてていない）児童もいるからである。

　そこで本実践では，カナダ赤十字社で作られた性虐待予防プログラム（後述）を参考にしつつ，6歳の子どもたちに，適切な性（心と体）の距離感を伝えるための教材を作成した。その際，「安全・安心」な環境の中で生活しているほとんどの子どもたちにも意義のある学びとなるよう一般化をはかった。また同時に，もし今，被害にあっている児童がいるのであれば，実践そのものによって状況を把握すること（西澤哲先生のいう「リトマス試験紙」の役割を果たすこと）をめざした。さらには，その子ども自身の価値観の再構築が可能になるような内容を模索した。

　親しいからこそのスキンシップ。幸せな時間に，健全に線引きできるようになるには，たくさんの大人に大切にされてきた事実と，自分自身で守るべき心身のプライベートエリア（他者による侵入から守られるべきエリア），その両方を知る必要がある。また，「プライベートゾーンのお約束」を単に伝えるだけでは被害を止めることはできない。日常生活でありうる状況において，実際に「お約束」を生かしてどのように判断すればよいのかを練習することが必要となる。なぜ恥ずかしいのか，なぜ大切にすべきなのか，1年生の子どもたちが友達と話し合う中で思考をめぐらせ，気づき，自らの言葉で表現できるようになることが求められる。学級の中で，毎日をともにしている友達や担任の先生と一緒に学ぶ意義がここにあるといえるだろう。子どもたちの今，そして未来に悲劇が起こらないようにするために，友達と楽しく学ぶ1年生の実践は，「『生きる』教育」の入り口に位置づく重要なものである。以下では，2021年度の実践の様子（全2時間。2021年11月11日・19日）を紹介しよう。

1 安全・安心・清潔 —— プライベートゾーン

　毎日を心地よく暮らしていくには，危険・不安・不潔に気づく「基準」を子どもたち自身が理解し，適切に判断・行動する力を身につけることが必要である。しかし，生活経験によっては，子どもたちのもつ「基準」そのものが安全なものではないこともあり，授業の中で正していく必要がある。第一次（1時間目）では，教材に提示された「おかしい」

の根拠と対処法を話し合う。「当たり前」のことを丁寧に確認する過程で，プライベートゾーンの約束が必要となる。自分たちで考え生み出した「約束」だからこそ，一生忘れないものとなってほしいと願っている。

1.「あんぜん」

授業の冒頭，髙井可奈教諭は，「自分の □□□ や □□□ を大切にする方法を考えよう」と板書されている「めあて」を読み上げた。空白になっている部分については後で考えることを伝えて，まず，黒板に貼ってある男の子と女の子の絵に注目させた（図1-1）。そして，この子たちは，「朝，学校に来たところなんだけど，何かおかしいところ，ある？」と問いかけた。「足のところ，けがしてます」「木を持っています」など，いくつか

図1-1 男の子と女の子の絵

の問題点を確認したところで，髙井教諭は同じ絵が描かれているプリントを配付し，「変だな」と思われた箇所に〇（マル）をつけるように指示した。1分ほど各自で書き込む時間を取ったところで，再び子どもたちに発言を求め，他にも「靴紐がほどけている」，「名札をつけてない」「帽子を被っていない」「女の子のスカートのひもが肩にかかっていない」「靴のかかとを踏んでいる」といった問題があることを確認していった。

続いて，「靴のかかとを踏んでたら，なんでダメなん？」といった発問をなげかけ，それぞれに「危ない」ことを確認していった。さらに，「危なくないように，こうした方がいいよ」というアイデアを，〇のついたところにそれぞれ書き込んでいった。たとえば，男の子の靴のところには「ふまない」，木の枝は「もたない」と書き込めばよいなどと確認して，髙井教諭が板書して見せ，子どもたちもプリントに書き込んでいった。

ひと通りの直し方がわかったところで，髙井教諭は「こうして直したら，危なくない。危ないの反対の言葉，知ってる？」と問いかけた。「あんぜん」という言葉を伝えたうえで板書をし，子どもたちにもプリントに書き込むよう指示した。また，授業冒頭で板書してあった「めあて」の空白の1つめには，「からだ」という文字が入ることを確認した。

2.「あんしん」

続いて，髙井教諭は，「ちょっとお顔をよく見て。どうなってる？」と，男の子と女の子の表情に注目させた。男の子は怒って「イライラしている」，女の子は「悲しい」ことを確認したところで，「朝から怒った気持ちで学校に来たことある子，いる？」「悲しい気持ちで学校に来たことある人は？」と尋ねた。子どもたちは，それぞれに自分の経験を思い出し，「ケンカした」「友達のボール取っちゃった」「ママとずっと一緒におりたいって思う」「嫌

なことされた」などと発言した。

　髙井教諭は，「イライラしたり，悲しい気持ちになったり……こんな時は，［ダメなことでも］ついやっちゃうな。ちょっと他のことは考えられへんってこと，ある気がするなぁ」と確認した。さらに，「お友達がそんなふうになっていたら，何か皆でできることある？」と問いかけた。子どもたちからは，「どうしたのって，やさしく声をかける」「なんで怒ってるの？って聞いてあげる」「お水でも飲む？って言う」「保健室，一緒に行こう」「遊ぶ」「楽しいこと，考える」といった妙案が次々に出された。髙井教諭は，「イライラ」「かなしい　さみしい」という語が貼られた板書に，「やさしくする」と書き加え，「やさしくされると，心が助けられた感じがしますよね」と伝えて，「心がほっとすること」を「あんしん」というのだと教えた。また，「めあて」の2つめの空白には「こころ」が入ることを伝えた（図1-2）。

図1-2　板書（授業の途中）

3.「せいけつ」と「プライベートゾーン」

　続いて，黒板の右側に貼ってある体操服の男の子と女の子の絵に注目させ，「このままでは，まずいのでは」と思われるところを指摘するように指示した。「汗をかいたままになっている」「足が汚れている」「服が汚れている」「口のところにケチャップがついている」といった汚れを確認したのち，「汚れている時はどうしたらいいの？」と発問した。子どもたちは，「手は洗う」「汗はふく」「洋服は洗濯する」といった対処法を発言していった。髙井教諭は，「ふく」「あらう」「せんたく」と板書をしたうえで，「きれいにすること，これも大事です。体や心を大切にする方法で，大事です。知っている人があったら，これや！って教えて」と述べた。児童の一人が「せいけつ！」と発言し，教師は「あたり！」と答えて，児童全員に復唱させたのち板書した。

　さらに汚れについては，外から付くものだけでなく，便や尿など体の中から出るものもあることに気づかせる必要がある。そこで髙井教諭は，「実は，外から汚れるだけじゃな

くって，自分の体の中から出て，汚れるところがあるんです」と伝えた。子どもとの問答を通して，汗でぬれたりして身体が臭くなるので，清潔にするために，お風呂に入ったりシャワーを浴びたりすることを確認した。

図1-3 プライベートゾーンのお約束

ここで髙井教諭は，「じゃあ，この子らもお風呂に入れてあげようかな」と女の子の服に手をかけて，「脱ぐよ，脱いでいい？」と言う。子どもたちは，目を隠したり，うつぶせになったり，「あかーん」と叫んだりする。決してふざけているわけではなく，子どもたちの健全な心の成長を示す姿である。本時において，ここが一番大切な時間である。ここで，ある子どもからは，「プライベートゾーン」という言葉も出た。

髙井教諭は，「脱ぐぞ，脱ぐぞ…」と言いつつ女の子の体操服を外すと同時に水着を着せたうえで，「お洋服を脱ぐのは恥ずかしいのかな？」と尋ねた。「はずかしいよ！」と答える子どもたちに，「なんで？」とさらに尋ねると，「人の体，勝手に見たら失礼」，「もともと自分で見せるもんちゃう」などと子どもたちは一生懸命に考えて次々に発言していく。髙井教諭は，「赤ちゃんは恥ずかしくないけれど，皆は恥ずかしいところだよって知ってるんだねぇ」と大いに褒めた。子どもたちの思いを尊重し，男の子についても「恥ずかしくないように，見えないように，先生，がんばるな」と言って，パッと体操服を外して水着のパンツをはかせた。

そのうえで，「プライベートゾーンのお約束」を確認していった。「水着で隠れてる，はずかしいよ，見せないよってところ，プライベートゾーンって言うの，大正解です」と，先の子どもの発言を称賛し，「プライベートゾーンのお約束」と言いつつ，黒板にピンク色の紙を貼った（図1-3）。「お約束」を知っている人と促すと，子どもたちから，「見せない」「見ない」「さわらない」「さわらせない」といった発言が出された。それを受けつつ，黒板に貼られた用紙と子どもたちのプリントの空欄を埋めていった。子どもたちが自分たちで言葉にした「お約束」だからこそ，自分の心と体を守り，自分を大切にする力になると期待される。プライベートゾーンは自分にとって大切な場所であることを理解させ，入浴の際も自分で洗えるよう促したい。同時に，言葉遊びとしてふざけたり，友達を傷つけたりするなどは許されない行為だということも伝えることが必要だろう。

最後に，髙井教諭は，「プライベートゾーンって，誰でもあかんの？」と問いかける。「めっちゃ仲良しのお友達だったら？」と問うと，子どもたちは迷わず「ダメー！」と答えるが，「お母さんは？」「お父さんは？」と重ねて尋ねると，段々自信がなさそうになってくる。「次回，続きの勉強をします」と予告して，授業が終わった。

2) 性（心とからだ）の距離感 ── どんなタッチ？

　第二次（2時間目）では，適切な性の距離感を学ぶ。この授業は，1982年，カナダ赤十字社で作られた，性虐待の被害に遭った子どもへの心理治療教育の一環である「c.a.r.e. kit」プログラムを基盤としている[1]。2017年に，当時の養護教諭が，あいち小児保健医療総合センターへ赴き，その理念や方法を持ち帰った。校内で検討を重ね，1年生の発達段階に適した生野南小学校オリジナル・バージョンの教材を作り，授業展開を考えた。

1. 加害者にならないように

　授業の前半では，「プライベートゾーンのお約束」を日常生活に生かしていく。髙井教諭は前時を簡単に振り返ったうえで，図1-4のワークシートを配付した。「『つぎのえをみて，よいタッチとおもうものに，「〇」をつけましょう』って書いてあります。1つずつ一緒にやるので，答えを言ってね」と呼びかけた。

　「①あたまをなでる」というカードを手にもって，髙井教諭が「仲のいいお友達です。こ

れって，していいタッチ？　したらあかんタッチ？」と尋ねる。多くの子どもたちが手で丸を作りつつ「いい」と答えるが，中に数名ダメだというサインを示す子どももいる。まず，「いい」と答えた子どもたちに理由を尋ねると，「よしよしされたら，うれしくなる」「お友達だからいい」といった意見が出された。一方，「あかんよ」と答えた子どもたちは，「なでられて恥ずかしい」「子どもみたい

図1-4　ワークシート

で嫌」と発言した。中には，ちょうど髙井教諭が頭をなでた子どももいたため，髙井教諭はその子どもに「馬鹿にしたわけじゃないねんけど，ついやっちゃった。気をつけるね」と真摯に伝えた。「うれしい子の方がこの教室では多いけれど，嫌な子もいるんだね」と確認したところで，「けど，笑ってるで」と発言する子どもがいる。教師が「お互い笑ってたら，オッケー？」と尋ねると，「笑ってるけどさぁ，心の中では嫌やと思う」と別の子どもが答える。「1年生で，そんな難しいこと，言うと思わなかったから，先生，びっくりしてる」と髙井教諭は感心した。

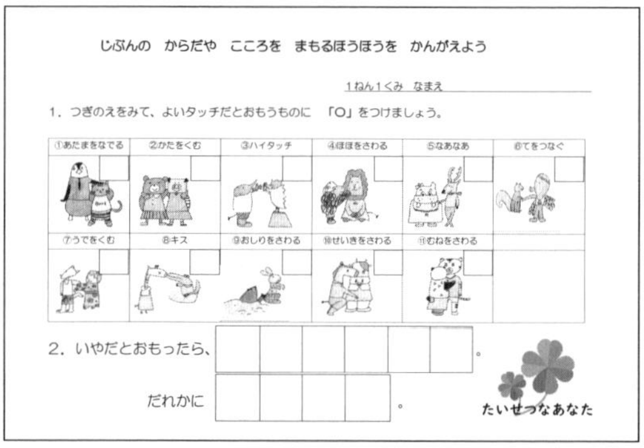

　毎年，「お約束」があるから「やらない」のではなく，相手が不快な思いをするから「やらない」と，ほとんどの子どもたちが言う。性被害防止のためにつくった授業であったが，それはあくまで大人の事情である。こんなにもシンプルで真っ当な価値観を，6歳の子どもたちから，毎年，教えてもらうこととなる。

　同じように，他のケースについても一つ一つ確認していった。⑦までのケースは意見が分かれるもので，「相手が嫌なら，してはダメなこと」だと確認された。一方，「⑧キス」のところで子どもたちは一斉に「バツ〜！」というサインをする。髙井教諭は，「水着で隠れないけれど，口もプライベートゾーンです」と補足説明をし，「プライベートゾーンは，触らせない。よかった，みんな，〇をつけてなくて」と言った。同様に，「⑨おしりをさわる」「⑩せいきをさわる」「⑪むねをさわる」も，「絶対ダメよ！」のところだと確認した。

2. 被害者にならないように

　授業の後半では，表1-1の事例を用いつつ，身近な人との関係について考えていく。赤ちゃんのお世話をする場合や，お医者さんが病気を診る場合は例外であることを確認する

表1-1　事例と手作りのペープサート

	事例	ペープサート
1	今日は，幼なじみのお兄さんと同じクラスの男の子が遊びに来てくれました。久しぶりに一緒に遊べてとっても楽しい！ みんなで鬼ごっこをすることになり，お兄さんが鬼になってくれます。「逃げろー！」「まてー！」夢中になって逃げていると…背中にタッチ！ 肩にタッチ！ お尻にタッチ！ …あれ？　いいのかな。	女児・男児・お兄さん
2	「オギャー！ オギャー！」赤ちゃんが泣いています。するとお母さんがすぐにやってきて「よしよしオムツかな〜」と抱っこ。赤ちゃんを優しく寝かせてオムツをはずし，性器（プライベートゾーン）をきれいに拭いています。「すっきりしたかな〜？」ともう一度抱っこ。赤ちゃんもニコニコ笑顔です。	赤ちゃん・お母さん
3	キーンコーンカーンコーン…「休み時間だ！ 一緒に遊ぼう」外遊びが大好きな女の子，よく遊ぶのはかけっこでいつも1番の男の子です。追いかけっこが大好きで，追いかけたり追いかけられたりとっても楽しい休み時間。でも近頃，こんなことを言いながら追いかけてきます。「チューしたろかー？」仲良しだけど，いいのかな？	男児・女児
4	コホンコホン…，学校から帰ってきた女の子，なんだか頭がぼーっとして，ゾクゾク寒気がしています。横になっているとお母さんが帰ってきて病院へ行くことに。お医者さんが「ちょっと胸の音を聞きますねー」と聴診器を胸（プライベートゾーン）にあててくれました。	お医者さん・女児
5	放課後，みんなでドッジボールをして遊んだ帰り，平野川沿いを一人で歩いていると，登校する時にいつもあいさつをしている近所のおじさんが「おう！ お帰り！」と。「学校どうや？」と色々話をしながら帰っていると，「かわいいなあ」とぎゅーっとしてきました。びっくりしたけど知ってるおっちゃんやし，いっか…（?）	おじさん・男児
6	いつも忙しくてなかなか一緒に遊べないお父さん。でも今日は，お仕事がお休みで，ずっと一緒にいられます。だからお父さんの膝にのって，好き好き遊び。こちょこちょ遊び！ おもいっきり甘えてみたり，お父さんにもこちょこちょしたりしてとっても楽しい！ うれしいな！ 今度は「こちょこちょ〜〜!!」としてきたお父さんの手が…，あれ？	お父さん・女児

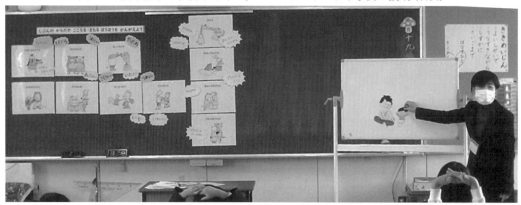

図1-5 授業前半の板書（左側）と，ペープサートによる事例の説明（右側）

とともに，たとえ実の親であっても心身のプライベートエリアは守られることを学ぶ時間である。事例については，手作りのペープサートを使って説明していった（図1-5）。

　たとえば，4番の事例では，頭が痛くて病院に連れて行ってもらったと状況を説明し，「お医者さんです」と人形を貼る。「胸を見せてください」と言って，「これは○？」と尋ねると，子どもたちからは「これはしょうがないわ」「花丸」といった声があがった。

　6番目の事例については，お父さんと楽しく「こちょこちょ遊び」をしている様子を演じて見せる。子どもたちは「いい！」と言いつつ丸のサインを示す。ところが，「パパの手，こちょこちょ，おなかの横をこちょこちょ」と進んでいき，「お股をこちょこちょ」となったところで，子どもたちから「キャー」と悲鳴が上がる。髙井教諭は，「家族でもダメ？」と揺さぶりをかけたが，子どもたちからは「いくら家族でもプライベートゾーンだから…」といった発言があり，授業者も，「家族でもダメなんです。さっきの赤ちゃんとお母さんは，違うね。お世話しないとあかん時は，オッケー。だけど，これは違うね。家族でも，プライベートゾーンのタッチはなし」と強調して伝えた。

③ たくさんの人に守られる大切なあなた

　最後に，困ったときに相談できる人や場所を確認する。性被害にあった場合，その加害者が親しい大人であるケースが多く，口止めをされていたり，そもそも被害を受けているということに気づかなかったりする場合がある。そこで，助けてくれる人や守ってくれる場所が，身の回りにたくさんあることを伝え，また，守ってくれる人は家族以外の大人でもよいことに気づかせることをめざした。

　髙井教諭は，「みんな，プライベートゾーンだからダメって，ちゃんと答えることができました。ただなぁ，大人に無理やりってなると，なかなか嫌だって言えない。困ったなぁ，っていう時，どうしたらいい？」と尋ねた。子どもたちからは，「先生に言う」「家族に言う」

「友達に言う」と言う。髙井教諭は，発言に合わせて，人の描かれたハートマークを貼っていった（図1-6）。

また，「助けてくれる場所もあるんだって」と言いつつ，「たすけてくれる『ひと』や『ばしょ』」の用紙を貼る。子どもたちから「警察」「交番」「子ども110番の家」といった発言があり，対応するカードを貼っていった。さらに，守ってくれる場所の一つとして，校区にある児童養護施設に注目させ，「困っている時に助

図1-6 授業終了時の板書（一部）

けてくれる大人がいっぱいいるところ」として紹介した。生野南小学校では約1割の児童が施設から登校しているが，学年が上がるにつれ，そのことを肯定的に捉えることが難しくなってくる。そこで，「『生きる』教育」では，小3，小6，中3の授業でも，一番身近な福祉資源として児童養護施設を丁寧に紹介する場面を設けている。児童養護施設から通う子どもたちには，今いる環境について，「捨てられたんだ」という捉え方ではなく，「守られているんだ」という正しい捉え方を，皆と一緒に学んでほしいと願っている。授業の締めくくりには，図1-4のワークシートの下の方の囲みに，「いやだという」「つたえる」という文字を書き込んだ。

現状の危機は，「安全・安心」の中でしか気づくことができない。すでにもう心に傷があるのなら，「安全・安心」が確保されているなかで，できるだけ早い段階で開示してほしい。もし今，家族という狭い世界の中で苦しんでいる子どもがいるなら，社会システムとして守られる外の世界があることを知らせる必要がある。

泣いたり笑ったり，今日一日を力いっぱい生き，お腹いっぱいご飯を食べ，明日を楽しみに眠りにつくことができる，それが子どもである。それを守るのが大人である。

「たくさんの人に守られる，あなたは大切な存在」──これが，「『生きる』教育」の一番初めに子どもたちに伝えたいメッセージである。

（授業者：髙井可奈，原稿まとめ：小野太恵子・西岡加名恵）

| 注 |

⑴ 「c.a.r.e.kit」は，あいち小児保健医療総合センターの心療科で日本語に訳され用いられていた。現在，カナダ赤十字では，「c.a.r.e.kit」の後継として，「Be Safe！」が開発されている（https://www.redcross.ca/how-we-help/violence-bullying-and-abuse-prevention/educators/child-abuse-and-neglect-prevention/program-for-young-children-be-safe-can-help-prevent-sexual-abuse-of-children，2022年7月15日閲覧）。

愛？ それとも支配？
── パートナーシップの視点から〔5年〕

　5年生では，デートDVを予防し，パートナーとの良好な関係を築く方途を考える。授業を作るにあたって一番悩んだのは，異性，もしくは同性に特別な感情を抱くという経験がない子どもたちに，「どうやって恋愛を教えるのか」ということであった。また，教えることのリスクも考えた。それでも実践するに至った理由は，生い立ちや家庭環境がしんどい子どもたちに見られる性化行動や，交際がスタートした時点で早くも成立してしまう「支配・依存」の関係性にあった。要するに，人を好きになってから自分を守る知識や価値観を得るのでは，遅いのである。

　本実践では，「好きだから」という根拠によるさまざまな言動を小学5年生という発達段階にとって無理のない形で示し，これまでに培ってきた相互尊重という視点から，その良し悪しを検討していく。親密な関係だからこそ起こりうる，相手への所有感や支配感情を見抜く力を育てていくことがねらいである[1]。

　目の前の人にいる人を大切にする，そんな当たり前のことが，恋愛感情によって崩れてしまうことがある。被害・加害の立場になる前に，その関係性の一つ一つを俯瞰して見つめていく実践である。2021年度は，10月から11月にかけて全5時間で取り組んだ（なお，図の一部は他の年度のものである）。

1 スマホについて考えよう

　第一次（1時間目）では，親しい間柄を繋ぐツール，スマホについて考えた。11歳のスマホ・ネイティブたちに必要となる正しい知識を伝えるために，2019年度の夏，兵庫県立大学の竹内和雄先生にご指導いただいて作った授業である[2]。本来は第二次に位置づけたいところだが，コロナ禍に伴う予定変更の影響で2021年度は第一次に位置づけた。

1. スマホにできること──インターネットの世界

　授業の冒頭，別所美佐子教諭は，「スマホにできることって？」と板書し，問いかけた。さっそく，子どもたちからいくつもの発言が出る。それらを受けて，「今，色々出してもらった中でも，インターネットを使うものと使わないものがあります」と伝え，さまざまなスマホの機能を書いた札を子どもたちに配付した。子どもたちに，それぞれの札の機能がインターネットを使うものかどうかを分類して貼るように求めた。LINEを使った「電話」「エアコンのスイッチ」「ブログ」「買い物」など，子どもたちが「インターネットを使わない」と思っていた機能のいくつかは，実は「インターネットを使う」ものだということを確認

した（図1-7の左側）。

　続いて，パワーポイントのスライドを使いながらスマホの機能を確認し，小さな機械1つで色々なことができる便利さがある半面，ボタン1つで地球上に張り巡らされた「情報の世界」に立ってしまうということを，視覚的にも印象に残るように伝えた。たとえば，林間学校の写真をホームページに載せれば，世界中から見られるようになる。「スマホデビュー＝世界（ネット社会）へのデビューだ」という実感をもたせたいところである。

図1-7 「スマホについて考えよう」の板書（授業の途中）

2. 受信と発信，SNSでつながるということ

　続いて，マスメディアは多くの人に一斉に発信されるもの，ソーシャルメディアは誰でも受信・発信ができるもの，SNSは登録した人同士で受信・発信できるもの，といった語義を解説した。さらに，Instagram，Twitter，LINEを取り上げ，便利な点と危険な点の両方を検討していった。

●Instagram──その写真，大丈夫？

　Instagramについては，図1-8を示し，どれが危険かを考えさせた。

　場所や人を特定できる内容や，自宅を長期に留守にしていることがわかる投稿には気をつける必要があることを確認した。「絶対大丈夫」な画像投稿はないため，注意が必要である。

●Twitter──つながる相手はどんな人？

図1-8 「良くない」「危険」な投稿を考えるスライド

　続いて，Twitterの【出会い編】では，共通の趣味で知り合った友達とのやり取りの中で，悩みを相談するなど関係が深くなるうちに，「かわいい服を着た写真を送って」とお願いされるという状況を示した。リアルな世界では裸の写真を送ってほしいという要求がなされる例があるが，授業では少し状況設定をやわらげた。とはいえ，送らなければ打ち明けた秘密をばらすと脅される，かつ同世代の同性だと思っていた相手が実は中年の男性だったという展開である。実際に会わずしてコンタクトをとることの危険を理解できるようにした。

【悪ふざけ編】では，いつもの友達とコンビニに行き，とても暑かったので軽い気持ちで冷凍庫に入って撮った写真をTwitterにあげた，という状況を示した。翌日，コンビニにクレームの電話が殺到し，二日後にはコンビニ本社におわび文を公開，三日後に新聞やインターネットにも事件が載ることとなる。慌てて投稿を削除するも，すでに拡散されていて，すぐにどこの誰かがばれてしまう。実際に類似の事件があったことも紹介しつつ，退学や損害賠償，場合によっては逮捕という場合もあること，さらには過去の書き込みによって就職や結婚などにも影響する可能性があることを伝えた。子どもたちは，シーンとなって聞いていた。お互いの今を気軽に共有できる楽しさと同時に，「自分」という情報をネット上にあげることの怖さを感じてほしいと願うところである。

● LINE──オンラインコミュニケーション

現時点では，スマホを持っていない児童もいるので，LINEについては機能を確認しながら，実際に起こりうるさまざまなトラブルの例を解説していった。

たとえば，【読み間違い編】では，グループ・ラインで「このぬいぐるみ，かわいくない」と書き込んだところ，「かわいくない？」というニュアンスでは伝わらず，それ以来，皆から既読無視

図1-9 LINEの引き際のスライド

されるようになってしまう，というトラブルを紹介した。また，【終わらないグループ・ライン編】では，仲良しグループで夜遅くまで続くグループチャット（図1-9）を示し，本当は抜け出したいが，言い出せない場合，どんな表現をすればよいか，問いかけた。

子どもたちにとって，今，もしくは数年後には主なコミュニケーション・ツールとなるLINE。スタンプや短文などを用い，対面コミュニケーション以上にテンションを共有しやすい一方で，既読無視やブロックなど，いとも簡単にいじめの構造をつくることもできてしまう。その危険性について，できればスマホを所持する前に，授業というリアルなコミュニケーションの場で考えさせたい。

3. 自分たちでオンライン・ルールをつくろう

小さな機械一つで，たくさんの出会いとつながりを可能にするスマホ。また，SNSは人との距離感を縮め，自分自身も常に他者の視線の中に置かれることとなる。この豊かなつながり機能には一瞬で順応する一方で，オンライン上で関係がこじれた場合の対処法に弱い例が少なくない。

そこで授業の最後には，自分たちでオンライン・ルールをつくろう，と呼びかけた。子どもたちからは，「ゲームの時間を守った方が大切」「軽い気持ちから大きいことにつながることを知ってから，携帯を持つ」「当たり前だけど，人の嫌がることは送らない」「誰か

を仲間外れにしない」といったアイデアが次々に出された。スマホ依存ではく，スマホ否定でもなく，あくまで便利な「機械」を心地よく上手に使いこなしていく方法を学級で考えることで，スマホの先には人の「心」があることに気づくことができたといえるだろう。

2 親子？ 兄妹？ 友達？ 恋人？ 夫婦？

1. 特別な二人をみつけよう

　第二次（2時間目）は，「＜人生の勉強＞　め［めあて］色いろなパートナーについて考えよう」というテーマである。まず，「パートナーを探そう」と呼びかけ，馴染みあるアニメ・キャラクター（29人）について，友達，恋人，夫婦，親子，兄弟といった特別な関係にあるペアを見つけていった。さらに，「この二人は，どんな関係？」と問いかけ，黒板でグルーピングしていった（図1-10の左側）。これは，自分を主体として相手を「お父さん」「お母さん」「妹」「好きな人」と捉える見方から，「特別な二人」として客観視する見方に変えていくことをねらいとしたものである。

図1-10 授業「色いろなパートナーについて考えよう」の様子

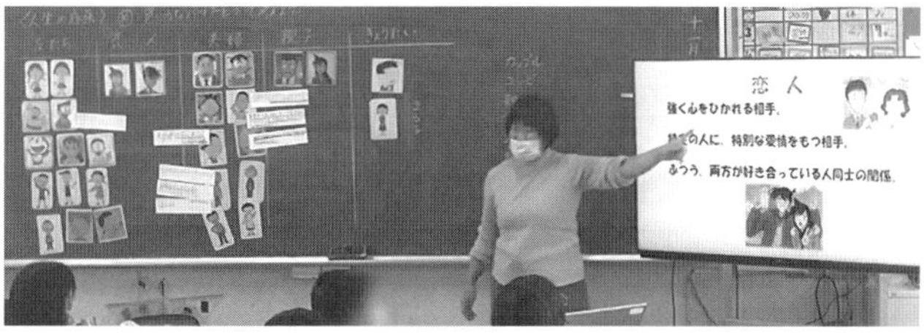

2. 友達と恋人のちがいは？

　続いて，それぞれの関係性のちがいについて子どもたちに問いかける。「兄弟と親子の違い」「夫婦と親子の違い」と確認していく過程では，大阪市が同性パートナーに発行する「パートナーシップ証明書」についても説明した。「夫婦と恋人の違い」と進んで，「恋人っていうのは「強く心をひかれる相手」なのだと解説した（図1-10の右側）。

　さらに，「友達と恋人の違い。恋人って何やろう？」と問いかけた。ここで，子どもたちにとったアンケートの結果を紹介した。「好きになったことがあるのが44％で，なしっていうのが56％でした。どんな気持ち？　『やさしい気持ち』『いっしょにいたいなと思う気持ち』『やさしくする』『ドキドキする』『気になってしまう』『その人のことを考えるだけでドキドキする』『わからん』」と，ここで子どもたちから笑いが起こる。さらに先輩へのアンケートの回答例も紹介したうえで，「なんかようわからん…？？　でも…この，特別な『好き』は，自分が幸せな気持ちになれたり，誰かを幸せにしたりすることもできます。一方で，この，とくべつな『好き』があるからこそ，自分自身が悲しい思いをしたり，誰かを傷つけたりすることもあるのです」と，スライドで文字も示しつつ，子どもたちに語りかけた。「だから一緒に恋愛について詳しく勉強してみようと思います」と，次回以降の本格的なスタートを予告した。子どもたちからは，「私はリアルで恋をしたことがないから，

今日の授業を聞いて，あ，そうなんやって思った」といった感想が聞かれた。

③ お互いが楽しい「おでかけプラン」をたてよう

　冒頭でも述べたように，本単元の目標は，子どもたちが恋愛感情を知る前に「特別な感情による支配構造」に気づかせるというものである。では，恋愛をどのように体験させるのか，すり替えたのが「おでかけプラン」である。実践づくりのヒントになったのは，ある日の休み時間に子ども同士が語っていたデートプランである。そこにいた男子児童曰く，デートでは噴水のあるカフェで待ち合わせをし，一緒にミルクティーを飲むらしい。安全で小学生らしい展開に，「これだ！」と思った。

1．パートナーを生み出そう

　第三次（3・4時間目）は，男女混合班で架空のパートナーを生み出し，その二人が過ごす楽しい一日の「おでかけプラン」を考える。班で分担し，それぞれの人物の仕事や性格，二人の出会いなど，あえて細かい設定を考えさせる。絵が得意な児童は，似顔絵を描く。こうして，毎年，個性豊かな6組のペアが生み出される（図1-11）。

図1-11　子どもたちが生み出した「パートナー」（2020年度）

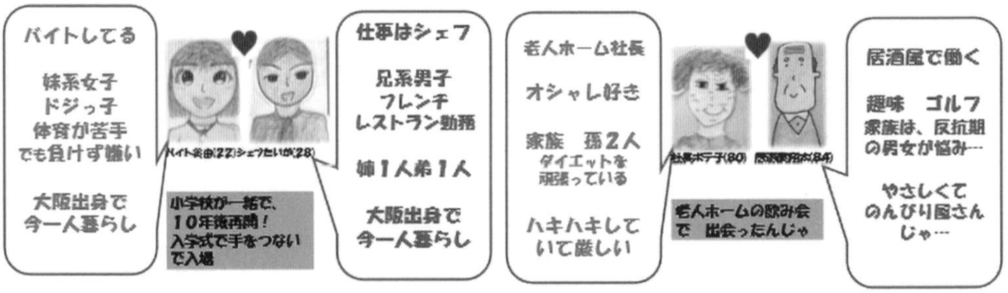

2．楽しい一日を考えよう

　続いて，集合時刻を決め，班の全員が納得するように話し合いながら，楽しい「おでかけプラン」を時系列で考えていく（図1-12）。自分の希望と相手の尊重というバランスを学んでほしい活動である。子どもたちは，ショッピングモールに行く，東京のおしゃれなカフェに行くといったプランを作り出していった。

　プランを考える過程で，いつのまにか架空の「二人」には人格が形成されていく。子どもたちには「二人」に対する「愛着」が芽生え，気づかぬうちに「二人」の幸せを願うようになる。後で出すDVの事例を真剣に受け止めさせるために，今のうちにハッピーを実感させる——これこそが活動のねらいである。

　2時間目の授業で，友達と恋人の違いがよくわからなかった子どもたちも，仲間と議論

しながら楽しいストーリーを作り上げたり，他の班の
楽しそうなプランを聴いたりすることで，いつも遊ん
でいる友達と感じる「楽しい」とは違う，「好きだか
らこその特別」に，何となくではあるが気づくことが
できていく。2時間目の授業の終わりには，恋人との
「おでかけプラン」について，「友達とは違うなと思う
ところ」を短冊に書いておいた。

**図1-12 子どもたちが考えた「おで
かけプラン」(2020年度)**

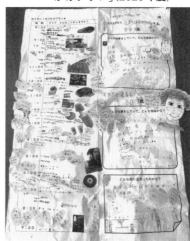

　なお，この活動では，日常の中で子どもたちに入っ
ている情報が露呈される場面がしばしばある。一番多
いのが「お泊まりをする」というプランで，次に多い
のが「別れ際にキスをする」というものである。おそ
らくテレビドラマなどに影響されているのだと思われ
るが，このような思い込みこそ教育現場で正していく
必要があると考え，2020年度に筆者（小野）が本単元を実践した折には，「出会ったばか
りのパートナー（小学校で扱う設定ではここで止めている）」としての適切な距離感を授
業の中で確認することにした。「なんであかんの？」という子どもたちの何気ないつぶやき
を受けて，「あかんもんはあかん」と伝えつつも，「男同士，女同士でも，出会ったばかり
で急接近はしないでしょう？　大切な関係を作りたいなら，ゆっくり育んだ方がいいんだ
よ」と語りかけた。

　卒業生や思春期の子どもたちを見ていると，「あかん」と伝えるより，「〜したほうがよ
い（better）」と伝えるほうがよいと感じる。特別な感情を抱いた相手と仲良くなりたいと
思いつつも，子どもたちはその方法がわからず傷つくことも多い。実際には，教師の言葉
以上に，友達からの指摘の方が腑に落ちる様子も見られる（たとえば，一日中ゲームをす
るというプランを提案したら，友達から「それ，楽しくないよ」と言われて考え直すといっ
た例もあった）。人とつながる方法を学ぶ場所のほとんどがインターネットの中にある現在，
授業というリアルな場で「幸せを育むには，こうした方がよい」と大人から伝える，また
友達とともに考える機会があってもよいのではないだろうか。

4) ブラックハートをみつけよう

　第四次（5時間目）では，子どもたちが生み出したパートナーたちのハッピーな関係が，
数年後には一転，束縛・干渉・依存の形に変化してしまっている様子を提示することとなる。
具体的には，図1-13の6つの事例を用意した。（※授業は2021年度，図1-13は2020年度のもの
のため，キャラクター名が合っていない。）

　どの事例をみても，束縛したり，依存したり，無意識のうちに相手を自分の一部のよう
に捉える錯覚に陥ったりしながら，「好きだから」と言っている。ここでは，その「好き」と，

図1-13 DVの様子を示した6つの事例
（キャラクターは2020年度。DVの例は毎年，共通のものを用いている。）

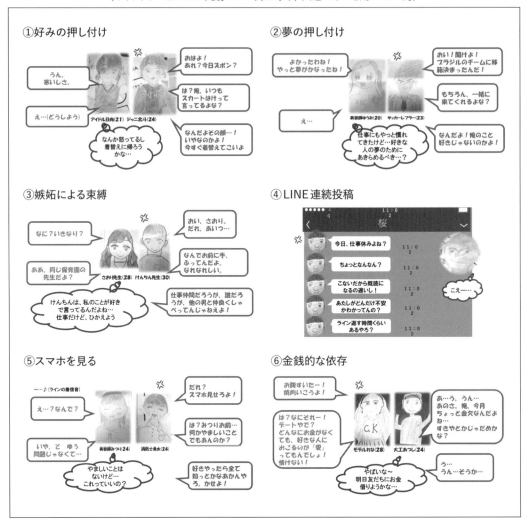

第三次で見つけたハッピーな「好き」との違いを，真剣に話し合う時間をもつ。恋人との関係性においては，友達には絶対にしないような支配的な言動が生じてしまうこと，また，普段は許さないようなことも，恋人になら許してしまうことがあるということに，グッと迫っていくことになる。

1. それは愛？　それとも支配？

授業の冒頭，別所教諭は，まず前時までの活動を振り返った。黒板の左側には，前時の最後に子どもたちが書いた短冊（恋人との「おでかけプラン」が「友達とは違うなと思うところ」）が貼ってある（図1-14）。短冊に書かれたポイントの背後には，「相手には落ち込んでほしくない気持ち」があったということを確認した。また，今日のめあてが「より

良い関係を築く方法を考えよう」であることを伝えた。

図1-14 「支配」を見分けて「ブラックハート」を貼っていく

続いて，子どもたちが生み出したパートナーたちの設定をひと通り振り返ったのち，「数年後，どちらか一人が悩んでいるようです」と伝え，各班に，事例の1つが書かれたプリントを配付した。プリントを見た子どもたちからは，「なんやこれ！」「こわ！」「恐怖やん！」といった声が上がる。別所教諭は，「関係が変わったよな。何がおかしいのか。誰が，何に対しておかしいのかということを，班で話し合って，こちら［別に配付されている短冊］に書き込んでください」と指示した。

数分間，班で話し合ったあと，全体で議論していく。「二人」の間でどんな対話が交わされているのかを読み上げたのち，その事例を担当した班が発表することとなる。

事例①では，「シュウさんが『スカートはけって言ってるよな』というところ。スカートしかはいてはいけないというルールはないので，そこは自由だから言ってはいけない」と担当班の子どもの一人が短冊に書かれた文言を読み上げた。「どうですか？　皆，納得？」と別所教諭が尋ねると拍手が起きる。

しかし，ここでのポイントは，何がおかしいのかを加害者側に説明できるくらい，きちんと言語化することにある。そこで，別所教諭は，「私，シュウになりますので，君たちでシュウさんを説得してください」と指示した。「え〜，でもおれ，スカート似合うと思うし，スカート好きやねんけど，あかん？　いつもスカートはいてきてくれるやん」と粘ってみせる。子どもたちは，「嫌や」「寒いから家の中でしかはきたくない」などと発言していく。「ほな今日は諦めよか…でいい？」と投げかけると，「よくない」「これからも絶対言うもん」と声があがる。教師が，「『はいてもいい？』って聞くの？」と重ねて問いかけると，「いや，『はくね』って言う」と，そもそも許可を得ないといけないわけではないことが確認された。それでも，「好きな人の服装は自分好みにしても？」と別所教諭が尋ねると，「いいんちゃうん」と答える子どももいる。別の子どもが「ダメダメダメ」と抗議する。別所教諭は，悩んでいた子どもの一人に「しっかり自分の気持ちが言えましたか？」と確認し，ひとまず事例①の検討を終えた。

2. その「好き」はどんな好き？

同様に，他の事例についても仔細に検討していった。どの事例でも「これはダメ」と考える子どもが大半だが，「好きやからアリ」という声も出て，議論が白熱する。

事例②では，「お別れするという選択肢はアリかナシか」という話し合いもへて，「相手の都合を考えずに，自分の考えを押し付けるのはアカンやろ」というところに落ち着いて

いった。事例③では，別所教諭がフランガになりきって「私のこと好きだから，焼きもち焼いてくれてるのかなぁ」と発言し，子どもたちに揺さぶりをかける。「マネジャー[仕事仲間]くらいはしゃべっていい」という声が子どもから出たところで，「それ，言えるかな？」と授業者が問うと，「がんばったら言える」との答えであった。

事例④については，「怖い」「嫉妬深い」「相手に依存しているような感じ」といった発言が子どもたちから次々に出された。事例⑤で，授業者が，「好きやから見ていいんちゃう？」と問うと，子どもたちからは「アカン」「プライベートっていうもんがある」といった声が上がる。事例⑥では，「パチンコもあかんけど，ずっとおごってって言うのはもっとアカンと思う」「パチンコずっとやってるしさ，禁止令，出した方がいいやん」という意見が出た。これは，３年生の時に学んだ「子どもの権利」だということも確認した。

どの事例についても，支配的な言動の背景にある深層心理を想像したり，関係を修復する方法はないかと考えたりすることで，かつての幸せを取り戻せるよう話し合う。しかしここでは，どんなに努力して働きかけても相手に改善の余地がないと判断される場合には，自分がひたすら我慢するのではなく，お別れするという決断も立派な解決方法であることをきちんと伝えておきたい。これも，恋愛を知る前に教えておきたいことの一つである。

3.「支配」を見極める

ひと通りの検討を終えて別所教諭が，「ということで，何がダメなのか，なぜいいのかっていうのを考えてきました」とまとめ始めたところで，子どもから「支配，支配，支配」「好きやけど，支配してる」「アカンやろ」といった声があがった。教師との問答の中で，「好きやから，縛るねん」「違う『好き』やねん」「好きやから，支配する」と考えが練られていく。「好きやから支配するのはアリ？」と尋ねると，「ナシ」という声もあがるが，「ナシやけど，支配したくなんねん」と本音を漏らす子どももいる。「支配するってことはさ，好きってさ，思ってないんじゃない。好きって，いいように使ってる。言葉だけで，都合のいいように使っているだけ」という発言もあり，教師も「好き」の意味がずれてしまうことがあるのかもしれないね，と確認した。

最後に，黒板に貼られていた「友達とは違うなと思うところ」を書いた短冊に立ち返り，「この中で，支配は何かある？」と問いかけた。「これはOK」というものには赤いハートマーク，「これはダメ」というものには黒いハートマークをつけることにして，子どもたちの意見を確認していく。「好きだから，こんなことをしたら相手が喜ぶかなぁと考えて，自分の中で最善をつくす」「優しくする」「ケンカになった時，すぐ仲直りできる」といった短冊には満場一致でレッドハートが貼られたが，「ちょっかいを出す」「ご飯おごる」は意見が分かれた。こういった例については，程度にもよるということを確認して，両方のハートを貼ることとなった。また，「壁ドン」「嫌なことをされても怒らない」「友達より大切にしたい」にはブラックハートが貼られた。

⑤　良いパートナーシップを築くために

　2021年度はコロナ禍の影響で十分に取り組めなかったが，2020年度は第五次（6時間目）において，良いパートナーシップを築くために，必要な工夫や努力について考えた。「よい関係をつくるために必要なことを考えよう」というめあてを確認したうえで，人生の先輩（本校の教職員）が恋愛の素晴らしさについて語った言

図1-15　良いパートナーシップを築くために，「今」できること（2020年度）

葉を紹介する。「自分よりもまず相手のことを考え，相手が喜んでくれたら，それがうれしい」「人が自由の大切さを知る絶好の機会であり，生命の大切さを理解する出発点になること」「自分のことを必要としてくれる人がいることの安心感。『大切に自分のことを思ってくれてんねんな…』って感じた時の幸せ♡」といった具体的な声を紹介した。改めて，子どもたちには人を好きになり，素敵な恋愛をしてほしいと願う。

　続いて，良いパートナーシップを築くために，「今」できることを考えた。友人間であれ親子間であれ，自己決定や自由を阻害してはならず，相手の全てを知る権利はない。この単元では，そんな，当然あるべき「境界線」が，恋愛感情によって壊れてしまうこともあるという側面を学んできた。単元の終わりに子どもたちが考える内容は，相手が誰であれ，どんな関係であれ，守るべき相互尊重の人権感覚を示すものである（図1-15）。

　誰もが抱く淡い恋心が，お互いの幸せを願えるものとなるのか，支配・依存の関係となるのか。その分かれ目はアタッチメントに起因する，という指摘もある[3]。心の傷と恋愛との悲しい化学反応が起こる前に，一度，立ち止まることができるような価値観を，授業の場できちんと教えておきたいと考えている。いつか，幸せにしたい誰かに出会った時，ちゃんと愛情を注げるように，今，たくさんの大人から，たくさんの愛を受け取っておいてほしいと願っている。

（授業者：別所美佐子，原稿まとめ：小野太恵子・西岡加名恵）

| 注 |

⑴　本単元の開発にあたっては，伊田広行『ストップ！　デートDV』（解放出版社，2011年），および辻由起子氏の講演資料を参考にした。

⑵　スマホの授業づくりに際しては，⑴のほか，次の資料などを参照した。
大阪府平成30年度大阪の子どもを守るネット対策事業（文部科学省委託事業）『事業報告書&適切なネット利用のための事例・教材集』。
学研まんがでよくわかるシリーズ『インターネットのひみつ』https://kids.gakken.co.jp/himitsu/library133/（2022年7月26日閲覧）同上『コンピュータのひみつ』https://kids.gakken.co.jp/himitsu/library099/（同上 閲覧）。
竹内和雄『家庭や学級で語り合う スマホ時代のリスクとスキル』北大路書房，2014年。
西野泰代，原田恵理子，若本純子『情報モラル教育』金子書房，2018年。
樋口進『スマホゲーム依存症』内外出版社，2017年。同『ネット依存・ゲーム依存がよくわかる本』講談社，2018年。

⑶　伊藤明『恋愛依存症──苦しい恋から抜け出せない人たち』実業之日本社，2015年。

第3節 家庭について考えよう
── 結婚・子育て・親子関係〔6年〕

　小学校の締めくくりに位置づく6年生の「『生きる』教育」では，家庭をテーマとしている。施設から通う児童に限らず，親の離婚，面前DV，ネグレクトや虐待傾向の家庭経験がある子どもたちも複数名いるなかでも，色んなことを乗り越えて何でも話し合える集団ができている6年生だからこそ，家庭をテーマに議論をすることができる。さらに2020年度には田島中学校との連携が実現し，子ども虐待をテーマとした授業は中学校で実践されることになったため，6年生では子どもたちの「心の傷」に焦点を合わせることが可能になった。

　以下では，筆者（小野）が行った2021年度の実践の様子（全6時間，2021年11月）を報告しよう[1]。

1　結婚について学ぼう ── 法律は必要？

1. 歴史と文化

　第一次（1時間目）は，「結婚とは？」をテーマとする。授業者（小野）は，「1年生の時から積み重ねてきた『「生きる」教育』も今年で最後。今日からは，皆の人生に必要な勉強をしていきます」と語りかけ，「結婚」「子育て」「住まい」「親子関係」に迫っていくことを告げた。

　本日のめあて「『結婚』について知ろう」を板書し，まずは，ざっくばらんに連想されることを，班ごとに「吹き出し」に書く。家庭環境から「夫婦」について良い印象をもたない子どもや，そもそも知らない子どももいるなか，さまざまなイメージが出てくる（図1-16の左側）。「女性のほうが有利」「一生同じ人と過ごす覚悟」「距離が近い。結婚式が

図1-16「結婚」をテーマとした授業の様子

豪華。亭主関白」「楽しそう。同じ家に住んでる。恥ずかしそう」「これから一緒にいる。新婚旅行」「どっちのお母さんもお父さんもOKしたカップル」「最初のころは仲がいい。あとからちょっと仲が悪い」「もう一つの家族。キス」。──「キスってどういうこと？」と教師が尋ねると，書いた児童が「結婚式とか」と答えたので，「それを12歳で照れずに言える三郎［仮名］，最高！」と褒めた。

　上記のような「夫婦」という認識を少し広げようと，世界に目を向けてみる。世界の結婚の形は一夫一妻制，一夫多妻制，一妻多夫制などさまざまであることを伝えると，児童は驚いた表情になる。一夫多妻制についてはトルコ，チュニジア，そして裁判官の許可が必要なのがシリア，イラク，パキスタン，パートナーの承諾が必要なのがモロッコ，ヨルダン，エジプト，アルジェリアなどである（日本では明文化された法律で禁止されている）。一妻多夫制については，インドの一部やポリネシアの島の一部など，ごく限られた特殊なところで，共同体が生き残るための手段ともいわれる。

　では，現代の日本の一夫一妻制はいつからなのかと話を転じて，日本の婚姻制度の歴史に目を向けていく。平安時代頃まで続いたとされる，貴族による通い婚はいわゆる一夫多妻制度のもと主に夫が正妻以外の妻のもとに通った。戦国時代の武家の女性は，大名同士の同盟のための，いわゆる政略結婚があった。「戦国時代の話をしたときに説明したけど，政略結婚って言って有名なのは，お市ですよね。信長の妹，お市ちゃん」と，社会科の授業とも関連づけた。

　「明治・大正になったら法律婚になりました」。辞書によれば，結婚とは「男女が夫婦になること」。結婚するには手続きが必要であり，「市役所や区役所に婚姻届けを出すこと」になる。また，関連する法律がある。「めちゃめちゃ大事なのは憲法24条」であり，その内容は簡単に言えば，「お互いが納得して成り立つもので，夫婦が同じ権利をもち，お互いの協力により続けていくものである」と，スライドを提示しつつ説明していった（下線部については抜いておいて，考えさせたうえで提示する）。続いて，憲法第24条の条文を示して，ワークシートに重要な語句（「両性の合意」のみに基づいて成立，「同等」の権利，相互の「協力」，個人の「尊厳」，両性の本質的「平等」）を穴埋めさせつつ，「亭主関白とか女強いとか言ってたけれど，平等です」と強調して伝えた。日本の婚姻制度を振り返りながら憲法第24条を捉えたとき，現代の「自由」を理解することができる。

　さらに，両親が反対しても結婚できる，現在のところ男性は18歳，女性は16歳で結婚できるが，20歳までは親の同意が必要（成人年齢が引き下げると，男女ともに18歳になる），家族とは結婚できない，といった民法の内容（731条，732条，734条，737条，750条，752条）を紹介していった。

　5年生で学んだ「恋人」とは違い，結婚した二人の間に国によって定められたルールがあるという点を，この授業の柱としている。

続いて，子どもたちに，夫婦にはどんな法律が必要だと思うかを考えさせる。先輩たちの場合は，「ご飯のときには緑黄色野菜を入れる」「けんかをしたら，先に謝る」といった面白いアイデアが出てきたことを紹介し，「仲良く暮らすための秘訣」を考えて短冊に書くよう指示した。

しばらく時間を取った後，「夫婦円満の法律」を板書したところに，子どもたちからのアイデアを貼っていく。ここには，「食事でおいしいなどほめる」「うれしい時にはたきこみごはん」「相手がしんどい時はそばにいる」「１年に１回旅行に行く」「ケンカをしていても必ず１日１回ハグする」など，子どもからみた夫婦像や願望が並ぶ（図１-16の真ん中）。時には実際の法律にあるようなものをズバリ当ててくる児童もいる。男女で話し合いながら，知らぬ間にジェンダー論争に発展していく班もあり，非常に楽しい時間である。自分たちで考えた法律と，実際の法律内容を比べると，実際の法律には二人の関係性に関わることはほとんど明記がなく，いかに努力が必要かに気づかされる。

ここで，「結婚したい人，手を挙げてください」というと，挙がる手はまばらである。「こういう努力が必要だから，大変そうに見えるのですが，人生の先輩に聞いてみました。結婚の素敵なところ。大変だなと思うところ」と言って，学校の先生方に実際に取材した内容を紹介する。「安心感が増す」「自分の居場所がある」「自分がもっていなかった物の見方を一緒に見つけることができる」といった「良い点」，「座る時間がない」「お金がかかる」「心配ごとが増える」といった「大変な点」について，リアルな声を紹介する。身近な大人のありのままの話から，結婚について，前向きに捉えてほしいと考えている。

２ 育児実技 ── 赤ちゃん人形で練習しよう

第二次（２時間目）は，「子育て」について学ぶ。毎年，生野区役所，阿倍野区役所，平野区役所から７人の赤ちゃん人形をお借りし，実技練習を行う。子育て真っ只中の先生方にお願いし，指導案を作成していただいた。以前は妊婦さん体験や抱っこひも体験，ミルクづくりなども取り入れてきたが，年々，実技内容が整理されて，2021年度は「抱っこ」「沐浴」「おむつ交換」に取り組んだ。

「皆，子育てって，どんなイメージ？」と尋ねて，班で話し合ってもらう。「面倒くさい，疲れる」「大変とかわいい」といった声が出された。「皆，的を射てますね」と認めたうえで，「先生，この授業，初めてなので，実際の実技については柳井先生［柳井千恵子教諭，家庭科担当］に教えてもらうことにします」と告げた。

胎内での赤ちゃんの成長をスライドで簡単に振り返ったあと，「『いよいよ誕生』という

ことで，生まれたての赤ちゃんのことを『新生児』と言います」と紹介する。実際に新生児と触れたことのある児童に尋ねると，「しわしわ」「ちいさくてかわいい」「においわなかった」といった気づきを発言した。指導者からは，「新生児」とは，生まれて１か月までの赤ちゃんをさし，首がぐらぐらしていること，体をくっつけると安心すること，体温調節がしにくく抵抗力が弱いことなどを伝えた。

図 1-17　赤ちゃん人形を抱っこする（2019年度）

2. 抱っこ

　新生児のお世話は「ほんまに大変なんです。大変なことをいつもお母さん一人でやっておられるんですが，今日は４人でやってみる。４人でやっても大変やから，それを味わってやってもらおうかなと思います」と告げて，まずは児童の一人に代表で「抱っこ」をしてもらう。いかにもおっかなびっくりの様子に，周りの子どもたちから笑いが起こる。「デリケートなのが赤ちゃんなんです」と伝えたうえで，柳井教諭が正しい抱っこの仕方を説明する。「まず肩の下から赤ちゃんの頭をしっかり持ってあげてください。で，頭を抱えてあげてください。抱えた後，お尻の下に手を当ててあげる。こうすると安定するからな」。再度，代表の児童にやってもらって確認した。

　７人の赤ちゃんにはきちんと名前がついている。「名前を呼んであげてね。いきなり抱っこしたら，赤ちゃん，ビクってするから」と指示する。続いて，班のメンバーが順に抱っこしていく。子どもたちは，名前を呼びながら恐る恐る，でも愛しそうに抱っこした（図1-17）。

3. 沐浴とおむつ交換

　ひと通り終わったところで，再び全員を集め，「次はね，お風呂に入れてもらいます」と告げる。柳井教諭は，お湯の温度に気をつけて用意し，着替えの服を座布団・タオルの上にセットしたうえで，服を脱がせる，と詳細に説明していく。「『今からお風呂に入るからね』って言ってあげてください。脱ぐとき，肩を引っ張らないようにね」，おむつを取るとたいていは汚れているので，「『気持ち悪いねぇ。今きれいにするからねぇ』って言って，拭いてあげてね」と，やって見せた。お風呂についても，しっかり頭を手で支えて足から入れる，目の周り，おでこ，口の周り，頭，首，わきの下，手のしわの間，お腹，足のしわの間と順に丁寧に洗う，続いて水没しないように右手をわきの下に入れてひっくり返して背中やお尻を洗う，と詳しい手順を説明し，「この時も，ちゃんと声をかけてね」と伝えた。お風呂からあがったら，「気持ちよかったねぇ」と言いつつ，そ〜っと拭いてあげると説明し，「一番危ないので先におむつをします。これをしないと，飛ばされますからね」と伝えると，「そんなにすぐするん？」と子どもたちが尋ねるので，「するのよぉ」と答える。

おむつをつけるときもきつすぎず緩すぎず指一本入るぐらいにする，服を着せるときには袖から手を入れて，赤ちゃんの手を迎えに行くといったコツも伝えた。

続いて，こちらの手順も代表の子どもにリレー形式でやってみるように指示する。「まじわからん」とぼやきつつも，子どもたちは真剣に取り組んだ。一連の流れを確認したところで，各班４人で役割分担して取り組んだ。各班には，沐浴とおむつ交換の仕方を説明する「説明書」も用意しておいた（図1-18）。

図1-18「沐浴の仕方」の説明書

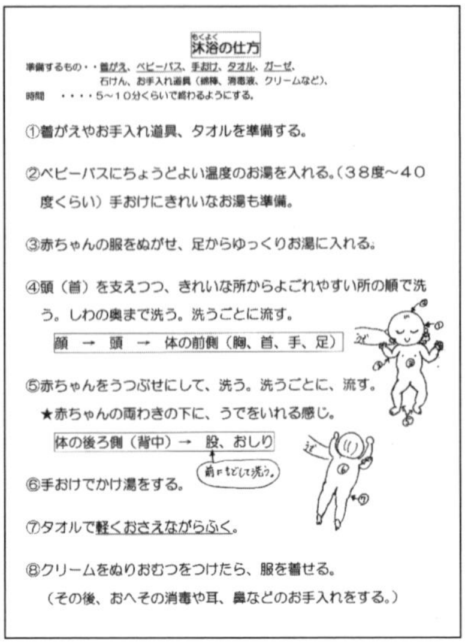
沐浴(もくよく)の仕方

準備するもの・・着がえ、ベビーバス、手おけ、タオル、ガーゼ、
石けん、お手入れ道具（綿棒、消毒液、クリームなど）、
時間　・・・・５～１０分くらいで終わるようにする。

①着がえやお手入れ道具、タオルを準備する。

②ベビーバスにちょうどよい温度のお湯を入れる。（３８度～４０度くらい）手おけにきれいなお湯も準備。

③赤ちゃんの服をぬがせ、足からゆっくりお湯に入れる。

④頭（首）を支えつつ、きれいな所からよごれやすい所の順で洗う。しわの奥まで洗う。洗うごとに流す。

顔　→　頭　→　体の前側（胸、首、手、足）

⑤赤ちゃんをうつぶせにして、洗う。洗うごとに、流す。

★赤ちゃんの両わきの下に、うでをいれる感じ。

体の後ろ側（背中）→　股、おしり

前にもどして洗う。

⑥手おけでかけ湯をする。

⑦タオルで軽くおさえながらふく。

⑧クリームをぬりおむつをつけたら、服を着せる。

（その後、おへその消毒や耳、鼻などのお手入れをする。）

毎年，人形だとはわかっていても，どの子どももみんな笑顔になる。一つ一つのお世話に苦戦しながら，教室が優しい空気に包まれる。反抗期を迎え始めた子どもたちも，こんな大変なことをほぼ一人でこなしてきた母親の偉大さに気づくこともある。役割分担を話し合い，男女関係なく一生懸命に協力している姿をみると，日本の未来は明るいのではないかと感じてしまう。会議を終え，誰もいない教室にもどると，赤ちゃん人形のお腹に児童のハンカチがかけられていることがある。優しい親になってほしい。

3 育児体験――お母さんから学ぼう

2020年度・2021年度はコロナ禍の影響で実現できなかったが，それまでは毎年，第二次でもう１時間をかけて，ボランティア団体「いのちのⓦあべの」の方々にご来校いただき，実際の赤ちゃんや妊婦さんとの触れ合い体験を実施していた。２年生の実践（「みんな むかしは 赤ちゃんだった」）とは異なり，６年生では，きれいごとを抜きにした育児の大変さと，それを越える喜びの両方を教えていただくという意図である。

1．今，ここにいる奇跡

児童の中には「お母さん」を知らない者もいる。だからこそ，母親のリアルボイスを聞くことに重きを置いた。もちろん配慮をしながら進めていくが，４年生までのライフストーリーワークの視点を活かした取り組みがあるからこそ安全にできる内容である。学校に来てくださったお母さんたちからは，資料1-1のようなお話を伺うこととなる。

資料 1-1　お母さんから聞かせていただくリアルボイス（2017〜2019年度）

> ○小さな小さな点から始まる命は，お母さんの子宮の中の卵膜という袋の中で羊水から酸素と栄養をもらい，10カ月かけて生きていくための準備をします。
>
> ○生まれてくる日は，だれでもなく赤ちゃんが決めるんですよ！
>
> ○誰からも教わっていないのに，赤ちゃんは産まれることの天才です。口と鼻を守るために顎を引いて，わずか10cmほどの命の道を30分から2時間かけてがんばります。
>
> ○赤ちゃんを育てるために必要なことは，何でしょうか？　お世話をしてあげたら赤ちゃんは生きていけるでしょうか。赤ちゃんは，「愛情」をもってお世話してあげないと生きていけない存在なのです。
>
> ○赤ちゃんの泣き声は，赤ちゃんのサインです。「おっぱいだね」「おしっこしたかな」「眠たいね」「抱っこかな」とだんだんわかってきます。
>
> ○でも，大切な赤ちゃんでも，お母さんが疲れている時にずーっと泣き声を聞いていると辛くなることもあるんです。全く眠れなかった時は，赤ちゃんの泣き声で，私が泣きたい時もありました。

2. 命をまるごと引き受けるという覚悟

　お話をうかがったら，いよいよ子どもたちが赤ちゃんを抱っこできる時がくる。6年生たちは，数日前から，この日を楽しみにしてきた。育児の大変さを学んだからこそ，感じる重み，そして命のぬくもりに，はにかみながら触れる時間である（資料1-2）。

資料 1-2　児童の感想（2017年度）

> ○泣いた時の感情を読み取るのが難しいことがわかった。ずっと妹が欲しかったけど，可愛いだけじゃなくて，大変なこともあるんだな。
>
> ○もう本当に可愛くて，天使みたいでこのままずっと見てられると思った。大変なこともあるけど，いつか結婚していいお母さんになりたい。
>
> ○昨日からずっと楽しみで，なぜか勉強もがんばれた！　両親にも自慢した。笑顔もらって赤ちゃんの体温とか柔らかさが大好きになった。
>
> ○こちらが幸せをもらった。オムツの体験は，人形とはぜんぜん違っていて，こんな経験できるなんて思わなかったから感謝。
>
> ○プニプニで可愛いから欲しいなあと思う反面，沐浴の体験や，泣き声の話を聞いて，育てられるか心配になった。

○抱っこすると，なぜだか心がホッとした。ぼくの人生に絶対に役立つ。とにかく可愛かった。

○おむつ替えを見た時は，これがおしっこではなくうんちの場合，とても大変だろうなと思った。貴重な体験に感謝。

○私も将来赤ちゃんを産みたい。でも，妊娠や出産が不安です。だから，みなさんの体験談が聞けて本当によかった。

○抱っこした時，あんなに幸せな気持ちになれるのに辛いこともあるんやなーと思った。それが，人生の勉強になった。

○抱っこしたら泣いてしまったけど，なぐさめたら泣きやんで，それがすごくうれしかった。指もちっちゃくて爪もはえていてびっくりした。友達が抱っこしても泣いたので，やっぱりお母さんがすごいと思った。

「いのちの㋞あべの」のお母さんは，「命をまるごと引き受けるという覚悟」についてもお話しくださる。「赤ちゃんを産み育てるということは命をまるごと引き受けること。大変だなあと思う半面，うれしいこともその何倍にもなって返ってきます。さらに，その成長をそばで見られることは代えがたい喜びです」——教えていただいたこの言葉を，大切にしたい。若年妊娠や虐待を嘆く前に，子どもを産み育てる「覚悟」を，きちんと教えているのか，教育現場にできることを考えたい。さらには，お母さんに「お世話をしてもらったことがない」児童にこそ，赤ちゃんとの関わり方を学校できちんと学んでほしいと思う。

4 間取りから未来をえがこう —— リアルライフストーリー

結婚や子育てについ学び，理解したうえで，第三次（3・4時間目）には自身の将来を考える。4年生のキャリア教育とは違い，ここでは家庭に目を向けていく。しかしながら，家庭をもつのかもたないのかという形で授業に入ると，しんどくなる子どもが出てくるので，ここでは自分が住みたい家の「間取り」を考える。すると，自然と自分の理想の生活をイメージし始め，夫婦の職業（一人で暮らしたい子どもの場合は自分の職業）や子どもの名前などを真剣に考えるようになる。いきなり一人で考えるのは難しいので，3時間目は試しにグループで考えさせることにしている。

1. 未来のイメージを膨らませる

授業の冒頭，前時までを簡単に振り返ったのち，授業者は「今日は何するかっていうと，暮らしについて。ざっとでいいけど，30歳の自分はどうしていますか？」と尋ねた。一人目の児童は，「段ボール引いて寝てる」と言う。「どういうこと？」と尋ねると，「すぐ金を

使いそうで，なくなりそう」と答える。「困ってそうってことか。よく言ってくれました」と，ひとまずは受け止める。「20歳の自分は？」と年齢を下げて尋ねると，「やりたいことをやってる」「サッカー」「ボーっとしてる」「大学に行ってる」「親のお金で生活してる」「アルバイトしてる」などの意見が出てきた。

　今日はできるだけ具体的にイメージしてほしい，と伝えたうえで，さらに詳細を考えていく。中学は義務教育だから，皆行く。高校は行きたいか，大学はどうかなどと問いかけていく（大学に行きたいと思っているとして挙手したのは，半分ぐらいの児童であった）。「将来の夢のために勉強したい」と言った子どもには「賢い！　でも，高校と言えば，遊んだり部活もしたいよね」，回転寿司屋でアルバイトするといった子どもには「料理，好きやもんな」などと肯定的に応答していく。ただし，大学には行かずに「遊ぶ」と答えた子どもには，「後でお金の話もするけど，遊ぶっていう選択肢は無理やねん。ご飯を食べるお金がどこから出てくる？　学ぶんだったら，親が出してくれるけど，学ばないなら自分で稼がなくちゃ」と，現実を伝える。

　18歳ぐらいで就職か大学かを選び，大学に行ったとしても22歳で卒業。大学院に進むかもしれない。就職するかもしれない。30歳というと，仕事にも慣れてきて，色々重要なことも任されて，結婚もしようかなという年齢だと話した。「そういう30歳，自分は何をしていると思う？」と重ねて尋ねると，子どもたちは沈黙する。「見えないっていうのが答えでいいと思います。今日は，それを具体的に考えていこうと思う」と語りかけた。

　続いて，「どんな家に住みたいですか？」と問うて，不動産会社が示すような間取り図を紹介した。「Lがリビングで，キッチンと一つの部屋が1LDK」などと説明し，1LDK，2LDK，3LDKのどれで暮らしたいか尋ねた。「どんな仕事をしていますか？」「誰と暮らしますか？　毎年，いっぱいの動物と暮らすっていう人もいるよ」「もし子どもやペットがいるなら，名前も考えます」と，ワークの内容を説明していった。

　また，「知っておいてほしいのは，お金のことなんだけれど」と話し，初任給は22万6000円ぐらいとして「どうやって使う？」と問いかけた。「家賃」「水道光熱費」「通信費」「娯楽交際費」にどうお金を配分するかを尋ね，「家賃3万円では1LDKにも住めないよ。1人ぐらいなら，だいたい6万円，水道光熱費に1万円，通信費に1万円，娯楽交通費に1万円」という例をいったん示したうえで，「暮らし方は選べるねん。生きていくために，22万円をどう使うかは自由」「あなたなら，家賃にいくらぐらい使う？」「推しに使うから家賃1万円のところで我慢するとかもありうる」などと語りかけた。

2．間取り，家族構成と「幸せエピソード」を考える

　次に，具体的に作る作品のイメージを伝えるために，過去の児童の作品例を示した（図1-19）。家の間取り，家族構成とそれぞれの名前と職業・趣味，「幸せエピソードも作ってもらいます」と告げた。

図 1-19 子どもの作品（2017年度）

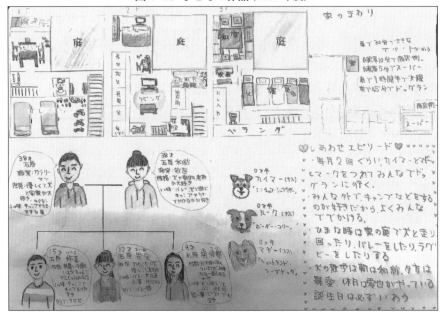

　さらに，「一人で暮らす」「パートナーと暮らす」「子どものいる家族で暮らす」「動物と暮らす」という4つの選択肢の中から自分の「幸せ」のイメージに近いものを各自が選び，同じカテゴリーを理想とするメンバーで4人班になった。班の中で手分けして，ひとまずは仮のプランを作り，それぞれの班が発表して，3時間目を終えた。

　4時間目は，各自で自分の理想のプランを考え，皆にプレゼンテーションする時間をもつ。「家庭」についてよいイメージがない子や経験したことのない子は，いつも鉛筆を持つ手が止まる。しかし，枠を描き，ペットを描き…と進めていくと，「一人やったら子どももほしいかも…」となることがある。そのまま，動物王国を描くこともある。もちろん，趣味を存分に楽しめるような家を建て，一人で気楽に暮らしたいという児童もたくさんいる。いずれにしても，必ず具体的な「幸せエピソード」をつくるようにしている。固定概念にとらわれることなく，必要なことを学んだうえで，12歳の今，自分の幸せとは何かをしっかり考えてほしい。

　この授業を受けるまで，未来なんて考えたこともなかった，もしくは考えようともしなかったという子どもたちが大半であろう。しかし，卒業生を見ていると，何かに流されて人生を歩く前に，自分はこう生きたいのだという絵を一度は描いておく必要があると感じる。子どもたちを励ましたいという精いっぱいの願いを込めて，図面上ではあるが，自分の手で自分の幸せを描くことができる子どもたちを，きちんと褒めるようにしている。

5 心の傷を考える ── 中３のゴールを見据えて

　第四次（5・6時間目）は，実際に心に傷ができてしまうのはどのような時か，傷ができてしまった時にどうしたらよいかを検討する。2019年度までは「親」と「子」両方の立場を考えようとしたため授業づくりが難しかったが，2020年度の夏に中学3年生の授業ができたことで「子ども」の立場に特化した授業づくりが可能になった。すべての子どもに利するよう，授業では，「親子関係でできた傷」に限定せず，日常でできてしまう大小さまざまな心の傷を扱っていくことにしている。

1. 親子関係を考える

　5時間目は，ウォーミングアップのため，今，保護者（親や施設の人）と，どのような関係にあるかを，ざっくばらんに話し合った（半時間程度で取り組んだ）。思春期に差しかかる6年生ともなると，「親に感謝している」といった声も出る半面，こんなことでけんかした，こんなことを言われて腹が立った，といったモヤモヤも出てくる。いい関係についての記述はピンクの短冊，イライラしたといった否定的な記述は水色の短冊に書いて，黒板の左右に貼る。

　一方で，保護者が回答してくださったアンケートの結果も伝える。怒っている親も，「せいせいした」と思っているわけではなく，後悔したり苦しんだりしていることを説明した。また，虐待している親の気持ちの詳細は，中学3年の授業で勉強すると予告した。

2. 心の傷の信号機

　6時間目の授業の最大の意図は，活動を通して，虐待やネグレクトが災害や事故と同じくらい心にダメージを与え，命の安全に関わるトラウマになることを，きちんと伝えることである。

　授業の前半では，日常でできてしまう大小さまざまな心の傷について，自分ならどれくらいショックを受けるかを，信号機に例え分類するワークに取り組んだ。まず，「青信号」が「健康」（時間がたてば治る傷），「黄信号」が「ちょっともやもやしている」（しばらく心に残る傷），「赤信号」が「ズタボロですという状態」（ずっと心に残る傷。命の危険にかかわることや継続して嫌な思いをしていること）だと説明した。続いて，封筒に入っているさまざまな「出来事」（資料1-3）を書いた短冊について，班で分類していった（第1章の扉 右の図）。その後，何人かの児童に短冊を渡し，黒板に貼るように指示した。

食事など，家で必要なお世話を受けられなかった／暴力的な犯罪の被害を受けた
／事故で重傷を負った／震災や火災などを体験した／お家の人から繰り返し暴
言・暴力を受けている［以上が赤の想定］／父と母がお別れした／時間を守らなく
ておしりをパチン／友達に無視された／夜，父と母がけんかをしていた／クラス
のみんなにいじめられた［以上が黄色の想定］／好きな人に振られた／宿題をした
のに忘れてきた／試合でミスをした／テストで悪い点をとった／運動会のリレー
でこけて笑われた［以上が青の想定］

　なお，ここで「出来事」として提示する文言の一つ一つは，児童の家庭的な背景に配慮
しながら用意した。また，実際に逆境体験のある児童には，授業の前に個別で予習ミニ授
業をした。虐待を受けた児童については，すぐにケアできる環境において，一対一で教材
に向き合う時間が必ず必要である。この時間は，対人関係における不器用さや家族への思
い，自分で自分を傷つけてしまう行為について，初めて科学的に寄り添う時間となる。

3．心の傷のメカニズム

　次に，トラウマのメカニズムについて視覚的に伝えるようなスライドを示しつつ，説明し
た。後の生きづらさとなってしまうかもしれない心の傷——なぜ，そんなに長く心に残るの
か。中学生では脳の仕組みとして説明するが，小学6年生ではハートで心を表して解説する。
心に傷がつくかどうかは人それぞれの場合もあるが，たとえば「暴力的な犯罪の被害を受
けた」「震災や火災などを体験した」「事故で重傷を負った」「お家の人から繰り返し暴言・
暴力を受けている」「食事など，家で必要なお世話を受けられなかった」という出来事は「赤
信号」になる，このように自分の力ではどうしようもないことで心が傷つくことを「トラウ
マ」ということを伝えた。普通の嫌な出来事なら，傷にはなるけれども，自分で何とかでき
て，ショックだった記憶が薄まって治っていく。しかし，トラウマの場合は，心に傷がつい

図1-20　心の傷のメカニズムを説明するスライド（一部）

た時，そのままでは心が壊れてしまうから，心を守るために忘れてしまったり，冷凍保存してしまったりする。冷凍保存された傷は，あるきっかけで解凍されてしまうこともある，という内容を，アニメーションのスライドで示しつつ解説していった（図1-20）。

4．心の傷を放っておくと？

　続いて，トラウマとなった傷を放っておくと，どうなるのか，どんな時に傷が解凍されて出てきてしまうのかについて解説する。まず，自分で自分をコントロールしづらくなり，「再体験」（生々しい体験時の記憶がよみがえる），「解離性健忘」（過剰な記憶がある分，日々の記憶が抜け落ちることもある），「脅威感」（眠れない，食べられない，過剰に緊張・警戒する），「回避」（考えや行動が極端に制限されること），「感情の調節障害」（気持ちがわからない，抑えられない），「認知の調節障害」（自分や相手，世界を否定的に捉える），「対人関係の障害」（安定的な人間関係が結べない）といった状態が生じうる。これらの状態について，子どもたちにもわかりやすいようなイラストと言葉で説明した。また，同じ日時や曜日・時間帯，ストレスを感じたり同じ気持ちになったりした時，妊娠・出産，子育て中，好きな人ができたといった時に，傷の「解凍」が起こってしまうことを，子どもにもわかりやすいスライドで示しつつ，解説していった（図1-21）。

　なお，個別の予習ミニ授業では，特にこの部分に時間をかけるようにしている。逆境体験のある子どもたちには，実際に当てはまることが多いからである。もちろん，かつての逆境体験を語れる状態であることが大前提の授業なのだが，そうでない場合もあるので児童の状態をみながら慎重に進めることが求められる。

図1-21　トラウマの心身への影響を説明するスライド

5. 心の傷の治療法

　未来への影響を示し，絶望させたいわけではない。一番伝えたいことは，傷は癒されるということだ。そこで，「心の傷の治療法」について検討する。授業では，①プロフェッショナル（治療を職業としている専門的な支援者）と，②身近な人，③自分自身，という3つの視点を示した。

①プロフェッショナル

　まず心の傷を治す専門家として，精神科医，心療内科医，臨床心理士，スクールカウンセラーを紹介する。「まずはお医者さん。精神科医さん。患者の話をじっくり聴いて，心の健康をきちんと調べてお薬や治療をしてくれるという人たちですね。そして，心療内科医さん。しっかり検査して正しい治療法を導いてくれるよって人」といったように，スライドを示しつつ解説した。なお，授業後に書かれた感想を読むと，心の傷に関する専門家がいるということに，良い意味で驚いている児童が多い。職業を紹介することで，怪我や疾患と同じで，努力や根性で何とかなる問題ではないことを理解できると考えられる。

②身近な人

　次に，人とのつながりをもってして傷を癒すことができることを視覚化するワークに取り組む。「皆はつながり方のプロフェッショナルだと，先生は思っています。赤さん，黄さん，緑さん，超ハイテンションのブルーさんもいるとするやろ？　学校でもいいし，近所でもいいんだけど，この人たちが一緒に生活していって，どんな関わり方，つながり方をしたらいいでしょう」と問いかける。まずは個人で「つながりマップ」を描いた後，班で練り合った（図1-22）。

　さらに，クラス全体に班の考えを発表した。発表した児童に，「具体的に，どんな声かけをしますか」と突っ込んで尋ねると，「なんで最近，元気ないん？　話，聞こか？」と真面目な答えも出てくる半面，「経験経験」「人生100年時代やから大丈夫」といった，やや受けねらいの発言も出てくる。「もうちょいがんばって。言葉に困ることあるやろ。むっちゃ重たいこと相談されたとすると，どうする？」とさらに問うと，「余計なことは言わずに，ただ聞いてあげる」という意見が出された。

　非常に真剣に考えて，大人並みに緻密な発表をする班もある。「赤の子が一番傷ついているわけやから，でも一応，黄色の子も傷ついているわけやから，赤の人と黄色の人が傷ついた出来事とかそういうの話し合って，一応，緑を二人入れて，上にいる4人は何にも思ってないわけやから，前に出すぎると逆に

図1-22　班で作った「つながりマップ」（2020年度）

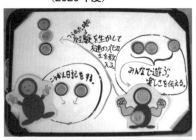

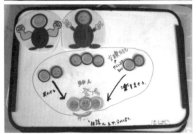

傷になる可能性もあるから，前に出すぎないように，一応カバーとかしてあげるけど，でも下の4人がこの子を扱う」という発表には，皆が拍手を送った。

　例年，子どもたちから提案される「つながりマップ」は，交換日記をする，マクドナルドに連れていく，思う存分一緒にゲームをする，赤色さんの気持ちを理解できる黄色さんが話を聞いてあげて元気になったら緑さんたちみんなで思いっきり遊ぶなど，12歳らしいアイデアと優しさにあふれている。子どもどうしの対話には，大人による傾聴を遥かに超えたエンパワメントを生み出す力がある。相手を想う真剣な議論が，一緒に授業を受けているこのクラスの赤色さんに届くことを願っている。

③自分自身

　さらには，仲間と生み出したエンパワメントを個々のレジリエンスに変えていくことを願って，自分自身ができることに焦点を合わせる。「真剣に考えてくれて，ありがとう。このクラスは絶対，大丈夫だと思います。ただ，皆の人生の中で，いつ赤になるか，わからへんやろ？　だから，励ます側にもなると，癒される側にもなる。そして，傷を癒す，傷に強くなるための，最後の一人は誰だと思う？」と話を転じると，「自分」という声があがる。「そう，自分な。これって難しいことなんだけど，ぶっ倒れないようにするために，どんなことを心がけますか。1分ぐらいで書いてみて」と指示した。最後に子どもたちに発言を求めると，「料理や野球をして，自分を楽しませる」「ゲームをする」「遊ぶ」「あまり考えすぎない」「ご飯，食べる」「とりあえず楽しく過ごす」「自分の好きなことをする」「趣味を見つける」「どうしても無理だから，心療内科の先生や近所の人に相談をします」「自分が明るくして，自分が明るかったら，心も周りの友達も明るくなると思う」「今まで聞いて元気になった言葉をまとめて，たとえ自分に言われてなくても自分に言い聞かせる」というアイデアが次々に出された。

　強くなるということは，自分の弱さを知るということ，さらには上手に依存できることだと筆者は思う。我慢や辛抱以外にも方法があることを伝えておきたい。

6　思い出は心の安全基地に

　授業の最後に，伝えたいメッセージがあった。「もうあっという間に，皆，卒業して，中学に行ったら思春期っていって，すごく心が揺れてきます。で，傷ついたりすることもあるんだけど」と言いつつ，図1-23（左）のスライドを示す。「これ，何してると思う？傷ついたら，逃げていく，心の『安全基地』やねん。この中が空っぽじゃない方がいいねん。何があった方がいいと思う？」と問うと，「ソファ」と発言する子どもがいる。「最高！ソファ的な存在。友達。そして，楽しい思い出を作ってほしいと思っています。人は，人で傷つくことが多いです。だからこそ，今日みたいに，人とつながることを恐れないように。まず自分が幸せになってください。まず自分が幸せになって，誰かを幸せにできるような

図1-23 最後に伝えたいメッセージ（スライドで提示した）

人になってほしいと思います」と，メッセージを伝えた。

　私たち教員は，職務上，学年のどこかを繰り返し担当できる。でも，子どもたちの「今」は，もう二度ともどらない。子どもたちの安全基地の中に，困難を乗り越えていけるだけの，大切な「何か」をどれだけ詰め込めているだろうか。人は人で傷つき，人で癒される。どちらの「人」に育てるのか，教育現場が担う役割は大きい。

　卒業式では，「生まれてきてよかった」という人生への誇りを，誰よりも友達と分かち合ってほしいと願う。

資料1-4　子どもたちの感想（2020年度）

○いろんな生きる教育を学んで，人間って生きるのに大変だなと思いました。

○すべては「命」につながると思った。

○もし自分[の心]が赤信号になったら，今日の授業を思い出して，それをいかしたい。

○こういう授業は人生にかかわっていくし，いつかは，この生きる教育が全国や世界の子どもや大人達が受けられる時代になればと思っています。

（授業者：小野太恵子・柳井智恵子，原稿まとめ：小野太恵子・西岡加名恵）

| 注 |

(1) 本単元を作るにあたっては，次の文献等を参照した。
西澤哲『子ども虐待』講談社現代新書，2010年。
友田明美『子どもの脳を傷つける親たち』NHK出版，2017年。
認定NPO法人 児童虐待防止協会が提供する研修資料も参照した。

生野南小の
虐待予防教育の実践

西澤 哲

1. 小学校における虐待予防教育の意義

　本章は，小学生を対象とした虐待予防教育の実践報告である。「予防に勝る治療なし」とは，医療・保健分野において手垢のついた感のある言葉である。筆者は，40年余り，臨床心理の立場から虐待を受けた子どもや虐待傾向のある親の心理的なケアに取り組んできたが，こうした臨床経験を通して，この言葉がいかに正鵠を射たものであるかを痛感させられる。子ども虐待が生じ悪化した場合，子どもや親に適切なケアを提供するためには莫大なエネルギー，時間，及びコストが必要となる。虐待の発生予防や悪化の予防ができればどれだけありがたいかと思わざるを得ない。

　虐待予防のため，日本では従来，母子保健分野での取り組みが展開されてきた。たとえば，乳児家庭全戸訪問事業や養育支援訪問事業，あるいは特定妊婦への支援などがそれにあたる。これらは，虐待のリスクを抱えた親などを対象とした支援である。一方で，子どもを対象とした虐待予防の取り組みはほとんどない。数少ない取り組みとしては，民間団体によるCAP（子どもへの暴力防止プログラム）が挙げられる。実際，一部の小中学校はこのCAPプログラムを導入している。しかし，これは外部の機関が提供するプログラムを学校が活用するというものであり，学校自体が虐待予防を目的とした授業を展開するという実践例は，管見の限り見当たらない。その意味で，本章の実践報告は，非常に重要な意味をもつといえる。

　本報告の価値を高めている要因の一つに，本校の学区内に児童養護施設があることが挙げられる。児童養護施設で暮らしている子どもの大半は，家庭において虐待やネグレクトなどを経験している。そのため，本校の虐待予防教育では，虐待を体験している子どもがいることを前提に，授業内容がそうした子どもたちへの二次被害とならないよう，細心の注意が払われている。全国には約19,000箇所の小学校[1]があり，一方で児童養護施設は600箇所程度である[2]ため，ほとんどの小学校区には児童養護施設がない。しかし，2020年度に児童相談所が対応した虐待通告件数が20万件を超える一方で，家庭から分離されて児童養護施設などに養育委託される子どもの数は年間に4,500人程度に過ぎないこと（終章参照）を考えると，虐待を受けながらも親元に暮らしている子どもが非常に多くいることになる。したがって，どのような地域であっても，学校で虐待予防教育に取り組もうとする際には，子どもの中に虐待やネグレクト環境に置かれたものがいるとの前提に立つ必要があろう。その点，本実践報告は多くの示唆をもたらしてくれると期待される。

2.「たいせつなこころと体
　　　　―プライベートゾーンを学ぶ」について

　第1節では，小学1年生を対象に，プライベートゾーンという概念をいかに主体的に学んでもらうかが主題となっている。子どもにプライベートゾーンを教えることは性教育の一環としてすでに実施されている。本校の虐待予防教育では，カナダで開発された「c.a.r.e.kit」プログラムを活用し，適切な対人距離や「まちがったタッチ」を教える点が特徴の一つである。「c.a.r.e.kit」プログラムは，性虐待を受けた子どもへの治療的教育の技法として開発されたもので，性被害を受けた子どもたちの診療を数多く手がけたあいち小児保健医療総合センターの児童精神科医や臨床心理士が日本に導入したものである。本校では，1年生の授業でこのプログラムを応用し，主に「まちがったタッチ」に関して子どもたちが考えるよう導いている。

　本校では，プログラムの図版を参考に，日本社会の文化や生活に適合するよう修正を加えた「生南バージョンⅡ」が作成された。こうした教材を用いて，大人と子どもの関係性やその「タッチ」の性質からそれが「まちがったタッチ」かどうかを子どもとともに考えるという授業が展開される。そして最後に，子どもが困ったときに相談できる人や機関があることを伝え，「たくさんの人に守られる，あなたは大切な存在」というメッセージを送る形で授業が結ばれる。

　子どもを守る場所として児童養護施設を位置づけている点は重要である。本節で述べられているように，施設で暮らしている子どもは「自分が悪い子だから施設に入れられた」と考える傾向がある。こうした認知に積極的な支援や介入がなされない場合，子どもは施設にいることに劣等感を感じ，施設で暮らしていることを否定的に捉え，自分の現状をクラスメートに話さなくなる場合もある。こうした，自分の現状に対する否定的な認知は，子どもの自己感の形成に影響を与え，さまざまな心理的問題や行動上の問題につながる可能性が高い。その点，「子どもを守る場所」として施設が位置づけられることによって，子どもたちが施設で暮らしていることを肯定的に捉え直す機会となり得る。もちろん，先述のように学区内に児童養護施設がある小中学校はさほど多くない。しかし，社会的養護には，児童養護施設だけではなく，たとえば里親家庭もあり，2019年度現在，全国には約4,600世帯の里親家庭がある[3]。本校の教育実践におけるこうしたメッセージは，多くの学校においても活用できるといえよう。

3.「愛？　それとも支配？
　　　　―パートナーシップの視点から」について

　第2節は，高学年の子どもたちを対象に，いわゆるデートDVの予防教育を目的とした授業を提供するための準備として，恋愛をどのように教えるかという実践報告である。読者の中には，小学校の授業でデートDVを扱うことに驚かれる方もおられよう。この取り組みには本校の学区の状況が関連している。本節では「性化行動」という言葉が登場するが，これは，性的虐待（直接

的な性的暴力以外に，親の性交場面を目撃したりアダルトビデオなどを見るなど，子どもが不適切な性的刺激を受けることを含む）を受けた子どもに見られる特徴で，年齢に相応しくない，あるいは通常の発達では子どもに見られないような性的行動や，本来は性的な意味合いのない行動に性的なニュアンスが伴うことを意味する。子どもに性化行動が観察されるということは，性的虐待を含む不適切な養育を受けた子どもが潜在化している可能性を意味しており，それだけに早期の予防教育が必要だと考えられるわけである。

　さらに，ここでは重要なキーワードとして支配が挙げられている。DVや子ども虐待に共通する特徴として，他者を支配したいという支配欲求と，支配関係の形成のための方法としての暴力がある。日頃の臨床経験から，筆者は，DVの加害者の多くは親密な対人接触を求めているものの，それが手に入らない時に暴力を振るうと考えている。つまり，親密さを求めるがゆえの暴力という，一見矛盾するような現象が生じるのである。

　本節で扱っている親友と恋人の違いについて的確な回答を述べるのは筆者の力量を超えることではあるが，この両者には，期待される要求・欲求の満足の程度に違いがあるといえるかもしれない。恋人，あるいは恋愛関係には，親友や友人関係には見られない性愛感情が伴い，それだけに，人はこうした二者関係に一般の友人関係には見られないような親密さを求めるのではなかろうか。この親密さは，親子関係に匹敵するものであり，そのため，親子関係や恋愛・

婚姻関係という親密な関係において，あるいは親密な関係だからこそ暴力が生じるのだと考えられないだろうか。

　親密な関係に人が期待する依存欲求の満足の程度には個体差があり，その個体差は，その人がさまざまな対人関係で経験している依存欲求の満足の程度に起因するのかもしれない。たとえば，親子関係で依存欲求が適切に充足されていない人は，恋愛関係や恋人に期待する欲求満足の程度がより高くなり，それが叶わない場合に自分が求める親密さを阻む相手への暴力が出現するという説明が可能かもしれない。こうした考えは，子どもの頃に虐待を受けて育った人がDVの加害者になる可能性が高いとする従来の報告[4]と整合する。

　もちろん，小学校5年生の授業で上記のような内容を扱うわけではない。しかし，子どもたちが，恋人に求める親密さや親密な関係に求める依存性について考え，それをグループで共有することは，それぞれの思いを知ることで自身の期待を相対化することにつながるように思われる。そして，それが虐待予防教育の次の段階の基盤となると期待される。

4.「家庭について考えよう　　　―結婚・子育て・親子関係」について

　第3節は，6年生という小学校教育の最終段階で，これまで展開されてきた「『生きる』教育」の総まとめ的な役割を担う授業展開の報告である。

　結婚，子育て，そして親子関係を扱うことで，家庭とは何かという，極めて本質的

な問いに取り組む内容といえよう。夫婦に関する法律として子どもたちが列挙した「条文」には，たしかに笑わされてしまうとともに，彼らの家庭で繰り広げられている夫婦の会話や関係性が垣間見える。子どもはこのように夫婦関係を見ているのかと，改めて気づかされる内容である。また，赤ちゃん人形を使った育児実技や，「お母さん」の体験から育児の大変さを含めて学ぶ取り組み，そして，実際に赤ちゃんを抱っこするという経験から子どもたちが学んだことの多様さは，彼らの感想に滲み出ている。

本節では，住みたい家の「間取り」「家族構成」，そして「幸せのエピソード」を描くという作業を通して，子どもたちが未来のイメージを膨らませるという授業展開が示されている。詳細は第2章「ライフストーリーワークの視点を取り入れた教育」の解説で述べるが，過去，現在，未来という時間への捉え方（時間的展望）は相互に関連している。過去にこだわりがあったり，現在の状況を受容できていない場合，人は未来を志向することが困難になってしまう。小学校6年生という思春期に入った子どもたちの中には，家族や友人との関係でさまざまな困難を抱え，思い悩み，過去へのこだわりや現在への否定的な思いにとらわれているものもいるだろう。そうした子どもたちに，授業を通して未来に肯定的なイメージが持てるよう働きかけることには，子どもたちの時間的展望を念頭においた心理教育として重要な意味があるといえる。一方で，子どもが未来を描くという作業に適切に取り組むことが困難であったり，現

実とは遊離したような空想的なイメージしか描けないという場合があるかもしれない。そのような子どもは，過去や現在に対する複雑な思いや悩みを抱えている可能性があるため，個別的な対応が要請されるかもしれない。

授業は，その最終段階で「心の傷」と「トラウマ」をテーマに展開される。本項における著者の「授業の1つめの意図は，活動を通して，虐待やネグレクトが災害や事故と同じくらい心にダメージを与え，命の安全に関わるトラウマになることを，きちんと伝えることである」という記述は重要である。実際に，幸いにも戦争などの危機事態に長らく直接さらされることがなかった日本社会で，子どもたちが経験する頻度が最も高いトラウマ体験は，災害や事故ではなく家庭内での虐待やネグレクトという不適切な養育である。その事実を子どもたちに知らせる意味は大きいといえよう。

トラウマという概念が日本において知られるようになったのは1995年の阪神淡路大震災を契機としてのことである。それ以前は，精神科医などの専門家であってもこの概念を知るものは少なかった。それから二十数年を経た現在，トラウマという言葉は子どもたちにとっても一般的なものとなったように思われる。ただし，トラウマがどのように理解されているかは定かではない。一般的にはトラウマは心の傷と同義語とされている。しかし，心の傷とトラウマは似て非なるものである。紙幅の関係で詳細は省くが，心の傷は自己治癒が可能であるのに対して，トラウマは自己治癒が極めて困難であり，回復のためには専門家を

含む人との「つながり」が必要となる。本授業では，それを「時間がたてば治る傷」「しばらく心に残る傷」「ずっと心に残る傷」の3種類に分類し，子どもたちは，どのような体験がこの3つのいずれに該当するかを検討している。その後，心の傷とトラウマの違いを精神力動的なモデルを用いて解説したうえで，トラウマがもたらす症状を，「再体験」「解離性健忘」「感情の調節障害」「対人関係の障害」など，虐待体験がトラウマとなっている子どもが抱える可能性がある問題を中心に解説している。こうしたトラウマに関する心理教育は，たとえば災害などがあった際に被災体験がトラウマとなっている可能性がある人を対象に提供されており，被災者が自身の精神状態を理解するために有効だと考えられている。学校においてこうした心理教育を提供することは，生徒の中に虐待やネグレクトを受けている子どもが含まれている可能性

が少なくないことを考えると，非常に有用な試みだといえよう。

「心の傷の治療法」では，専門家による支援に加えてクラスメートを含む「身近な人」の重要性に焦点が合わせられている。性虐待によるトラウマとその回復について論じたジュディス・ハーマン[5]が回復のために必須の要素として人とのつながりの回復を挙げているのと重なる内容である。最終的には，人とのつながりの「思い出」を「心の安全基地」として位置づけ，子どもたちにエンパワーメントやレジリエンスのためのリソースとするメッセージが伝えられる。子どもたちにはさまざまな人とのつながりの思い出があるのだろうが，文末に掲載された子どもたちの感想から，おそらくはこの授業で得たクラスメートや教師との思い出が心の安全基地になるのだろうと想像させられる。

| 注 |

⑴　文部科学省「学校基本調査―令和3年度　結果の概要―」
　　https://www.mext.go.jp/b_menu/toukei/chousa01/kihon/kekka/k_detail/1419591_00005.htm（2022年8月14日確認）
⑵　厚生労働省「社会的養護の施設等について」
　　https://www.mhlw.go.jp/stf/seisakunitsuite/bunya/kodomo/kodomo_kosodate/syakaiteki_yougo/01.html（2022年8月14日確認）
⑶　厚生労働省「里親制度等について」
　　https://www.mhlw.go.jp/stf/seisakunitsuite/bunya/kodomo/kodomo_kosodate/syakaiteki_yougo/02.html（2022年8月14日確認）
⑷　Dutton, G. D., *The Abusive Personality: Violence and control in intimate relationships,* New York, NY, Guilford Press, 1998.
⑸　Herman, J., *Trauma and Recovery: The aftermath of violence－From domestic abuce to political terror,* New York, NY, Basic Books, 1992. ジュディス・L. ハーマン（中井久夫訳）『心的外傷と回復』みすず書房, 1999年。

生野南小，田島中の実践の価値が高い理由
—— 児童虐待の観点から

竹内和雄

　生野南小，田島中の実践は，非常に高い価値がある。ここでは児童虐待の観点から，その理由を「社会背景」「実践の特徴」「今後の方向性」の 3 つの側面で記載する。

1．社会背景

児童虐待の急激な増加

　児童福祉法には「要保護児童を発見した者は，これを市町村，都道府県の設置する福祉事務所若しくは児童相談所又は児童委員を介して市町村，都道府県の設置する福祉事務所若しくは児童相談所に通告しなければならない〔第25条〕（抜粋）」と明記されている。

　さらに児童虐待防止法には「学校，児童福祉施設，病院その他児童の福祉に業務上関係のある団体及び学校の教職員，児童福祉施設の職員，医師，保健師，弁護士その他児童の福祉に職務上関係のある者は，児童虐待を発見しやすい立場にあることを自覚し，児童虐待の早期発見に努めなければならない〔第 5 条〕（抜粋）」とあり，早期発見の義務が学校の教職員等に課せられている。

　図 1-24 は児童相談所が児童虐待として指導や措置等を行った件数[1]だが，30年の間に実に約190倍である。

虐待の変化

　図 1-25 は，虐待内容の割合の推移[1]である。2009 年は身体的虐待が39.3％と最も多かったが，心理的虐待が2013年に38.4％と最も多くなり，2020 年は約 6 割に達している。身体的虐待やネグレクトは，怪我や痣，体重の減少などから発見が比較的容易であるのに対して，心理的虐待は具体的な証拠をあげることが難しいので，通告が難しい場合が多い。さらに核家族化が進み，地域との関わりが希薄になっている

図 1-24　児童相談所が児童虐待として指導や措置等を行った件数

（件）
205,044
133,778
88,931
59,919
42,664
33,472
23,738
11,631
1,101　1,611　4,102

1990　1993　1996　1999　2002　2005　2008　2011　2014　2017　2020（年）

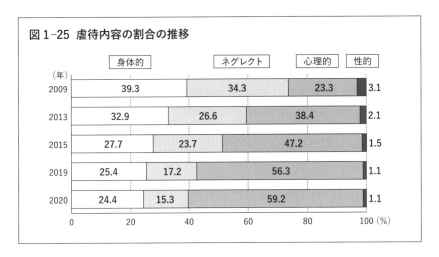

図1-25 虐待内容の割合の推移

(年)	身体的	ネグレクト	心理的	性的
2009	39.3	34.3	23.3	3.1
2013	32.9	26.6	38.4	2.1
2015	27.7	23.7	47.2	1.5
2019	25.4	17.2	56.3	1.1
2020	24.4	15.3	59.2	1.1

ことが指摘されており，外から虐待を発見することはますます難しくなってきている。

性的虐待

図1-25からも，性的虐待が1～3％の割合で変わらずあることがわかる。性的虐待が子どもたちに深刻な影響を与えることは改めて書くまでもないが，図1-26は，厚生労働省の統計[2]を基に作成された「性的虐待」の加害者の割合である。

親子間の圧倒的な力関係のもと性的虐待が行われていることが想像できるが，子ども自身が声をあげることが難しい。さらに，

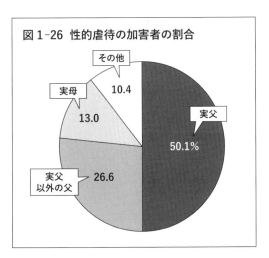

図1-26 性的虐待の加害者の割合

その他 10.4
実母 13.0
実父 50.1%
実父以外の父 26.6

年少の場合，自分が虐待にあたる行為をされていることさえ，理解できないこともある。

2020年度，性的虐待は2,245件で，2009年の1,350件から約900件増加しているが，氷山の一角と捉えるべきで，実際はもっと多い可能性が高い。

学校が果たすべき役割

「学校・教育委員会等向け虐待対応の手引き」（文部科学省，2019年）には，「虐待を早期に発見する観点として，虐待はどこにでも起こり得るという認識に立ち，（中略）子供や保護者，状況をめぐる『何か変だ』という異変や違和感を見逃さないことが重要です。また，アンケートなどの訴えからの発見や，放課後児童クラブ（放課後児童健全育成事業）や放課後子供教室等の学校外からの虐待の情報提供もあることから，日常的に情報を漏らさずに得られるようにアンテナを高く張っておくことが必要です」とある。子どもの虐待についての対策や考え方は特別なことではない。

厚生労働省の同じ資料からは，相談経路

の50.5％が警察で，2009年の14.9％から大きく増えている。一方，幼稚園，学校，教育委員会経由を合わせた「学校等」は全体の約７％で，2009年の約12％から減少していることがわかる。経路別で，割合を増やしているのは警察のみで，他は件数は増えているが，割合は減っている。「虐待通告は国民の義務」であるが，実際は警察等の強い権限がなければ難しいことが示唆される。

２．実践の特徴

ある意味「タブー」だった領域への挑戦

　学校が家庭の問題を扱うのは非常に難しい。子どもはそれぞれ異なる家庭環境で育っている。わかりやすい例では，ひとり親家庭であったり，外国籍家庭であったりする。血のつながらない保護者に育てられたりしている場合もある。そのため，家庭の問題を扱うことで，子ども自身に「自分の家庭が他と異なること」を子どもに突き付けてしまうことになってしまう側面があるので，指導者は細心の注意を払うことになる。そのため，必要性は十分に把握しながらも，ある意味「タブー」のように扱われていて，これまで学校で家庭の問題を深く掘り下げることは少なかった。

　今回の実践では，「家庭」「夫婦」「子育て」「パートナー」等について，深く切り込んだ。特に「家庭での虐待」「夫婦やパートナーとの関係性」等，デリケートなことがらについて真正面から取り組んだのは圧巻である。

〈家庭での虐待〉

　虐待の中でも性被害に関わる部分について取り扱っている。文部科学省は「生命の安全教育 指導の手引き」[3]で，「『性犯罪・性暴力対策の強化の方針』の『教育・啓発活動を通じた社会の意識改革と暴力予防』の一環として，子供を性暴力の当事者にしないための『生命（いのち）の安全教育』を推進する」としている。同手引書は，本実践と同じ理念が貫かれており，小学校低学年で「プライベートゾーン」を意識させることなど，具体的な方向性も同じである。

〈夫婦やパートナーとの関係性〉

　これまでDV等について断片的に指導されることはあったが，今回の実践は夫婦やパートナーとの関係性について，子どもたちに具体的に提示し，考えさせた。

　今回の実践で扱った事例は今日的であった。子どもたちの間で，「彼氏」「彼女」「つきあう」「わかれる」「デート」等は一般的で，日常会話では頻繁に出てくる。テレビなどでも当たり前の言葉である。これまでの学校教育では，友達との人間関係などについては丁寧に扱ってきたが，パートナーとの関係については，ほぼ取り扱ってこなかった。

GIGA端末１人１台時代の課題対応

　今では，スマホ使用が日常的である。子どもたちの多くはLINEやInstagram，Twitter等のSNSを使いこなしている。最近の調査では，中学生のスマホ所持率が９割を超えることも珍しくなく，小学生でも過半数を超える場合が多い。

　学校は，これまでスマホ問題を含む，イ

ンターネット問題については，「制限・禁止」の方向で指導してきた。今回の実践では，スマホ利用を前提として，「正しい使い方」について子どもたちに考えさせたことの意義は大きい。

さらに，GIGAスクール構想で，学校で情報端末を扱う時代であるので，今後ますます，早い時期から多様な情報に接するようになっていくことが予想される。

そういう時代を生きる子どもたちには，そういう時代に適合した教育が必要であり，そのための試行錯誤が今後進んでいくだろう。今回の実践はその試行錯誤のうちの大きな一歩だと位置づけるのが妥当だろう。

系統的な「主体的・対話的で深い学び」で小1から子ども自身を鍛える

この実践で特筆すべきは，小学校低学年からの系統だった指導が確立しつつあることである。第1章には，小学1年生に対して「プライベートゾーン」を扱った授業について記載されている。しかも，子どもたちがすでにもっている感じ方や知識を大切にしながら授業を進めている。これまでこの年代に対しては，「知らない児童に教え

てあげる」ような授業スタイルが一般的であったが，この分野でしかも小学校低学年でも文部科学省が掲げている「主体的・対話的で深い学び」が可能だということが示されている。

虐待を外から発見することはますます難しくなっている。この実践は，子ども自身を，虐待の被害者にも加害者にもしないように鍛える実践である。

3. 今後の方向性

今回の実践の本当の価値は，現段階では測れない。この実践は虐待予防教育の萌芽である。私たちの社会は，この実践を踏まえて，各地で同じ方向で実践を積み重ねていく必要がある。

今後，追試を積み重ねていく過程で，より今回の実践が鍛えられていく。私を含め，実践に関わった方々は，一般化可能性を今後も追及していくことが必要である。さらに，ICT機器の普及に伴い，状況はさらに変化していくことが予想されるので，社会全体で取り組んでいくことが肝要である。

| 注 |

(1) 「令和2年度 児童相談所での児童虐待相談対応件数」厚生労働省，2021年。
https://www.mhlw.go.jp/content/000863297.pdf（2022年8月1日閲覧）
(2) 「令和2年度 福祉行政報告例 児童福祉 表26 児童相談所での児童虐待相談対応件数，児童虐待相談の相談種別×主な虐待者別」厚生労働省，2021年。
https://www.e-stat.go.jp/stat-search/files?page=1&layout=datalist&toukei=00450046&tstat=000001034573&cycle=8&tclass1=000001160146&tclass2=000001160154&tclass3val=0（2022年8月1日閲覧）
(3) 「生命の安全教育 指導の手引き」文部科学省，2021年。
https://www.mext.go.jp/content/20210416-mxt_kyousei02-000014005_7.pdf（2022年8月1日閲覧）

実践を振り返って

1年「たいせつなこころと体」

高井可奈

　授業をした学級には，児童養護施設から通ってくる子どもたちが5人います。あの黒板に貼ってあったイラストのように，乱暴そうな男の子やあまり清潔な服装ではない女の子が実際にいるのですが，「だらしないな」などと周りの子どもたちが思っている節が何となくある中で，その子たちがそうしたくてしているわけではないということを何とか伝えたいと思っていました。

　「あんぜん」「あんしん」「せいけつ」の中でも，特に「あんしん」について伝えたいと思い，長めに時間を使いました。そういう子たちは，朝，気分がのらない日には，学校に遅れてきてしまうこともあるんです。なので，朝，学校に来たという設定にして，朝からイライラしているってことは，家で嫌なことがあったのかな，だらしない格好しているけど，そこまで気が回らないことが何かあったんじゃないかな，と考えさせました。自分ではどうしようもない時には，「あんしん」できるような働きかけを，周りの友達ができるよね，というところをどうしても伝えたかった授業です。普通のご家庭からくる子どもたちでも，「わかるわかる！」と共感してくれたことで，自分たちだけじゃないんだなとわかっ

てくれたらうれしいな，と思います。

　あの授業を境に子どもたちがそこまで劇的に変わるというようなことはありませんが，たとえばリアルに棒で突っつかれた子どもが，「ん〜，なんかイライラしてたんかな」と言った例もありました。「あの子が，悪いねん」と言うだけではない反応が，他の場面でもちょこちょこ見られたのは，この授業の効果ではないかと思います。

　良いタッチの授業については，あまりリアルになりすぎないようにはしました。保護者との触れあいを考えると，あまりあれダメこれダメと言うのはどうかなとも思いますが，子ども自身は自分の感じ方がすべてになりがちなので，適切な線引きをできる力を身につけさせるうえでは，11月よりももっと早い時期に実践してもいいのかもしれません。なお，授業参観された方から，欧米では，お医者さんでもプライベートゾーンに触れる際には，「いいですか」と一言，言葉をかけると伺いました。その辺は台本に加えた方がいいように思います。

　今後，同じ内容を実践する時にも，目の前の子どもの実態やニーズに応じて時間の長短を調整することが重要だと思います。

（インタビューまとめ　西岡加名恵）

第 2 章

ライフストーリーワークの視点を
取り入れた教育
── 治療的教育 ──

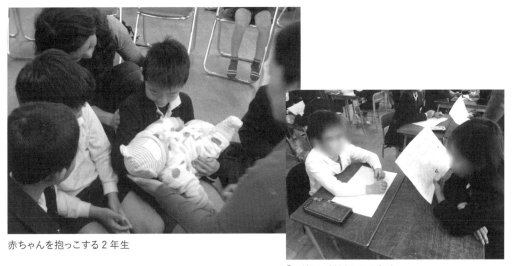

赤ちゃんを抱っこする 2 年生

「面接」で対話する 4 年生

　生野南小学校には，家族機能が脆弱であったり，乳児院で育ったりしたことで，「お母さんとのふれあい」にまつわる記憶が全くない児童がいる。小学生のうちに，可能な形で「自分史」というアイデンティティを紡いでいくには，正しい知識を習得したり，体験活動をしたりすることで，自身の命の源に向き合うことができるような授業が必要だと考えた。

　そこで，「『生きる』教育」の第2の柱として，ライフストーリーワークの視点を取り入れた授業づくりに取り組んだ。本章では，才村眞理先生にライフストーリーワークについて解説いただいたうえで，2年生から4年生の授業を紹介する。2年生では，命のルーツ「赤ちゃん」について学び，今，ここに自分がいる背景にはたくさんの「抱っこ」があったことを実感する。3年生では，「子どもの権利」について学ぶとともに，困難に直面した時に「我慢する」以外の対応策にはどのようなものがあるのかを考える。思春期の入り口にたつ4年生では，子ども自身がライフストーリーを紡ぎなおす機会を提供している。

ライフストーリーワーク（以後，LSW）とは，過去に向き合うことに焦点が合わせられがちだが，過去・現在の心の整理が進むと，未来のことを考える余地ができる，つまり，未来に前向きに生きていけるよう支援するのが，LSWである。

1 ライフストーリーワークとは何か，期待できる効果は？

LSWとは，施設や里親・養親宅で暮らす子どもを援助する取り組みとして，子どもの人生のものがたりを信頼できる大人と一緒に紡いでいく作業である。子どもが一人ひとり，自分の人生の色々な出来事や気持ちを，大人と一緒にたどりながら整理し，自分のものにしていくこと，これまでの自分（過去）〜今の自分（現在）〜これからの自分（未来）をつなげていくこと，橋をかけていくことである。ここでいうLSWは，筆者（才村）がイギリスの実践を参考に，大阪ライフストーリー研究会や奈良ライフストーリーワーク研究会等での活動を基盤として，つくりあげてきたものを説明する（日本では，LSWの理念や目的は同じであっても，その実施方法は幅広く，さまざまな実践がなされている）。一般的に「生い立ちの整理」とも呼ばれている。人は誰でも自身を木に例えると，その根っこの部分がしっかり根づいていないと，枝葉がいくら茂っても安定した木にならない。LSWとは人生の木の根っこの部分をしっかり根づかせ，誰から生まれたのか，今，なぜここにいるのかの疑問に応え，未来にどう生きていけるのかを考える力が湧いてくるように，子どもに寄り添いながら，時間をかけて，いっしょに歩いていく場をつくっていくことである。LSWの実施する対象は，社会的養護の子ども，つまり，児童施設や里親・養親宅で暮らす子どもたちを対象に進めているが，家族の変遷を繰り返している子どもたちにも有効だと思われる。生みの親から離され，社会的養護に来た子どもたちはほとんど自ら望んで来たのではなく，ある日突然，地域の機関や児童相談所の職員がやってきて，簡単な説明のもとに，一時保護所や直接施設へ連れて来られ，心の整理も十分できないまま，生活がスタートしてしまっている場合が多い。そんな子どもたちに，生活が落ち着いたら，誰から生まれ，なぜここに来たのかを整理しないと，未来について考えられないほど，混乱したままでいるかもしれない。何より，自分には価値のない人間で，そんな厄介者だったから，生まれてこない方がよかったと思っている場合もある。LSWを実践することにより，生まれてきてよかった，そして，過去に起こったことは自分には責任がないこと，ここに来てよかったと思えること，自分のストレングスを実感し，他者の力を実感し，過去は変えられないけれど，未来は自分の手で変えていけると思えるエンパワメントにつながること，など子どもの生きていく力につながることが期待できる。

②　ライフストーリーワークの実践

LSWには3段階の実践がある。図2-1に示すように，一番底辺に日常的に行うLSW，真ん中にセッション型LSW，最上段に治療的LSW（セラピューティックなLSW）がある。

日常的に行うLSWは，LSWの理念を理解し，日常場面のなかでLSWを意識した子どもへの関わりをすることである。本書の学校教育の授業のなかで取り組むLSWは，この日常生活でのLSWに当たるのではないだろうか。日常的に行うLSWには，3つの意味合いがある。1つめは，子どもが発する自身のライフストーリー（人生のものがたり）にまつわる発言を，周りの大人がしっかり受け止め，子どもにとって過去の出来事に関する疑問や願望や感情の波が起こることは，普通のことであり，表現していいことなのだという環境をつくることである。その場に適切な対応が求められる。2つめは，子どもの生い立ちの整理のために，その時々における日常場面での情報を収集し，記録に残しておくことである。子どもだけでなく，親の情報も適宜，収集しておくことである。3つめは，セッション型LSWを実施する際のきっかけづくりをすることである。社会的養護の子どもたち全員に本来ならばセッション型LSWを実施する必要があるが，人員的にも時間的にも困難であるので，特に必要性の高い子どもに限定される。子どもに「なぜ自分の親は面会に来てくれないのか」「生みの親はどこにいるの？」などと日常生活で聞かれた時に，「そういった疑問をもつのは当たり前だね」「今度児童相談所の担当者に聞いてみよう」「これまでの過去を整理するために，時間をとろう」など，セッションへの導入につなげていくことができる。日常生活の中で，これまでの子どものたどった歴史を，少しずつ紡いでいけるなら，特別な場であるセッションはいらない。しかし，施設という集団生活のなかで，一人ひとりの生い立ちを整理する作業は日常生活の場面では困難な場合が多い。そんな時に特別な場である，セッション型LSWを行うことにより，生みの親を扱うことができると思われる。また，養親や里親宅では，生みの親の事情について詳しく知らされていない場合が多く，養親・里親自身が，子どもの生い立ちの整理をするのは，困難な場合が多い。児童相談所職員または里親支援専門相談員がセッションを主担する方が，養親・里親が子どもの支え役になることを可能にし，安全に生い立ち整理ができると思われる。

このセッション型LSWについてであるが，生い立ちの整理の作業をセッションという形，つまり，非日常の特別な場で，月1～2回，全体で7-10回程度，行うものである。このセッション型LSWについては，次の項で事例をもとに詳しく述べる。

図2-1　段階のライフストーリーワーク[1]

セラピューティックなLSW

セッション型LSW

日常的に行うLSW

次に治療的LSWであるが，イギリスの治療施設での実践をモデルとしているものであり，日常生活でのケアとセラピィとLSWを連携して行うのが，治療的LSWである。これは，児童虐待を受け，トラウマをもつ子どもたちへのLSWであり，セラピィと同時並行し，また，日常生活も治療的なアプローチのもとに行われるという，イギリスにかつて存在した，SACCSの実践（詳細は，リチャード・ローズ，テリー・フィルポット，才村眞理監訳『わたしの物語──トラウマを受けた子どもとのライフストーリーワーク』福村出版，2012年，を参照）である。ここでは，週1回のセラピィと月2回のLSWと日常ケアを連携しながら，取り組まれている。セラピィでLSWを行う土台を作り，土台ができるまで，LSWは過去に進めるのではなく，ライフストーリーワーカー（LSWを専門に行うソーシャルワーカー）との関係を築くことに費やしている。その間，一方では子どもの過去の情報収集をかなり詳細に行っていく。その後，子どもと作る家系図，過去の事実について子どもに話し，子どもが事実と感情を扱える，壁紙ワークに進む。最終段階で，子どもが了解した内容を入れたライフストーリーブックを作成する。平均3年半を費やして，この施設から退所した子どもは里親委託されていく。ここでは，子どものトラウマを扱い，セラピィとLSWが同時並行で進められるので，心理ケアも同時に受けられ，また，日常生活上でもセラピューティックな関わりのもとでケアされるので，トラウマのために日常生活が送れなかったり，大きな問題行動を見せていた子どもたちも，ここでのケアを経験して，一般的な里親家庭に引き取られるくらいの落ち着いた状態になるという。日本では，SACCSと同じ条件のケアは望めないが，たとえば，心理治療施設でのセッション型ライフストーリーワーク（セッション型LSW）では，近い形ができるのではと期待している。

③ セッション型ライフストーリーワークの事例

ここでは，セッション型LSWをより具体的に理解してもらうために，以下の事例を挙げた。事例を元に，セッションを進めるうえでの，キーとなるものについて述べる。

1. セッション型LSWの事例「ゆみちゃん」（筆者作成の架空事例）

ゆみちゃん；小2，知的な遅れはないが，少し落ち着きなく，お友達とけんかになることもしばしば。好きなお絵描きをしているときは長時間取り組んでいる。先日，お部屋のお友達がお母さんと面会しているのを見て，「私のお母さん，いつ来るの？」と聞いてきた。好きな保育士さんには，べったりと甘えてくる。

①ゆみちゃんの誕生から施設入所まで；父17歳と母16歳は，焼き肉屋のアルバイトで知り合い，同棲。2人は結婚したかったが，双方の親と関係が悪く，結婚の同意が得られず，母は17歳の時にゆみちゃんを出産。父母は，大きく実がなる木のように育ってほしいと，由実と名づけた。父は認知はしてくれた。2人はゆみちゃんをかわいがっていたが，父

が突然，行方不明になり，母一人で，お金もなく，子育てもイライラしてきて，1歳の
ゆみちゃんを叩いてしまい，このままでは虐待になってしまうと保健センターに相談し，
乳児院に預けた。週に1回，面会に行っていたが，母はうつ病を発症し，動けなくなっ
てしまい，面会も途絶えた。働けなくなり，生活保護を受給する。

②乳児院から児童養護施設入所まで；ゆみちゃんは乳児院ですくすくと成長し，言葉も出て，
発達は良好であった。2歳2か月の時に，赤ちゃんの施設である乳児院から大きい子ど
もの生活の場である，児童養護施設に措置変更される。母は体調はすぐれなかったが，
措置変更で今の施設に移る日には，来てくれた。母は，病気が落ち着いたら，いずれ引
き取りたいと言っていた。その日は雨が降っていたが，母はゆみちゃんを久しぶりに抱っ
こしたり，ブロックで遊んだりした。施設では母子の遊んでいる写真を記念に撮った。

③児童養護施設での生活；ゆみちゃんは施設から保育所へ通い，お友達とも遊べるように
なり，室内遊びでは，特にお絵描きが好きだった。6歳になり，病気もせず，活発な女
の子になっていた。校区の小学校への入学時には，母からランドセルが送られてきた。
お手紙も付いていて，「お母さんは体調がすぐれなくて，入学式に行けないけれど，元
気で登校してください」と書いてあった。ゆみちゃんはお母さんがいつか来てくれると
思っている。

④LSWの実施のきっかけ；今回小2になり，小学校の授業として「生い立ち学習」があり，
それに向けて，ゆみちゃんは生い立ちについて整理する必要性があると，児童養護施設
の職員のニーズにより，セッション型LSWを開始することにした。

2．LSW計画会議

LSW計画会議；セッションを開始する前に，LSWをどのように行うのか，関係者（児
童養護施設のファミリーソーシャルワーカー（FSW），担当保育士，児童相談所担当児童
福祉司，心理検査を実施した児童心理司）で集まり，LSWの必要性，実施体制，リスクに
ついて話し合う。

セッション型LSWは以下の体制で実施することを話し合った。月1回，10回実施，6
月から3月，1回のセッションは40分から60分程度，実施者は児童養護施設のFSW，毎
回のセッションには担当保育士が同席，リスク診断として，LSWの実施により，ゆみちゃ
んの揺れが起こり，行動が不安定となってもできるだけ生活の場で支え，場合によっては
児童心理司の心理フォローをする。その際はセッションを遊びを中心とした緩やかな取り
組みとすることを話し合った。今回のセッションのゴールは，ゆみちゃんがこれまでの生
い立ちを整理し，生みの親は誰で，なぜここに来たのかを理解し，自己肯定感を高め，未
来に向かって力強く生きていけるように支援すること，自身のストレングスを体感し，生
きていくうえでの他者の存在の重要性に気づき，将来，困ったときは他者にSOSを出せる
人間になる土台を築くこと，と確認した。

10回のセッションは以下の通りで計画した。各セッションで同時にライフストーリーブック（以下，ブック）の作成にも取り組む。（＊ 5．セッションで使えるワーク で説明）

[0回目] LSWの説明と同意 「この間『私のお母さん，いつ来るの？』と聞いてきたよね，それについて児童相談所の人に聞いたりしたので，いっしょに，ゆみちゃんの赤ちゃんの時からのこと，振り返ってみない？ 月1回このお部屋で一緒に遊んだり，写真の整理をしたりするんだよ」と説明。ゆみちゃんは「うん」と言って了解した。

[1回目] 現在について取り組む；ワーク「6つのボックス」＊でゆみちゃん，実施者，担当保育士，それぞれ自己紹介；ゆみちゃんのストレングスの体感，他者の力の体感

[2回目] 現在について取り組む；今の施設生活についての振り返り，アルバム整理，エコマップ作成＊

[3回目] 今の施設に来た日のこと（誰と来たのか，車で来たのか，天気は？ どんな遊びをしたのか？ それをブックに作成），前に乳児院にいたこと，母が面会に来ていたことを話し合う。

[4回目] 乳児院へ訪問；事前にゆみちゃんが「どんな赤ちゃんだったか」を語れる人を準備してもらう，施設見学，行く途中で，ゆみちゃんと，乳児院の先生に聞くことリストを作成，赤ちゃんと遊ぶ体験，帰りに好きなマクドでお食事

[5回目] 乳児院訪問の振り返り；感情のワーク；写真の整理

[6回目] 誕生から乳児院入所までのものがたり；線路と駅で生活年表づくり＊

[7回目] 乳児院退所から現在までのものがたり；ここに来てよかったことの体感

[8回目] 家族について；母の病気のこと；父のこと；3つの親のワーク＊；家系図のワーク＊

[9回目] ゆみちゃんの応援団のワーク（施設職員全員からゆみちゃんのいいところ，応援しているメッセージカードをもらい，ゆみちゃんの似顔絵を真ん中にして，周りに貼り付け，気持ちを言葉に表す）；これまでのワークの振り返り

[10回目] 未来について；これから何をしたいか？ お母さんに言いたいこと，ある？ 今度の運動会に何をがんばる？ など，未来について話し合い，ブックにまとめる。

4．セッションを実践するうえでのキー（鍵）となるもの

・現在からスタート；児童虐待のトラウマや見捨てられ体験をもっている子どもが多く，いきなり過去の話題からセッションを始めるのは危険である。現在の話題から始め，LSWの場が，安心・安全だと子どもが実感できてから，過去に進む。

・過去の話は点滴のように；子どもにたくさんの過去の真実を告知していくのではなく，少しずつ，「点滴」のように過去の話を進める。子どもが知らなかった過去の事実を知ってショックが大きく，行動化につながる場合は，セッションの「足ふみ」，つまり，過去

の話をそのまま進めるのではなく，現在の話題に戻ったり，子どもが好きな遊びを一緒にしたりし，心理的安定を待ってから，セッションを進める。下記の子どものストレングスや他者の力を体感できてから，過去のストーリーに進む。

・子どものストレングスの実感；子ども自身が自分の良いところ，強みを自身で体感できるよう，エピソードをもとに，話し合い，ブックに作成。例；あの時，年下の子どもとおままごとをして上手に遊んでくれていたね，など。

・子どもが他者の力を実感；人間は一人で生きていけない，他者の力を借りて，助けられて生きている，将来，SOSを出す能力も培うために，子どもが他人に助けられた経験をエピソードをもとに思い出し，ブックに作成。例；学校に登校した際，音楽の笛を忘れた時，保育士さんが慌てて笛を授業に間に合うように持ってきてくれたなど。

・LSWは，過去の事実の告知が含まれることが多いが，一方的な告知ではなく，自身の過去の出来事を一緒に話し合う場をつくることが目的であり，子どもからの質問に応える場でもある。双方向の支援といえる。また，子どもと遊んだり，いっしょに過去にいた場所（乳児院訪問など）にお出かけしたり，バリエーションに富んでいる。

・子どもがはっきり拒否する場合は無理に進めない。常に子どもに決定権があり，子どもがやりたくないなどと言ってきた場合は，その背景（過去と向き合うのは子ども自身怖いということがある）を考慮し，中断や延期もある。

・LSWは，過去を整理し，現在ここにいることに納得し，そのうえで，未来に向かって力強く生きていけることが目標である。生まれてきてよかった，ここ（施設や里親・養親宅）に来てよかったと思えると，自然と未来のことにも考える余地ができてくる，という理念である。

・親から分離され，社会的養護に来たことは，自分が悪い子だったからという認識をもつ子どもは多い。この子どもの認知を変えることは大人の責任であり，LSWの目標である。

5. セッションで使えるワーク

以下，セッションで使うとよいワークを紹介する。

① ライフストーリーブック（ブック）；市販のブック[(2)]の目次は囲み内の通りである。

LSWを始めた頃には，このブックを使ってLSWのセッションを行うことが多かった。しかし，現在ではこのブックを参考にして，白いノートとペン，あるいは，バインダー方式の冊子に1枚ずつ作成した紙を入れ込む方法がよくとられている。ブックを作成する際には，写真の貼り付け，エピソードの記入，「事実と感情」を扱う。

1. わたしについて知っていること　2. わたしの健康　3. わたしの生まれた家族　4. 生みの親と家族に連絡を取る　5. 地図と移動　6. わたしの考えと気持ち　7. 特別な思い出　8. 今のわたしについて　9. わたしの学校　10. わたしとわたしのからだ　11. わたしの生まれたところと今住んでいるところ　12. わたしのある1週間の生活　13. 未来

「事実と感情」とは，過去の事実が話されたり，記入したりするだけでなく，必ず，その時起った気持ちを表現できるよう，援助していくことである。

② 6つのボックス（ワーク）；図2-2のような6つの枠に，書きやすい内容を選んで，
自己紹介に使う。

図2-2 6つのボックス

名前と感想	好きな食べ物	コロナが収束したら行ってみたいところ
今の元気度1から10その理由	好きな遊び	ほっとできるところ

セッションの1回目に6つのボックスを行うことにより，子どもと同様に，実施者も担当のケアワーカーも参加し，自己紹介を子どもとともに行う。あまり侵襲性のない内容であるので，子どもが取り組みやすい。子どもが実施者と対等な感じをもつことにより，セッションを進めやすくさせる効果がある。

③ エコマップ

図2-3 エコマップ[3]

LSWのセッションを現在から始める際に，このエコマップを子どもと一緒に作ることによって，子どもにとってどのような人や機関などが存在して，子どもがどう思っているのかなどについて，聞くことができる。子どもが今，どんな世界に生きているのかを知ることができる。

④ 生活年表づくりのワーク

図2-4 文字のみの生活年表[4]

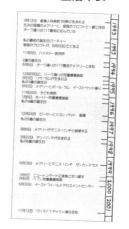

図2-5 線路と駅の生活年表（新籾晃子作成）[5]

出来事を駅に見立て，線路で進んでいく，生活年表づくりをするワーク。

⑤ 家系図

家系図はさまざまな書き方があるが，子どもの理解度に合わせ，背景に合わせて，自由にわかりやすく書く。

図2-6 家系図[6]

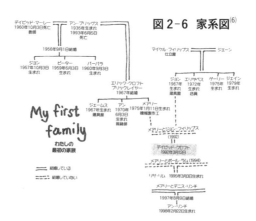

⑥ 3つの親のワーク

このワークを行うことにより，3つの親の役割すべてを，1組の父母が担っていることが多いが，社会的養護の子どもたちにとっては，この3つの親の役割がしっかり分担されてケアされていることを実感できる。また，生みの親は現在行方不明であっても，目の前に存在しなくても，自身のルーツとしての役割があり，子どもたちにとって生みの親の役割を実感することが重要な視点だ。

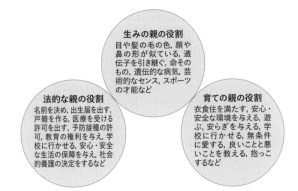

図2-7 3つの親のワーク（トニー・ライアンとロジャー・ウォーカーが作成した「3組の両親」[7]を筆者が修正）

以上，さまざまなワークを紹介したが，他にも子どもに合わせて適宜行っている。

4 セッション型ライフストーリーワークの理念，基礎となる理論，方法論

① セッション型LSWの概念図；セッション型LSWは，ソーシャル・ケースワークをベースとし，ケアワークと心理的援助をプラスした援助といえよう。心理療法ではないが，心理的援助の側面もある。子どもへの真実告知（双方向の援助）や部屋内でのセッションだけでなく，外出も含まれる。

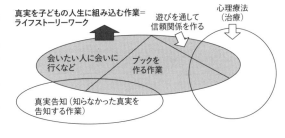

図2-8 セッション型ライフストーリーワークの概念図（筆者作成）

② 子どもの権利条約における「最善の利益」「意見表明権」「生みの親を知る権利」「家族関係を知る権利」；LSWは子どもの権利条約のさまざまな子どもの権利擁護に関係している。まず，セッションを実施する際に，その実施が子どもの最善の利益に合致しているのか，考える必要がある。実施する際に，子どもの意見を聞く場としてのセッションの場がある。また，過去，現在が整理されるとこれからどうしたいのか，どのように生きたいのか，未来についての意見を出すことができると期待される。そして，真実告知を行うことで，生みの親や家族について知る権利の保障がLSWにより確保される。

③ 事実と感情；セッションでは，子どもの知らなかった生い立ちにまつわる真実の告知が含まれることが多いが，実施者から子どもへの一方通行の告知ではなく，双方向の援助がベースとなる。告知が行われた際には，その時の子どもの疑問や気持ちを扱う。

④ 喪失サイクル；BAAF（英国養子縁組里親委託協会）の作成した喪失サイクル[8]の図2-9を使って子どもが今どんな段階にいるのかをアセスメントでき，セッションでの子どもの状態を理解することができる。詳細な説明は文末脚注の本を参照してほしいが，抑う

図2-9 喪失サイクル（BAAF：英国養子縁組里親委託協会）

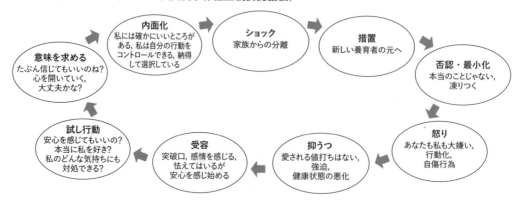

つ状態に来た時にLSWを開始するチャンスであること，しかし，実施者に対して試し行動が起こることがあり，そこでセッションをやめてはならないこと，そして，内面化まで来たと思っても，また，何かが引き金となって，ショック→否認・最小化→怒りへとぐるぐる回っていくというサイクルが存在すること，など，子どものアセスメントに参考となる図である。

⑤発達理論・アタッチメント理論・トラウマ治療とも関係する；セッションの内容を検討する際に，子どもの発達を押さえておくことは重要である。親とのアタッチメントがしっかり形成されていない中で，セッションを継続することにより，ケアワーカー（担当保育士など）とのアタッチメントの形成が促進される可能性はある。また，虐待のトラウマが引き出され混乱する可能性があるので，リスクアセスメントを開始前に行う必要がある。なぜ虐待が起こったのか，どんな背景があったのかを知ること，子ども自身に責任はないこと，しかし，親にも背景事情があったことを理解することは，子どもが前向きに生きていけるために必要なことである。虐待を受けた子どものトラウマケアにつながる可能性があると思われる。

5 学校教育におけるライフストーリーワークの取り組み

1. 生野南小学校の取り組み

まず，小2の「みんなむかしは赤ちゃんだった」の授業は，人間の起源である赤ちゃんを体感できる授業で，LSWの視点からも重要な授業である。生命の尊さを学ぶとともに，妊娠中の胎児も体感できる授業であり，命の大切さや自分自身の歴史のスタート時期の確認作業ができる，素晴らしい取り組みである。また，小6の「『生きる』教育」（第1章3節参照）での育児実技や育児体験では，赤ちゃんが生まれた時に行う親の仕事の大変さや覚悟が必要であることなどを学ぶことのできる貴重な取り組みである。ここで，日本のオリジナルな取り組みである，妊娠・出産・子どもの健康記録を1冊にした「母子健康手帳」

の存在（この手帳を取得していない場合もあり，配慮は必要であるが）を授業に取り入れてもらえたらと思う。期待できる効果としては，母子健康手帳を見た時に母親の思いに触れ，母親はかわいいと思ってくれたが，赤ちゃんができたらこんなに多くの仕事があるので，協力者もおらず，経済的にも苦しく，自分ではうまく育てられないと思って，あなたを安心・安全な施設に託してくれたのよ，と説明できるかもしれない。また，何も記載していない母子健康手帳であったが，名前の筆跡を見て，子どもが自分の字に似ている，と言った例もある。将来親になった時に子どもに見せられる手帳作成の準備ができるかもしれない。

　次に，小4の「10歳のハローワーク」の授業は，子どもが自身の未来について考えてみる機会をつくり，履歴書を書く経験，そして，一対一での面接を経験することにより，自身の過去について語る機会を得て，これを温かく受け止められる場を授業中につくるという，これはまさに，「日常的に行うLSW」の実践である。クラスの環境が過去について話しても子ども自身が安全と感じ，全体に受け止めてもらえるという雰囲気をつくり，過去について話しても大丈夫だとする，安心な場をつくっている。

　学校の場は，子どもの生い立ちにまつわる真実の告知はない。しかし，子どもが発信する生い立ちにまつわるさまざまな事実と感情を受け止めてもらえることにより，子どもたちの怒りや悲しみの感情なども受け止めてもらえ，心の整理につながることが期待できる。過去，現在がつながると，未来についても考えていけるようになる。

2. 小学校教育における生い立ち学習

　すべての小学校教育における授業で，お願いしたいことがある。生みの親から分離され，小さい頃の記憶や記録がなく，ぽっかり穴が開いている子どもがいること，小さい頃のことを聞こうと思っても誰にも聞けない子どもがいることを念頭に置いた，生い立ち学習の取り組みを願う。施設が校区にある学校は子どもの人数も多く，学校側の理解も進んでいるが，里親や養親と暮らす子どもは単独であり，学校の理解もまちまちである。今後は，精子や卵子提供で生まれた子どもやLGBTQなど，多様な生き方，多様な家族形態を受容できる，インクルーシブな教育を望みたい。

（才村眞理）

| 注 |

(1) 才村眞理＆大阪ライフストーリー研究会編著『今から学ぼう！ライフストーリーワーク』福村出版，2016年，p.8（以下，『ライフストーリーワーク』と略記）。
(2) 才村眞理編著『生まれた家族から離れて暮らす子どもたちのためのライフストーリーブック』福村出版，2009年，p.4。
(3) トニー・ライアン，ロジャー・ウォーカー（才村眞理，浅野恭子，益田啓裕監訳）『生まれた家族から離れて暮らす子どもたちのためのライフストーリーワーク 実践ガイド』福村出版，2010年，p.78（以下，『ライフストーリーワーク 実践ガイド』と略記）。
(4) 『ライフストーリーワーク 実践ガイド』p.64。
(5) 『ライフストーリーワーク』p.55。
(6) 『ライフストーリーワーク 実践ガイド』p.62。
(7) 『ライフストーリーワーク 実践ガイド』p.80。
(8) 『ライフストーリーワーク』p.31。

　子どもの愛着の発達とパーソナル・スペースの形成は大きく関係していると言われている。2，3歳頃までの乳幼児は，特に保護者や特定の大人と密接した関係性を求め，それ以降は，少しずつ大人と離れても安心して過ごせることで自己のパーソナル・スペースを形成していくとされる[1]。しかし，幼い頃の愛着形成が難しい場合やさまざまな要因で母子分離がうまくできていない場合には，自分にとっての快適なパーソナル・スペースがわかりづらく，コミュニケーションをとる相手によって，パーソナル・スペースを使い分けるといったことが難しいことが多い。生野南小学校でも，年々，養育者による愛着形成が脆弱な子どもたちが増えてきている。そうした子どもたちは，思春期に入ると，自己のさびしさを埋めるために密接した関係を求めがちとなる。その前に，一般的な対人スペースを学ばせておきたいと考えた。

　また，西澤哲先生によると，子ども自身が十分にお世話をされていない環境で育ってきた場合，赤ちゃんを不思議な生き物として恐怖心を抱くことがあるという。実際に本校でもそういった実態がみられた。そこで，2年生では，「お母さん」や「赤ちゃん」について友達とともに楽しく学ぶ機会を提供したいと考えた。生い立ちの中での親子の触れ合い経験は乏しくとも，「赤ちゃん」の不思議を学び，成長するまでにはたくさんの「抱っこ」があったという事実を学ぶことで，すっぽりと穴の空いた「抱っこ」の記憶を多少なりとも埋めることができたらと願っている。

　以下では，そのような願いを込めた2年生の実践（全3時間，2021年11月）を報告する[2]（写真の一部は2019年度の実践より）。

1 　パーソナル・スペース ―― 安心できる距離

1．友達との距離

　第一次（1時間）では，1年生で「タッチ」についてのルールとして学んだ「プライベートゾーン」の知識を基盤としつつ，「パーソナル・スペース」について学んだ。

　まず，4人で協力して，自分の「距離リボン」を作成する活動に取り組んだ（図2-10）。自分と友達とでリボンを張り，そこをもう一人の友達が自分に向かって歩いてくる。ちょうどよい距離だ

図2-10 「距離リボン」を作る（2019年度）

と思ったらストップといい，もう一人の友達がハサミでリボンを切る。このような作業の進め方を授業者（小野）が説明したうえで，子どもたちは，それぞれ自分にとって安心できる距離を調べていった。子どもたちは，「う～ん，もう一回，やってみてもいい？」「あれ，僕の距離って，皆に比べて近いってこと？」などと言い合いつつ，作業に取り組んだ。

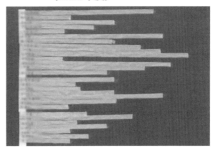

図 2-11 「距離リボン」をくらべる（2019年度）

　クラス全員分の「距離リボン」ができたところで，黒板に掲示する（図 2-11）。続々と貼られるみんなの「距離リボン」を見ると，一目瞭然，バラバラである。自身の「距離リボン」が長めなのか短いのかといった傾向に気づくこともできる。

　そこで，授業者は，それぞれ快適な距離が違うことは「いいとか悪いとかじゃない」と認めつつ，クラスの皆が安心できる距離は「だいたい60cmぐらいかな」と提案した。さらに，教室の中で子どもたちに歩き回らせ（「お散歩に行って」と指示し），「ピー」という合図で60cmの距離（床のタイル2つ分）を取る練習をした。

2．大人との距離

　次に，相手によって適切な距離があるということを学んでいく。この部分は，1年生の『『生きる』教育」と同様に性被害防止の視点も含んでおり，「NO」と言える知識を身につけさせることをめざしている。教材を作るにあたり，文化人類学者のエドワード・T.ホール（E.T.Hall）氏が提唱しているパーソナル・スペースを参考にした（表 2-1）。

表 2-1 ホール氏によるパーソナル・スペース

密接距離 （近接相：0～15cm／ 遠方相：15～45cm）	家族・恋人などごく親しい人に許される最も近い距離で，相手の身体に触れることができる。
個体距離 （近接相：45～75cm／ 遠方相：75～120cm）	親しい友人・家族・恋人などと普通に会話できる距離で，相手の表情が読み取れたり，指先が触れあえたりする。
社会距離 （近接相：1.2～2.1m／ 遠方相：2.1～3.6m）	知らない相手やビジネス関係などで相手と会話する距離で，相手の身体に手で触れることができない。
公衆距離 （近接相：3.6～7.5m／ 遠方相：7.5m以上）	複数の相手が見渡せる距離で，講演会での講演者と聴衆，または，一般人と社会的な要職・地位にある人との距離など。

渋谷昌三『人と人との快適距離――パーソナル・スペースとは何か』日本放送出版協会，1990年，pp.73-78を参照して筆者作成。エドワード・T.ホール（日高敏隆，佐藤信行訳）『かくれた次元』みすず書房，1970年，pp.160-181も参照。

　各班に，教材セット（資料 2-1）のを配付し，「距離リボン」と対応する「人カード」をペアにするように指示した。子どもたちは，友達と「距離リボン」をもって距離を体感し（図 2-12），対応する「人カード」について議論していった。たとえば，赤いリボンを持っ

資料2-1 教材セット（「距離リボン」と「人カード」）(2019年度)

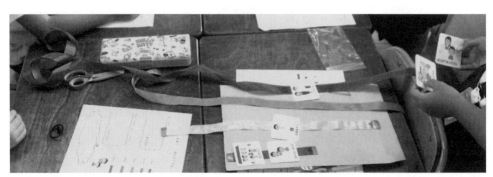

5種類のリボン（赤15cm，ピンク45cm，黄緑75cm，水色120cm，緑200cm）と，絵と文字で示された「人カード」（おうちの人，仲のよい友達，お医者さん，近所の人，初めて会う知らない子ども，知らない大人）を準備した。

図2-12 「距離リボン（赤）」の距離を体感する（2019年度）

図2-13 「距離リボン」と「人カード」の対応を確認する（2019年度）

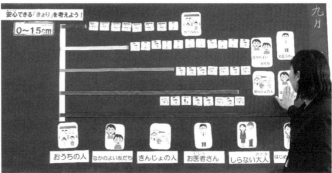

た子どもたちは，「ママとはこの距離で話すことがあるよ。友達とはないな」「この距離は，家族だけだね」，緑のリボンについては「これは，きっと知らない大人だよ。1年生でも習った」などと話し合っていった。

　各班での意見がまとまると，授業者は黒板に貼った「距離リボン」のところに，各班の意見に即して，「人カード」を貼るように指示した。そして，「赤い色っていうのは，おうちの人っていうのはほとんどですよね。……たまに，お医者さんもこの距離になりますね」「近所の人は，2メートルも離れなくていいと思うんだけど。……こんなに遠かったら，さびしいやろ」「だけど絶対に知らない大人は，これ［緑］ね。守ってほしいです」などと確認しつつ，大きめの「人カード」を貼っていった（図2-13）。

　安全・安心な養育環境ならば人との距離感は健全に育つはずだが，時にその境界線が他者によって壊されることもある。それは，プライバシーの侵害から虐待までさまざまなレベルで起こりうる。マルトリートメント（不適切な養育）によって間違った価値観が形成されてしまっている子どもたちのために，改めて正しい価値観が形成されることを願ってつくったこの授業が，子どもたちが心地よく暮らしていける一助となってほしい。

2 ） 赤ちゃんはどこからくるの ── 距離「0」

　第二次（1時間）では，距離「0」の関係 ── お母さんのお腹の中の赤ちゃん ── について学ぶ。妊婦さん体験を通して，お母さんがどのように赤ちゃんを守り，育ててきたのかについても知ることとなる。

1. お母さんのお腹の中は？

　授業の冒頭，授業者の上田恵教諭はまず前時を振り返り，「この間，小野先生と距離についてのお話をしました。……お母さんと赤ちゃんの距離は，何メートルでしょう？」と問いかけた。子どもから「0メートルです」という回答を得たうえで，本時のめあてが「赤ちゃんはどこからくるのかな」であることを伝え，板書した。

　続いて，「コウノトリが赤ちゃんを運んでくる」「桃太郎が桃から生まれる」「瓜子姫が瓜から生まれる」「チューリップの中から生まれる子は……親指姫ね」といった童話の世界のスライドを見せて子どもたちの注意を引き付けたうえで，「赤ちゃんは，お母さんのお腹の中から生まれます。皆も，お母さんのお腹の中から生まれてきました」と確認した。

　次に，長谷川義史さんの絵本『おへそのあな』（BL社，2006年）の読み聞かせをする（図2-14）。お腹の中にいる赤ちゃんが，お母さんのおへそから見える逆さまの景色を見ているという絵本であり，生まれてくる前の赤ちゃんのワクワク感や，赤ちゃんを待ちわびる家族の様子が伝わってくる。

　絵本を読み終わると，実際にはお腹の中の赤ちゃんがお母さんのおへそから外を見ることはできないことを確認したうえで，「赤ちゃんは，　　　　たいせつにまもられて，　　　　くらいたつと　自分で生まれる日をきめ　外のせかいに　生まれてきます。」というスライドの　　　　を埋める言葉を考えた（前者は「お母さんのお腹の中で」，後者は「280日」である）。また，お母さんのお腹の中の図を示しつつ，「お母さんのお腹の中には子宮

図2-14　長谷川義史『おへそのあな』
　　　　　（BL出版, 2006年）

図2-15　お母さんから栄養をもらう仕組みについて説明する

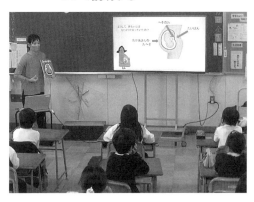

といって，皆もいたところがあります。胎盤があって，おへそへとつながっています。お母さんが食べるものとか飲むものがぜーんぶ，ここから皆のへその緒につながって，栄養がいきわたります」と解説した（図2-15）。さらに，「どうして，赤ちゃんはひっくりかえっていたの？」と問いかけ，生まれやすいようにするためだと伝えた。

　赤ちゃんは，お腹にいる間も，周りの音や声，お母さんが食べたものについてはわかっている。ここでは，距離「0」ならではの親子のつながりについて伝えることをねらっている。

2．命のはじまり

　次に上田教諭は，黒い紙に針で穴を開けたものを配付する。真っ黒な画用紙に針穴が開いていることに気づいた子どもたちが，「穴，開いてる！」「ほんまや！」と騒ぎ始める。授業者は，紙を頭上にかざして穴を確認するように促し（図2-16），「ちっさく，ちっさく，穴が開いているの，見えた？実は，これが赤ちゃんの始まりなんです」と伝えた。「ええっ，うそぉ，こんなにちっちゃいやつが！」「ええっ！　1ミリもない」と，口々に驚く子どもたち。

図 2-16　穴を透かして見る子どもたち（2019年度）

　続いて，授業者は，「お腹の中の赤ちゃんは，どのようにして　大きくなるの？」といったスライドを示しつつ，お腹の中での赤ちゃんの成長について説明していった。「お父さんからの命のもとが4億個くらいあって，お母さんの命のもとは1個しかありません。そこから出会います。出会ったのが，あなたたちです」と話すと，「イエーイ」と喜ぶ子どもたち。授業者は，「すごい，すごい奇跡やんなぁ」と喜びを受け止めたうえで，胎児の写真を示して「赤ちゃん，1〜2カ月ぐらいです」と説明を続ける。授業の最初に配ってあった大豆を示し，「これ，実は，1〜2カ月の赤ちゃんの大きさです」と伝えると，「ええ〜っ！」と子どもたちが驚く。「成長，速いな」と授業者。さらに，足や手ができ，脳ができ，心臓ができる，3カ月ぐらいで胃ができる，といった成長の姿を，エコーの画像も見せながら説明していった。9カ月ぐらいの写真を示した場面では，「見えた？」と尋ねると，手を頬にあてて「こんなんしてる」「かわいい」という子どももいた。

　「赤ちゃん　10カ月　いよいよたんじょう！」と投影したところで，ラジカセで「ドックドック」という赤ちゃんの心臓の音を聴かせ，「これね，先生の子どもがお腹の中にいる時の心臓の音なんです」と伝える。「そして10カ月になると」と言って，赤ちゃんの泣き声をラジカセで流す。「かわいい！　これだれ？」と興味津々の子どもたち。「生まれてすぐの先生の赤ちゃんの泣き声。皆も泣くのよ」と伝えた。

図2-17 妊婦さん体験（2019年度）

3. 妊婦さん体験をしよう

　次に，上田教諭は，「今日は皆に，妊婦さんの体験，ちょっとしてもらおうかな」という。「ええ〜っ！」と驚く子どもたち。班に1つずつ，3キロの重りの入ったリュックを配り，それを抱えた状態で，靴下や靴を履いたり，洗濯物を干したりすると，どんな感じか，順番に体験してみるように伝えた（図2-17）。

　子どもたちが体験し終わったところで，「どうだった？」と尋ねると，「むっちゃ重かった」「しんどそう」「お母さんがこんな苦しい思いをしてきたんだなと思った」「お母さん，洗濯したり，ご飯作ったりして大変だった」といった声が子どもたちからは聞かれた。

4. 赤ちゃん人形を抱っこしてみよう

　「今は，皆，リュックで簡単に『よいしょ！』とかしてたけれど，……［お腹をなでながら］めちゃくちゃ大切なものを傷つかないように気をつけて……そして生まれた赤ちゃんが…」と言いつつ，上田教諭が赤ちゃん人形を取り出す。歓声を上げる子どもたち。「これね，生まれてすぐの赤ちゃんです。皆にも赤ちゃんを抱っこしてほしいんだけど」と伝え，首の骨がふにゃふにゃなので首を支える，お尻のあたりを抱える，といった抱っこの仕方を説明した。「生まれてすぐの赤ちゃんです。大切にお友達に渡すようにしてください。約束守れる？」と強調したうえで，赤ちゃん人形を班の子どもたちのうちの一人ずつに渡していった。

　全員の子どもが赤ちゃん人形の抱っこを体験できたところで，感想を尋ねる。指名された子どもたちは，「重かった」「怖い」「首が，こんなにぐにゃぐにゃだと思わなかった」「持ち方が難しかった」などと語った。「本当の赤ちゃんだったら，落とすか心配だよね。皆は，この時から，7年，8年たってます」と上田教諭は確認した。

　この授業は，保護者も参加する参観日に実施した。参観していた保護者も，感無量の表情である。「お母さんたちにも抱っこしてもらったので，感想を」と上田教諭が問いかけると，「逆に，欲しくなりました」と，お母さんの一人が答えてくださった。

　最後に子どもたちはワークシートに感想を書いて，授業が終わった。

5. 命のふれあい授業

　なお，2020年度・2021年度は新型コロナウイルス感染症の影響により実現できなかったが，例年であれば，実際の赤ちゃんや妊婦さんとの「ふれあい体験」を行っていた。6

年生の「育児」の授業でもお世話になっている「いのちの㋲あべの」さんにご協力いただき，「命の奇跡」を学ぶ授業である。赤ちゃんに触れた子どもたちからは，「赤ちゃんて，あったかくてやわらかい」「いいにおい」といった声が聞かれる。また，妊婦さんのお腹に「元気に生まれてきてね！」と呼びかける子どもたちに，お母さんが「皆に触ってもらって，お腹の赤ちゃん，喜んでいるよ。ありがとう」と言ってくださったりする（扉 左上，図 2-18）。

図 2-18 妊婦さんとの「ふれあい体験」(2019年度)

　一見，微笑ましい取り組みだが，虐待を受けた子どもたちにとっては，再トラウマ体験にもつながる危険性も伴いかねない授業である。授業をつくるにあたっては，児童養護施設の施設長を訪ねてご相談した。「それでもお母さんになっていく子どもたちは，通らなければならない必要なロールプレイングだ」「子どもたちからの信頼と依存のもとに成り立つ」とご教授いただいた。肝に銘じて進めていきたい。

③ 赤ちゃんのふしぎ ── 生まれてから 1 歳まで

　第三次（1時間）では，さらに学習を深めるため，動物の赤ちゃんと人間の赤ちゃんについて学ぶ。両者の成長の早さを比べることで，人間の赤ちゃんには，体や心を育てる時間や，大切な人とのつながりを紡ぐ触れ合いが必要であることを学んでいく。

1. 動物の赤ちゃん

　お母さんを知らない児童への学習の入り方について検討を重ねてきた結果，少し，視野を広げて，色々な動物に目を向けることにした。鈴木まもるさんの絵本『どうぶつのあかちゃんうまれた』（図 2-19）をスライド化し，解説を加えながら，さまざまな動物の親子を紹介する授業である。

図 2-19 鈴木まもる『どうぶつのあかちゃんうまれた』小峰書店，2008年

　授業の冒頭，上田教諭は，「赤ちゃんのふしぎはっけん！」というめあてを確認し，「今日は，赤ちゃんが誕生してからのことを勉強していきます」と告げた。続いて，絵本を提示しつつ，動物の赤ちゃんについて見ていく。「一番目は，キリンの赤ちゃんです」と説明を始め，人間の赤ちゃんよりキリンの赤ちゃんはずっと長くお母さんのお腹の中にいること，ライオンやハイエナに襲われないように，生まれてすぐ歩けるようになることを伝える。「30分

で歩けます」と説明すると，「え～！」と子どもたちから驚きの声があがった。続いて，カバの赤ちゃんも生まれてすぐおっぱいまで歩いていくこと，カンガルーは小さく生まれて8カ月から10カ月間，お母さんのお腹の袋の中で過ごすこと，卵で生まれる動物もいることなどを説明していった。

図2-20 「赤ちゃんの発達カード」を並べ替えるワーク（2019年度）

2．人間の赤ちゃん

　ここで，上田教諭は，「では，皆はどうなのでしょうか」と話を転じ，生まれたばかりの人間の赤ちゃんができることについて，ワークシートに書くように指示した。しばらくして，何人かの子どもたちが「泣く」「暴れる」「まばたき」「寝る」「笑う」「おっぱいが飲める」といったことができると発表し，上田教諭は板書していった。

　続いて，赤ちゃんは，生まれて何カ月の時にどんなことができるのかについて，班で話し合うワークに取り組む。ここでは，同じく鈴木まもるさんの絵本『みんなあかちゃんだった』（小峰書店，2000年）を参考にして作った教材「赤ちゃんの発達カード」を用いた。これは，産まれてから1年間の成長・発達のさまざまなシーンをカードにしたものである。各班の子どもたちは，弟や妹のいる子どもの経験や想像できることを手がかりとして，カードを順番に並べ替えていく（図2-20）。しかし，中には途方に暮れてしまう班もあった。そこで，授業者は，自身の赤ちゃんの成長を記録した写真を黒板に貼りつつ，「生まれてすぐ」「2カ月」「3カ月」…「1歳」と成長する姿を紹介した。「5カ月」「6カ月」の赤ちゃんの写真を示した折には，子どもたちから「変わってる！　変わってる！」という声があがった。

　各班のワークが終わった頃を見計らって，授業者は，成長の速さはそれぞれ違うことも申し添えたうえで，基本的にはどのような順序で成長していくのか，黒板に「赤ちゃんの発達カード」を貼りつつ，説明していった。説明が終わったところで，「皆も，そうやって成長してきたんだよ」と語りかけた。

3．赤ちゃんのサイン──大切な「抱っこ」──

　さらに，上田教諭は，赤ちゃんが発するサインの意味について考えさせていった。「人間の赤ちゃん，不思議がたくさんあります。ねえねえ，どうして泣くの？」と尋ねると，「お腹すいた」「ミルクほしい」「ケガした」「おむつ変えてほしい」「お母さん来て」「抱っこして」といったアイデア

図2-21 赤ちゃんが泣く理由を例示したスライド

おなかが　すいた！
おむつを　かえて！
○○が　しんどいの！
○○が　いたいの！
○○が　いやなの！
だっこして〜！

たいがい、こんなかんじ・・・。

図2-22 赤ちゃんが笑顔は「だっこして！」の サインを示すスライド

図2-23 子どもたちへのメッセージを示す スライド

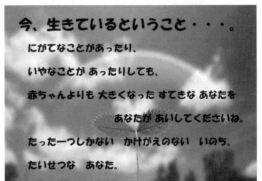

が子どもたちからは出された。授業者は，スライドを提示して，「こんな感じで，えんえん えんえん泣きます」と確認した（図2-21）。

　同様に，身体を休め，成長するために眠ること，栄養をとり生きていくためにおっぱい を飲むこと，いらなくなった「のこりかす」や「水分」を出すためにうんちやおしっこを すること，周りの人のまねをして動いて身体を鍛えること，真似をして色んなことを覚え ていくことなどを確認していった。「赤ちゃんって，まだよく目が見えてないんです。でも， すっごい笑います。なんで笑うのかな」と問いかけると，「夢見てる」「音で」「大切に育て てくれているから，ありがとうって」「楽しいから」と答える子どもたち。授業者は，「赤 ちゃんが笑ったら，こんなことが。『だっこして！』」とスライド（図2-22）を示す。子ど もたちから，「かわいい！」という声があがる。「笑ったらかわいいもんね。いっぱい抱っ こして，いっぱいギュッとして。みんなもそうやんね。ギュってされたらうれしいね」と 授業者が言うと，子どもたちは「うれしい！」と答えた。

　動物の赤ちゃんは生まれてすぐ何でもできるのに対し，「人間の赤ちゃんは1歳までが んばって，色んなことを経験して大きくなっていきます。皆もそうです。今，生きている ということは，たくさんの抱っことか，たくさんの周りのギュッ，愛があったから。今， 苦手なこと，算数の九九を覚えるの，嫌やなぁ。でも，赤ちゃんより大きくなった素敵な あなたたちが今います。……たった一つの命です。命を大切に，生きてほしいな，と思い ます」と，スライド（図2-23）を映し出しつつ授業者は語りかけた。

　最後に，感想を書き，何人かの子どもたちが発表して，授業が終わった（資料2-2）。

資料 2-2. 子どもたちの感想（2020年度）

○きょうは，とても赤ちゃんのべんきょうになってもう一り［一人］赤ちゃんがほしいなと思いました。

○すごくおもしろかった。楽しかった。赤ちゃんのことがよくわかった。どうぶつの赤ちゃんのこともよくしれた。

○赤ちゃんは自分にできることをがんばっていることがわかった。

　これまでの研究から，赤ちゃんは衣食住の充実だけでは育たず，言葉とスキンシップが必要なことは明らかだ。今，ここにいるということは，少なくともたくさんの「抱っこ」があった，と言いたいところだが，そんなふうに美しくまとめられない7年を過ごしてきた児童がいることを忘れてはならない。ただ，もし子どもたちが親になった時，純粋に赤ちゃんを「かわいい」と抱っこできるように，授業のなかで正しい知識を教えるということは，大切にしていきたい。

（授業者：小野太恵子・上田恵，原稿まとめ：小野太恵子・西岡加名恵）

|　注　|

(1) 渋谷昌三「ボウルヴィの愛着理論による『抱っこと命の関係性』」『人と人との快適距離──パーソナル・スペースとは何か』日本放送出版協会，1990年（デジタル出版は，アドレナライズより）。

(2) 本実践を作るにあたっては，次の文献も参考にした。
　　産経新聞「新・赤ちゃん学」取材班『赤ちゃん学を知っていますか？──ここまできた新常識』新潮社，2006年。
　　玉川大学赤ちゃんラボ『なるほど！ 赤ちゃん学──ここまでわかった赤ちゃんの不思議』新潮社，2014年。
　　牧田栄子他『もっと知りたい！ 赤ちゃんのこと（全3巻）』岩崎書店，2014年。

第3節 子どもの権利条約って知ってる？ ── 今の自分と向き合う〔3年〕

　「赤ちゃん」の次に，3年生では「子ども」について学ぶ。中心的に扱うのは，「子どもの権利条約」である。40条の権利に出合った子どもたちが，第一印象で，「私，この権利守られてへん…」「俺もや！」と表現し合い，盛り上がってくれたら，それはとてもよいスタートだ。この授業の柱は，自分たちで発見した「子どもの権利が守られていない」という，大きな課題を解決していくことにあるからだ。

　家庭環境や生い立ちから，「子どもとは，どんな状況でもひたすら我慢するものである」と思っている児童も，少なくない。自分たちは，こんなに大切にされる存在だったのだと知った瞬間の驚きは，その後，「じゃあ，どうすればいいん？」という疑問と不安に変わる。本単元のねらいは，そのような理想と現実のギャップをあらゆる方法で埋めていき，最終的には自分の悩みを自分で解決できる力を身につけさせることである。本単元は，2021年度には，10月から11月にかけて全8時間で実践した。以下，その様子を報告しよう[1]（写真の一部は別の年度のものである）。

1　40条の権利に出合う

1. 世界中の大人から大切にされる「子ども」

　第一次（3時間）では，子どもの権利条約と出合わせる。1時間目の授業で，まず別所美佐子教諭は，40条の権利を説明している『権利ブック』[2]を配付し，権利とは自分がやりたいことができること，自分がやりたくないことはやらなくてよいこと，他の人にやってもらいたいと言えることだと伝えた。また，その「権利」を守るため，具体的なきまりとして，「子どもの権利条約」（資料2-3）があることを紹介した。

　次に，子どもの権利条約ができた歴史的背景について説明した。なぜ，わざわざこのようなきまりができたのか。裏を返せば子どもの権利が守られていない時代があったからである。生野南小学校の子どもたちには平和教育による積み重ねがあるので，第二次世界大戦中の人々の暮らしは想像しやすい。戦後，1948年の世界人権宣言，1989年の子どもの権利条約，そして現在のユニセフの活動などのスライドを用い，詳しく説明した。さらに，196カ国もの加盟国を世界地図に示すことで，世界中の大人たちが，子どもを大切に考えているという事実に触れさせた。

2. 40条を4つの柱に分類する

　2時間目は，「ユニセフの4つの柱」を提示し，40条を分類するワークにグループで取

資料2-3　子どもの権利条約の概要

①子どもとは18歳未満のこと	②差別されない権利	③子どもの最高の幸せとは	④国の義務・責任について	⑤親（保護者）の責任について
⑥生きる権利・育つ権利	⑦名前と国籍をもつ権利	⑧名前・国籍・家族関係が守られる権利	⑨親と一緒にいる権利	⑩親に会える権利
⑪よその国につれて行かれない権利	⑫自分の意見を言う権利	⑬表現の自由	⑭思想・良心・宗教の自由	⑮グループを作ったり，集まったりする権利
⑯プライバシーが守られる権利	⑰子どものための情報について	⑱親が子どもを育てる責任	⑲親から虐待されない権利	⑳家や家族をなくした子どもについて
㉑新しい親ができる権利	㉒難民の子どもについて	㉓障がいをもつ子どもについて	㉔健康でいられる権利	㉕病院などの施設に入っている子どもについて
㉖社会保障をうける権利	㉗人間らしい生活をする権利	㉘教育を受ける権利	㉙教育の目的について	㉚少数民族や先住民の子どもについて
㉛休み・遊ぶ権利	㉜大人のために働かされない権利	㉝麻薬などから守られる権利	㉞プライベートゾーンを守る権利	㉟誘拐や人身売買から守られる権利
㊱大人に利用されない権利	㊲拷問，死刑から守られる権利	㊳戦争から守られる権利	㊴被害にあった子どもについて	㊵子どもが罪に問われた時

り組んだ（資料2-4，図2-24）。権利の内容を，改めてしっかりと読み込む活動を通し，自分たちの生活に直接かかわる権利を整理していく作業となる。子どもたちは，「これって，育つ権利やと思うんやけど」，「いやいや，生きる権利になるんちゃう？」などと話し合いつつ，分類していく。分類に正解はないものの，たとえば資料2-4のように分類できる。

資料2-4　分類の例

「生きる権利」
⑥㉔㉕㉖㉗

「育つ権利」
⑥⑦⑬⑭⑰㉘㉙㉛

「守られる権利」
②⑤⑧⑨⑩⑪⑯⑱⑲⑳㉑㉒
㉓㉚㉜㉝㉞㉟㊱㊲㊳㊴㊵

「参加する権利」
⑫⑮

図2-24　40条を分類するワーク（2016年度）

3．世界の子どもたちに会いにいこう

　続いて，「世界」に視野を広げるため，国際NGOプランのR．マカーニー（Rosemary McCarney）さんによる著書『すごいね！　みんなの通学路』（西田佳子訳，西村書店，2017年）を教材に使用した（図2-25）。世界の子どもたちが学校へ行く様子から，国土や，治安，経済状況によって，子どもが置かれる環境はさまざまであることがわかる。しかし，

山や川，時には崖を越えるような過酷な通学路であったとしても，あるいは机や水が入ったたらいを担いだ大変な登校だったとしても，懸命に前に進もうとする姿から，世界中の子どもたちにとって学校とは大切なものがたくさん詰まった希望の場所だということに，気づいてほしいと願っている。

　一方で，学校に行きたくても行けない子どもがいることを知り，その理由を想像しつつ，話し合っていく。

図 2-25　R.マカーニー『すごいね！　みんなの通学路』西村書店，2017年

　40条の権利を紹介した際，子どもたちは「難民」「子ども兵士」「児童労働」「少数民族・先住民族」などのわからない言葉に出合う。その解説もかねて，ここでは石井光太さんの著書『ぼくたちはなぜ，学校へ行くのか。』（ポプラ社，2013年），東菜奈さんの絵本『みんなたいせつ──世界人権宣言の絵本』（岩崎書店，2018年）など，さまざまな絵本を教材に使用した。

　まず，「第22条　難民の子どもについて」には，「戦争や災害で住めなくなったり，自分の考えとはちがう国からにげたりしてきた子ども（難民の子ども）は，ほかの国で助けられ，守られます」とある。この条文に関しては，田沼武能さんの『学校に行けない はたらく子どもたち①アフリカ』（図 2-26）の19ページの「ジンバブエ　難民キャンプ」の様子の画像を示しつつ紹介し，難民の子どもたちがどれだけの距離を移動し，慣れない言葉や食事への苦労に直面するのか説明した。子どもたちが，どのような気持ちで故郷を想像するだろうかと問いかけ，受け入れる側（国）のあり方について考えさせた。

図 2-26　田沼武能『学校に行けないはたらく子どもたち①アフリカ』汐文社，2004年

　また，「先住民族」や「少数民族」といわれる人々は，昔からその土地に住み，自分たちの文化を構築してきたことを説明した。しかし，住む場所を追いやられたり，差別されたりしてきた事実もあることを解説し，日本におけるアイヌ民族についても少し触れた。

　さらに，「児童労働」についても解説した。5〜17歳の子どもで，何らかの仕事をしている人数は，世界で約1億5,200万人，そのうち約7,300万人が危険なことが多い仕事をしている。また，アフリカ地域で約7,200万人と最も多く，5人に1人の子どもが働いていることになる[3]。

　「子ども兵士」についても，解説した。2018年5月17日，ユニセフの粘り強い働きかけのおかげで，南スーダンの子

ども兵士200人以上が解放された。しかし，まだ約19,000人の子ども兵士が命の危険にさらされながら闘っている。武装グループによって誘拐され，両親を自分の手で殺害するよう命じられ，帰る場所を失った子どもたちは兵士として生きるしかない。

このように，世界に目を向ければ，子どもの権利とはほど遠い出来事がたくさん起きている。いかに，子どもという存在が，弱い立場に置かれやすいかということを知るとともに，だからこそ，自分や困っている誰かを守るための正しい知識と，それを伝えていく言葉の力の大切さを，しっかりと伝えることをめざした。

② 「権利（自分）」と向き合う —— 9歳の価値観

第二次（2時間）では，権利を検討することを通して，自分自身と向き合っていく。4時間目は，「子どもの今」だからこそできること，子どもではなくなる「18歳」になったらできることを学ぶ。5時間目は，権利を選ぶ過程で自己と向き合っていく。

1. 大人だからできること・子どもだからできること

まず，別所教諭はワークシートを配付し，「おとなと子ども　どっちがどっち？」を板書した。18歳までが子どもであることを確認したうえで，「子どもだけにできること」は何かを発問した。子どもたちからは，「勉強できる，小学校で」「甘える」「元気に遊ぶこと」「抱っことおんぶ」といったアイデアが出る。別所教諭は，「素敵」「なるほど」「特権やね」などと受け止めつつ，板書していった。「お母さんやお父さんに育ててもらう」という発言があった時には，「おうちの人や子どもたちを守ってくれる人に育ててもらえる」と板書した。ひととおり発言があったところで，子どもたちにも板書を参考にしつつ，ワークシートの該当の欄に記入しておくように指示した。

続いて，「次，大人，いってみるよ」と話題を転じ，「18歳以上だけにできること」について考えるように指示した。子どもたちは，ワークシートに書いたのち，発表していく。「車を運転できる」「免許を取ることができる」「一人で料理ができる」「好きなところに行ける」「子どもを育てられる」「選挙ができる」といった発言が出された。

このように想像したことを出し合った後，「大人（18歳以上）だけ？　子どもだけ？　どっちがどっち？」というクイズに取り組む。「お子様ランチが食べられる」「選挙に参加できる」「ひどい罪を犯しても死刑にならない」「アルバイトをすることができる」「中学校で勉強ができる」「23時までゲームセンターで遊ぶことができる」といったカードについて，①大人しかできないこと，②子どもしかできないこと，③どちらにもできること，に分類するゲームである。グループで喧々諤々（けんけんがくがく）議論した後，別所教諭は，スライドも投影しつつ，答え合わせをしていった（図2-27）。「税金を払う」についてはどうかと尋ねると，子どもは払わないという声も出たが，別所教諭は，消費税を払っていること，仕事をしている子ども

図2-27 「大人だけ？ 子どもだけ？ どっち
　　　がどっち？」クイズの答え合わせ

図2-28 「祝　18歳！」のスライドの例

車の「運転めんきょ」をとることができる。

ネットゲームなどで、自分で課金（かきん）する
ことができる。

なら所得税を払うことを解説した。続いて感想をワークシートに書く時間を取った。

　授業の締めくくりには、「祝　18歳！」として、大人になったらできることを示したスライドを次々に提示していく（図2-28）。さまざまな資格が取れる、選挙に参加できる、深夜のアルバイトや仕事ができる、といったことを確認した。成人年齢が18歳に変わると女の子が結婚できる年齢が変わることや、今は20歳まで児童養護施設にいられることにも触れた。「18歳超えたら、皆、責任あるので、がんばってください」というメッセージで、授業は締めくくられた。

2. ゆずれない権利

　5時間目は、自分にとって大切な権利を選ぶ活動を通して、自分自身と向き合っていく。ここでは、国際連合児童基金編『ユニセフの開発のための教育——地球市民を育てるための実践ガイドブック』（日本ユニセフ協会、1998年）に掲載されている実践を参考にした。

　まず、1時間目に子どもたちが大切な権利として丸を付けていた条文を踏まえて、学級内で上位10位以内に入る権利を示した（資料2-5）。次に、個々の子どもが自分にとって大切な権利をランキングしていくワークに取り組ませた（図2-29）。

　個人の価値観が定まったら、グループで一つの表を作った。もちろん、意見がぶつかることもあるが、そこでしっかりと自分の価値観を声に出して表現することが、この時間の大きなねらいである。例年、6条と9条と31条がトップ争いをするが、しっかりと根拠を伝え合うことで、子どもたちなりの折衷案を見いだすようになる。個々の自己主張をみんなの幸せにベクトルを向けた時、できるだけみんなの願いが叶うように、必死にカードを並べ替える。自分の権利も大切だが、友達の権利も大切にすることを学びとる、楽しい時間である。

　最後に各班で作成したランキングの表を発表し合う。たとえば、「私たちの班では、生きる権利が1位になりました。どうしてかというと、生きていたらいつかは家族に会えるかもしれないけど、死んでしまったら絶対に会えないからです」といった具合である。議論した内容を整え、改めて「自分たちにとっての権利」について語ることで、全体交流が

資料 2-5　3 年〇組大切な権利 10 カ条

2条：差別されない権利

6条：生きる権利・育つ権利

9条：親と一緒にいる権利

12条：自分の意見を言う権利

16条：プライバシーを守られる権利

19条：親から虐待されない権利

24条：健康でいられる権利

27条：人間らしい生活をする権利

28条：教育を受ける権利

31条：休み・遊ぶ権利

図 2-29　個人で完成させた表

できるようにする。

　毎年「9条　親と一緒にいる権利」を 1 位に選ぶ児童の背景は明確である。親と一緒に暮らせない子どもたちは，会いたくても会えない悲しみを抱えており，その悲しみが消えることは決してない。しかし，夢中になるような時間がもてるのであれば，その悲しみが紛れる瞬間もありうることだろう。一緒に暮らせない悲しみを越えていく方法もあるんだ，と気づいてほしい。

③ 受援力へ ── SOS をだす力

　第三次（3 時間）は，単元冒頭の子どもたちの声「この権利，守られてへんわ…」に応えていく展開となる。6 時間目は，いくつかの事例を検討することを通して，権利が守られていない場合の見極め方を学ぶ。7 時間目には「お悩み相談室」にお便りを書く。8 時間目には，事例への解決策を考え，自分たちではどうにもならない時は，大人に頼る方法を知ることで，我慢だけが答えではないことを学ぶ。

1. 守られていない権利

　6 時間目は，国内外のさまざまな事例を検討する。別所教諭は，まず「子どもの権利条約　これって守られてるの？　守られていないの？」とスライドを提示した。続いて，仕事をしている子どもの写真を示し，「何していると思う？」と注意を引き付けた。「お仕事をしている」という意見が出たところで，「子どもの権利，守られている？」と尋ねると，すぐに「大人のために働かされない権利」が守られていないという応答があった。全員で

資料2-6 事例

（事例6は，時間不足で，今回の授業では扱えなかった。）

事例1

バングラデシュのダッカという町の工場ではたらくビプルさんは，12さい。
お母さんとおねえさんと3人ぐらしです。

ビプルさんは，家族3人で生活していくお金がなくて，小学校2年生で学校をやめました。
そして，朝から晩まで，工場で仕事をしています。

「本当は学校に行きたいけれど…」

事例2

ムギシャは6さいの女の子で，すんでいた国ではすんでいた家をこわされ，お父さんやお母さんは何も悪いことをしていないのに，つかまって帰ってきません。
近所の人たちといっしょににげて，やっととなりの国の難民キャンプにたどりつきました。

そこでは，火をおこして朝食のじゅんびやキャンプ内のそうじは子どもたちの仕事。
ここのキャンプには，学校はありません。

事例3

かずやさんは，学校から帰ってきてから，家族と服を買いにいきました。
お店には，とてもきれいなピンク色のトレーナーが売っていました。

ぼくが好きなタイプで，とてもかっこいいデザインだと思いましたが，
「えっ，ピンクは女の子みたいだからやめなさい」
と言われて，買ってもらえませんでした。

事例4

みきちゃんが学校から帰ってくると，こっそりなおしておいたはずの手紙が，テーブルの上においてありました。

（どうして？）と思っていると，
おうちの人に，「みきちゃん，たかくんのことすきなの」
と言われました。

（えっ，わたしが書いたお手紙，勝手に読んだの？）と，
わたしは思いました。

事例5

小学校4年生のみさちゃんには，
1さいの小さな妹がいます。
おうちの人が出かけて帰ってこないときは，
ずっとみさちゃんがミルクをつくったり，
おむつをかえたりしています。

おうちの人が朝からいない時は，みさちゃんは学校を休んで，妹のお世話をしています。
そんな時は，友達とも遊べません。

事例6

小学校3年生のやすくんは，
明日，学校に行きたくありません。

どうしてかというと，同じはんのまみちゃんと言い合いになって，
「もう，やすくんはだまっといて！」と言われて，話し合いに入れてもらえなかったからです。

明日から，どうしようかとなやんでいます。

『権利ブック』の32条を確認したところで，別所教諭が事例1を提示した（資料2-6）。

続いて，グループワークの進め方を説明した。事例1については，別所教諭が1文ずつ読み上げ，「ここは権利に関係している？」と尋ねる。たとえば「小学校2年生で学校をやめました」のところが関係しているとわかるので，赤いアンダーラインを引いて，守ら

れていない権利の条文は「教育を受ける権利」なので28条だと確認する。別所教諭は，スライドを使って，バングラデシュの子どもが置かれている状況について補足説明もした。

事例2以降については，各グループで協力しながら，子どもの権利が守られていないと思った場所にアンダーラインを引く，『権利ブック』を振り返り，どの権利が守られていないのかを確かめて書き込む，というワークにどんどん取り組んで

図2-30 『権利ブック』を片手に事例を
　　　　検討する子どもたち（2021年度）

いった（図2-30）。どの子ども
も前のめりで，一生懸命に取り
組んだ。グループワークが終わ
ると，それぞれの事例について，
クラス全体で確認していった。
指名された子どもが守られてい
ない権利と条文を発表するたび
に，他の子どもたちから拍手が
起こった。

図2-31 「お悩み相談室」のポスト（左）と，ポストに祈る子ども（右）（2019年度）

ワークを通して，子どもたちは自分たちの日常が，いかに守られたものかに気づく。同時に，ずっと我慢していたことを我慢する必要がないことに気づく児童もいる。

授業の締めくくりに，別所教諭は，「今，権利が守られていないなって見抜く目は，すごく持っていると思います。次は，自分たちの生活に戻してほしい。今，自分が生きてきた中でとか，身の回りにあることで，『なんかあの権利，守られていないかもしれへんな』とか，『ちょっとこんなん聞いたことあるな』というのがあれば，次回，『お悩み相談室』にお手紙を書いて，『お悩み相談室』のポスト（図2-31・左）に入れていってほしいと思います。で，どうして解決していったらいいかな，というのを，考えていきたいと思います」と予告した。

2. こちら「お悩み相談室」

7時間目の授業では，各自が「お悩み相談室」への手紙を書いた。その際には，事例の一部として扱ってもよいかどうかを尋ねる項目を用意しておいた。深刻な悩みが書かれている場合は，個別で対応する。これらのことについては，悩みを書く前に伝えておいた。毎年，投函すると同時に手を合わせる子どもの姿が見られる（図2-31・右）。

8時間目には，子どもたちの日常に戻る。学級の子どもたちがポストに入れたお悩み相談の内容を組み合わせたり設定を少し変えたりして，特定の子どもの悩みではないようにした形で，さまざまな子どもの悩みを網羅する事例を用意した。その際，架空のものであるが，「いじめ」や「虐待」の要素についても織り込んだ。

授業の冒頭，猪子智也教諭は，これまで学んだ子どもの権利にどのようなものがあったか軽く振り返らせたうえで，「『おなやみ相談室——子どものけんり110番』ということで，今から7個の事案を出します」と告げた。資料2-7に示した事案を次々に映し出して，何の権利が守られていないかについて考え始めるように促した。

事案の提示が終わると，猪子教諭は，各グループが分担してこれらの悩みごとについて検討することを伝え，机の上に用意されていたピンクの付箋紙には「守られていない権利」を，緑色の付箋紙には「どうしたらいいか，アドバイス」を書くように指示した。さらに「友

資料 2-7　子どもたちに提示した「お悩み」

（2つ目の事例は，担任の年齢を示している。）

ぼくは，8さいの男の子です。食べるのが大好きです。好き嫌いもなく，「よく食べて，えらいぞ」と学校では，ほめてもらえます。／でも，家でご飯を食べているときに少し食べる姿勢がくずれたり，ちょっとボーっとしたりしていると，お父さんから，頭をたたかれます。これがほとんど毎日のようにあります。／ぼくは楽しくご飯を食べたいのに…ちょっとだけなのに，ぼくは，どうすればいいですか？　だいち　より
ぼくは，36さいの男の子です。毎日学校に行くのが，楽しいです。／でもクラスの人から「名前が，きのこ?」とバカにされます。なかよしの友達にも相談したんですが，「気にしなくていいやん」と言われます。親にも心配かけたくないから，話をしていません。／何度も言われるので，学校に行きたくないことがあります。　ともぞう　より
わたしは，8さいの女の子です。／お友達や先生とお話をするのが大好きです。／でもこの前，友達と遊ぶ約束をして「ゲームして遊ぼう」とさそわれたんですが，わたしは家のルールで，外でゲームができません。それをみんなに伝えようとしてるのに，全然話を聞いてくれませんでした。／親にも何度も言ってるのですが，ルールはかわりません。／どうしたらいいですか。　みゆき　より
わたしは，9さいの女の子です。／テレビが大好きで，お母さんからも「テレビを見過ぎたら，目が悪くなるよ」とよくテレビを消されます。／この前，テレビで集団登校中の小学生に車がぶつかってくるニュースを見ました。わたしの学校も集団登校する学校なので，毎日こわくてドキドキしています。／このドキドキをなくすには，どうしたらいいですか。　みゆき　より
わたしは，10さいの女の子です。／なかよし5人組でよく遊んでいます。BTSが大好きで，なかよし5人組で「あの曲，いいよね」とよく話をしています。／この前，なかよし5人組の一人のAさんと，ちょっとしたことでけんかをしてしまいました。そしたらAさんに「もうこのグループにおらんといてほしい」と言われました。とてもショックで，もう学校に行きたくないです。／わたしは，どうしたらいいですか。助けてください。　よっしー　より
わたしは，8さいの女の子です。／走るのが好きで，青空の下，外で走るととても気持ちがいいです。／でも，学校でみんな遊びをするときに遊び係の人が「今日のみんな遊びはドッジボールです」と話しているのを聞くとイヤな気持ちになります。前も「お前，へたくそやな」と言われました。／わたしはメガネをかけているので，ボールがこわいです。／わたしは，これからもガマンしてドッジボールをすればいいですか。　まゆ　より
ぼくは，10さいの男の子です。／学校が大好きで，友達とも毎日遊んでいます。／でもこの前，僕が日直の時に，黒板を消していると，ちょっと苦手な友達が勝手にぼくの筆箱をあけて中を見ていました。この日は新しいえんぴつもあったので，勝手にさわってほしくなかったです。心はずっとモヤモヤしています。／「ちょっとぐらいいいか」と思ったほうがよかったのでしょうか。教えてください。　だいごろう　より

達のなやみを聞いて，アドバイスをしてあげよう」というめあてを板書し，子どもたち全員に唱和させた。

　子どもたちは，最初はやや戸惑っていたものの，前時の学習を思い出し，まずはアンダーラインを引いて守られていない権利を明確にしていった。さらに，どのようなアドバイスが出せそうか知恵を絞った。あっという間に予定の15分がすぎ，「もっと時間が要る！」という声が出たので，あと3分，グループワークが延長された。

　続いて，各グループが全体に発表する。まず，「お悩み1」を扱ったグループの子どもが前に出てきて，発表した（図

図 2-32　グループの発表資料

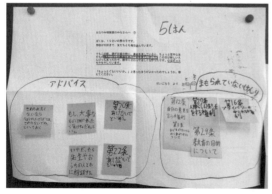

図2-33 相談できるところを解説する

2-32）。「私たちの班では，『お父さんから頭をたたかれます』の部分が，第19条の『親から虐待されない権利』が守られていないと考えました。あともう一つは，『ぼくは楽しくご飯を食べたいのに』の部分が，第3条の『子どもの最高の幸せ』が守られていないと思いました。『お父さんから頭をたたかれます』のアドバイスは，お母さんなどに相談してみたらいいと思います」。グループの発表が終わると，子どもたちから拍手が起こる。授業者も，「だいちさん，お悩みがなくなったらいいですね」と受け止めた。

　同様にすべての班が発表を終えると，猪子教諭は，再びスライドに注目させつつ，「色んな悩みごとがあると思うけれど，身近やと思うね。……権利が守られてないと気づいたら，だれかに相談しよう！　だれに？」と問いかけた。子どもたちから，「先生とか友達」「お母さん」「お父さん」「スクールカウンセラー」といった声があがる。それを受けて，おうちの人，児童養護施設の先生，友達，先生，スクールカウンセラーに相談できることをスライドでも提示しつつ確認した。さらに，「身に危険を感じたり，言いにくかったりして，『急いで』相談したい場合」は，児童養護施設，交番，「子ども110番」，児童相談所，電話番号189などに相談できることを説明した（図2-33）。

　1年生に引き続き，3年生の実践でも，校区にある児童養護施設を強調して伝えるのは，子どもたちに，「守ってくれる場所」として施設を肯定的に受け止めてもらいたいからである。施設の児童が下を向かぬよう心を配り，学級全体へ伝え続けることが大切だと考えている。

　授業の最後に，猪子教諭は，次のように子どもたちに語りかけた。「お悩み相談の紙を置いてます。箱も置いてます。お悩みごとがあれば，どんどん入れたらいいと思います。それを読んで，みんなで解決していったら，その悩んでる子の気持ちも，少しはすっきりするかなぁと思います。学校生活も楽しくなるかなぁと思います。この3年1組のお友達ね，3年間一緒ですよ。何か変化があれば気づいてあげてください。これからもね，みんな仲良く楽しくできればいいと思います」

権利を守るためには，社会や家庭でのルールやマナーを守る，友達を尊重する，誰かの権利が守られていないと気づいた時には発信するといった，個人の義務を果たすことも重要である。しかし一方で，子どもたちの権利を守るのは，あくまで大人の仕事であることも忘れてはならない。権利が守られていないことに直面した子どもたちをどう学校は導くのか──最も大切なのは子どもたち自身の「受援力」を育てることだと考える。自分の「お悩み」を解決しようと一生懸命考えてくれた友達や先生との時間が，人を信じる力をもつ一助となってほしいと願っている。

　安全な知識と価値観の中で，子どもである「今」を全力で楽しみ，いつか「子ども」という存在を大切にできる大人に育ってほしいと願う。

（授業者：別所美佐子・猪子智也，原稿まとめ：小野太恵子・西岡加名恵）

| 注 |

⑴　本実践の開発にあたっては，主に次の文献を参考にした。
　　木附千晶・福田雅章ほか『子どもの権利条約ハンドブック』自由国民社，2016年。
　　国際連合児童基金編『ユニセフの開発のための教育──地球市民を育てるための実践ガイドブック』日本ユニセフ協会，1998年。
　　田沼武能『学校に行けない　はたらく子どもたち──〈1〉アフリカ，〈2〉アジア・オセアニア』汐文社，2004年。
　　日本ユニセフ協会『知っていますか？　SDGS ──ユニセフとめざす2030年のゴール』さえら書房，2018年。
　　同『子どもの権利条約カードブック──みんなで学ぼう　わたしたち僕たちの権利（第3版）』2021年。
　　https://www.unicef.or.jp/kodomo/nani/siryo/pdf/cardbook.pdf?210831（2022年1月23日閲覧）
⑵　本実践で用いている『権利ブック』は，日本ユニセフ協会から許可を得て『子どもの権利条約カードブック』をわかりやすく書き換えて作成したものである。
⑶　ILO資料「児童労働の世界推計──推計結果と趨勢，2012〜2016年」
　　https://www.ilo.org/tokyo/WCMS_615276/lang--ja/index.htm（2022年7月26日閲覧）
　　最新の資料としてILO ／ UNICEF「児童労働──2020年の世界推計，動向，前途」が発表されている。
　　https://www.ilo.org/tokyo/information/publications/WCMS_815231/lang--ja/index.htm（2022年7月26日閲覧）
　　授業では，2016年の統計データを使用した。

10歳のハローワーク
── ライフストーリーワークの視点から〔4年〕

　4年生になる10歳。思春期の入り口に立ち，愛着に課題をもつ子どもたちの心が揺れ始める時期だ。日常生活のふとした瞬間に，記憶の片隅にいた母親のことを語り出したり，なぜ自分はここ（児童養護施設）にいるのか問いかけてきたりする。この時期の心の揺れの放置が他傷・自傷という形で表れていたのが，かつての生野南小学校での「荒れ」であった。虚ろな目をし，無言でさまよう児童も，ガラスを割り友達を殴っていた児童も，皆，孤独をもて余し，心にぽっかり空いた穴や癒えない傷を，どうすればよいのかわからなかったのではないだろうか。

　虐待を受けた子どもたちは，時に美化した親像に縛られていたり，空白の過去を抱えていたりする。そのような状況は自己否定につながり，健全なアイデンティティの構築を阻害する。そこで，子どもたちが一日のほとんどを過ごす学校という場にこそ，不安定なライフストーリーを正しく受け止める機能が必要であると考えた。

　ただ，学校は，真実を伝える役割を担うのではなく，あくまで子どもと児童養護施設との間の橋渡しを行う場である。埋まらない過去の記憶や伝えるべきではない事実については，どのように着地させるかを，関わる大人たちがあらかじめ真剣に検討し，ゴールまでの道をつける。そうやって出した「大人になったら話すね」という答えは，子どもにとって立派な答えとなる。

　10歳の今は，まだ伝えられないような過酷な背景をもつ子どもたちもいる。しかし，学校では，その子どもたちの「今」を一緒に受け止め，「過去」に寄り添い，「未来」を真剣に考えてくる人にたくさん出会うことができる。その機会を提供するのが，生野南小学校のライフストーリーワークである。

　以下では，2021年10月から11月に実施した4年生の「『生きる』教育」（全11時間）を紹介しよう[1]（なお，資料の一部は2020年度のものである）。10歳の今，自分の意志で，未来への一歩を踏み出してほしいと願っている。

1 「未来」をえがこう ── キャリア教育

1. 仕事調べをしよう

　4年生の「『生きる』教育」は，未来を描くことから始める。第一次は，さまざまな職業に出合う4年生の社会科の延長線上に位置づけ，仕事についてより深く学ぶことからスタートする。

　4年生の子どもたちに，就きたい仕事を決めるだけの知識はほとんどないに等しい。そ

図2-34 仕事調べのまとめ（2020年度）

こで1時間目には，主に『職場体験完全ガイド』（1～75巻，ポプラ社）を活用し，まず知識を広げた。班ごとに8～10冊ほどの本を置き，だいたい目を通したら次の机へと移動するといった形で，記憶には残らなくても，最大約200種類ほどの職業に出合えるようにした。子どもたちは，気になった職業を思い起こして記録したり，インターネット上の適職診断にチャレンジしたりして，自分がやってみたい職業を見つけていった。

　1つの職業を選ぶことができたら，2時間目は本やインターネットを使って，その仕事内容を詳しく調べていった。一日の過ごし方や仕事に向ける情熱，その職業に就くまでのルートなどをしっかり読み取り，記録していく。あわせて，インターネット上で提供されている「13歳のハローワーク公式サイト」（https://www.13hw.com/home/index.html）で，適職診断も体験させた。3時間目には調べたことをまとめる時間を取り（図2-34），調べたことを発表する場も設けた。

2.「履歴書」を書こう

　4時間目の授業で別所美佐子教諭は，子どもたちに履歴書を書いてみようと呼びかけた。就職するためには，自分のことを相手（会社など）に知ってもらうため履歴書を書き，面接や入社テストを受けることを説明した。履歴書には，名前，ふりがな，住所，学歴，特技や資格を書く欄があることを解説した。ただし今回は，後で変わってもいいので現時点での自分の夢を書き，特技や資格に代えて，アピールポイントとして自分の得意なことやうれしかったことなどを2つ，皆に教えても構わない困りごとを1つ，書くように伝えた。

　「どんな困りごと？」という質問が出されたのを受けて，別所教諭は，前年度の例を紹介した。「ある人が『僕はいつもけんかばかりしていたから，乱暴者やと思われているので，どうしたらよいでしょうか？』っていう悩みごとを書いていました。そしたら，お友達から『前はそうやったかもしれんけど，でも今優しいから大丈夫やで。友達いっぱいできるで』とか『いらんこと言わんかったら大丈夫やで』とかいっぱいアドバイスもらって，その子はほんまにいらんこと言ったりとか，手が出たりとかしなくなりました。そしたらやっぱりお友達がどんどん増えていって，『話してよかった』っていうことを感想で書いていま

した」「あとは『算数が実はわからなくって困ってます。誰か教えてくれへんかな』って悩んでいる子がいました。やっぱりね，言ったら，みんな教えてくれるんやね」と，具体的な例を挙げつつ説明していった。また，クラスの大半の人と話すことになるので，直接，誰かとけんかしているといったことを書いたりはせず，「友達とけんかが多くて困っています」というように，ある程度，ぼやかして書くよう注意を促した。

3.「面接」をしよう

　5－6時間目には，クラスの友達との面接を体験する（第2章扉の右の写真を参照）。1人につき約5分ずつの1対1の面接となるため，1時間の授業でだいたい5〜7人と対話することとなる。子どもたちはお互いに，名前も家族構成も小学校入学までの経歴も何となくはわかり合っている。しかし，一度きちんと整理し，向き合って話すとなると，話し手は自分の言葉だけで伝える緊張感からか丁寧に話すようになる。聞き手は，相手の話を受け止める責任を感じるのか，いつもより集中して耳を傾け，「返す言葉」を真剣に探す。

　2020年度の例になるが，「面接」の授業を取材したNHKの番組[2]では，2人の男子児童が，次のような会話をしている様子が紹介された。

> A 「実は最近友達が大工になりたいと言って困っています。最近母のいとこが大工の工事で高い場所から落ちて亡くなりました。なので友達にも亡くなってほしくないので，大工になってほしくないです」
> B 「（驚いて）えっ，亡くなっちゃったん。（考え込んで）それは重い話」

　また，対話を終えると，付箋紙に一言メッセージ（「ホットメッセージ」）を書いて交換する。これも2020年度の例であるが，ある児童が普段は話さないクラスメートと対話した折，両親が離婚したことで滅多に会えなくなった父親に久しぶりに会えてうれしかったが，なかなか会えなくてさびしい気持ちを打ち明けた。すると，そのクラスメートは，一言「ぼくもやで」と「ホットメッセージ」を返していた。一言だけといっても，二人にとって，その重みは計り知れない。一方で，「蚊がいっぱい家にいて困ります」といった他愛ないことを書く子どももいた。そういった悩みごとにも，「スプレーがいいよ」といった精いっぱいのアドバイスを返していた。

　「面接」を経験した子どもたちは，「いつも明るく話をしてるから，まさかそんなことで悩んでるとは知らんかった」「いつも話さんことを話したから，ドキドキしたけどすっきりした」などと語る。そこでは，友達，そして自分自身への発見に驚く姿が見られる。2020年度は，子どもたちからクラスメート全員と対話したいという要望が出され，学級活動や休憩の時間なども使って全員と対話できる時間を確保した。誰もが「面接」の時間を大事に思い，話してよかったとうれしそうにはにかんで見せる。この仲間なら話しても大丈夫，

という信頼関係がなければ成り立たない授業である。

　愛着課題を抱える要因の一つに，養育者からの照らし返しがないことが挙げられている[3]から自分はどんな存在なのかわからず，自分自身に肯定的なタグ付けができない。しかし，「面接」の場面では，「あなたは優しい人」「がんばってきたね」など，初めて自分の人生が他者によって照らし返される経験をする。子どもたちが，限られた時間を夢中になって過ごす理由が，ここにあるのではないかと感じる。キャリア教育からスタートした４年生の「『生きる』教育」が，ライフストーリーワークの取り組みへと緩やかに変化していく場面である。

4.「未来予想図」をかこう

　７時間目は，希望の職業に就くために，10歳以降の人生をどのように進んでいけばよいかを「未来予想図」としてまとめる（図２-35）。未来を描くことが難しい児童には，仕事調べで整理したチャート図に「自分」らしさをつけ加え，肉付けしていくよう促す。この作業には，実際には２時間ぐらいかけて取り組む子どももいる。

　生野南小学校においても，習い事に通い，将来に向けた明確な見通しをもっている子どももいる。しかし，漠然とした夢をもっていたとしても，それを実現するための見通しを明確にもっている子どもは多くはない。たとえば，小学校のテストで80点ぐらいを取って安心している子どもには，それでは中学校にいって学習についていけなくなるから，もっと上の目標をもとうと伝えたい。中学校に入っても帰宅部でいいやという子どもには，途

図２-35 「未来予想図」の例（2020年度）

中でやめてもいいから，試しに部活に入ってみたらと勧めたい。自分の夢の職業に資格が必要なら，少なくとも高校まではいかなくちゃいけないよね，といった事実も確認させたい。変更はいくらでもあってよいが，それぞれに自分の進みたい未来に向けて，具体的な道順を把握させることが，「未来予想図」をかく作業の意図である。

2 「今」の自分に向き合おう——「ほしい力」オークション

第二次では，「今」の自分に向き合う。8時間目は，「ほしい力」オークションに取り組む。黒板にはあらかじめ「ほしい力」44個のリストを掲示しておく。授業の冒頭で石毛美里教諭は，今日のめあては「『今の自分』がほしい力を考えよう」だと伝えた。「今から，皆がこれから生きていくうえで必要になってくるような力を紹介していきます。で，この力がほしいなと思ったら，この魔法のチップで買うことができます」というと，子どもたちは歓声を上げて拍手した。

次に，オークションのルールを説明した。すなわち，「一人につきほしい力を3つまでチップと交換できること」「同じ力をほしい人がいる場合，一番多くのチップを出した人が，そのほしい力を手に入れることができること」「一人あたり，使えるチップが10枚であること」である。また，別所教諭と二人で実際にやってみせた。

図2-36 オークションに向けて方針を考えるためのプリント（2020年度）

10歳のハローワーク

「自分につけたい このカ！」オークションリスト

4年（　　　　　　）

＊ 自分がほしい力は、1人　1～3つまでもらえます。
＊ チップは、1人　10まい使えます。
＊ 一番ほしい力に、チップを多く使う方がよいです。
＊ オークションが始まったら、予定していたチップの数をふやしてもよいです。
＊ オークションでは、チップを一番多く使った人が、その力を手に入れることができます。
＊ チップ10まい分で、どんな力を買いたいのか自分で予定を立ててみましょう。

番号	自分につけたい力	使う予定のチップ数
1	勉強がたのしくできる力	
2	毎日きそく正しい生活をおくれる力	
3	自分の意見を言う力	
4	イヤなことでもガマンできる力	
5	ダメなことを「ダメ！」といえる力	
6	ものごとを解決できる力	
7	相手の気持ちを考える力	
8	イヤなことは「イヤ」といえる力	
9	将来の夢をもち続ける力	
10	だれかを助けることができる力	
11	ちがいを認め、受け入れる力	
12	自分自身を好きになれる力	[illegible]まい

番号	自分につけたい力	使う予定のチップ数
13	ルールを守れる力	
14	人に迷惑をかけない力	
15	時間を守ることができる力	
16	笑顔でいられる力	
17	こまった時に「助けて！」と言える力	
18	感動できる力	
19	物を大切にできる力	2まい
20	世界に出て行ける勇気をもつ力	
21	いろいろな物をかたづける力	
22	先を考えて行動できる力	1まい
23	さい後まであきらめずに続ける力	
24	きちんと話を聞く力	
25	だれとでも仲良くできる力	7まい
26	楽しく運動できる力	
27	人を楽しませる力	
28	何でもおいしく食べられる力	
29	正しい言葉づかいができる力	
30	パソコンやタブレットでプログラミングができる力	
31	外国語が話せる力	
32	体を大切にできる力	

図2-37 「ほしい力」オークションの様子

図2-38 子どもが記入したプリント（2020年度）

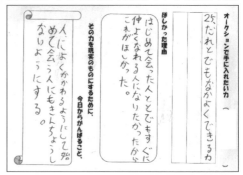

　続いて，プリントを配り，まずどの力がほしいのかについて決めていくように指示した。子どもたちはそれぞれ，どの力に何枚のチップを払うかを考えて，書き込んだ（図2-36）。

　10分ほどたったところで，オークションを始めた（図2-37）。一人めの子どもは，「9番」（将来の夢をもち続ける力）と言う。「何枚，出す？」と石毛教諭が尋ねると，「3枚」と答える。しかし，他から「4枚」「5枚」「6枚」との声があがったところで，石毛教諭が「決まりです」と宣言し，木槌を鳴らした。石毛教諭が「どうして？　理由は？」と競り落とした子どもに尋ねると，その子どもは「理由は，将来の夢をもち続けたら，本当に将来の夢をかなえられるかもしれないから」と答え，全体から拍手が贈られた。

　同様に，「パソコンやタブレットでプログラミングができる力」「何でもおいしく食べられる力」「物を大切にできる力」「笑顔でいられる力」「最高の演技力」「毎日早起きができる力」などが，次々とオークションで競り落とされていった。また，競り落とした子どもは，皆，なぜその力がほしいのかについても発表した。このように「選ぶ」ということ，また「競り落とす」ということが，今の自分と向き合う仕かけとなる。ほしい力の根拠を自分の言葉でみんなに伝えることは，自己を語るということになる。また，そんな力がほしいと思っているという友達の弱さにも触れることで，子どもたちはお互いに理解を深め合うことができ，一人ひとりの安心にもつながる。

　最後に石毛教諭は，「今，オークションで，自分のほしい力を買ってもらいました。これって，今，本当に手に入った力ですか？」と尋ねた。子どもたちからは，「違う」という声があがる。それを受けて，「この力を本当のものにするにはこれから自分たちどうしたらいいと思う？　［プリントを示しつつ］ここに今日からがんばることってあります。書いてみましょう」と指示した。子どもたちは，それぞれ「今日からがんばること」を記入して，授業が終わった（図2-38）。

　このように架空の設定ではあるが，多くの子どもたちにとって，自分に足りない力について，真剣に考える機会となっている。たとえば，2020年度の例であるが，図2-36，図2-38のプリントに記入した児童は，児童養護施設から通っており，当初は人間不信から，人前での発表を過剰に怖がったり，自分の気持ちとは反対のことを言って人をいら立たせ

てしまう場面も多かった。この児童が手に入れたいと選んだ力は25番の「だれとでも仲良くできる力」であり，その理由は「はじめて会った人とでもすぐに仲よくなれる人になりたかったから」と綴っていた。さらに，「今日からがんばること」として，「人とよくかかわるようにして，初めて会う人にもきんちょうしないようにする」と書いていた。実際のオークションでは，25番の力は他の児童に競り落とされてしまったのだが，授業が終わってから，「やっぱり本当はこの力がほしかってん。かえてもいい？」と交渉に来た。そうして手に入れた「力カード」は，1年後の今も大切に筆箱の中に入れられている。図2-36のプリントでは，「自分自身を好きになれる力」の欄に131枚というありえない数字が書き込まれていたことも印象深い。

　他にも，常に授業中におしゃべりが止まらない児童が，「人にめいわくをかけない力」を競り落とし，「今日からがんばること」の欄には「しっかりと話を聞いて，授業中はしゃべらない」と書いていた。このように，オークションは，ゲーム形式で盛り上がるだけでなく，子どもたちにとって自分たちを見つめ直す大切な時間になったのだと思う。

　保護者参観でのこの授業を見た保護者からは，終了後，わが子へのうれしい驚きの声をたくさんいただいた。「私が身につけてほしいと思っている力ではなくて，子どもは子どもでちゃんと自分の足りない所を見つめているんですね」といった声である。実践の理念が保護者にも届く――こんな瞬間が私たちにとって一番の喜びである。

3　安全に「過去」を紡ごう

　4年生の「『生きる』教育」の最後の3時間（第三次）は，いよいよ自分の10年間を振り返り，過去を整理するワークに取り組むこととなる。安全な自己開示に導くためには，安心できる環境ときっかけが必要である。「未来」を描き，面接やオークションで楽しく「今」と向き合ってきたのは，「過去」を振り返るためには，個人にも集団にもウォーミングアップが必要だと考えたからである。

　また，虐待などのトラウマを抱える子どもにとっては，再トラウマ体験をもたらしてしまう危惧もある。そこで，実施にあたっては，児童養護施設とも連携を取っている。具体的には，担当の教師が施設を訪問して，それぞれの子どもについて掘り下げた話を聞き取り，綿密な打ち合わせをしたうえで取り組んでいる。取り組みを通して，子どもがいったん，不安定になったとしても，このタイミングで記憶を整理しておくほうが，長期的に見れば子どもの安定につながると評価していただいている。

1. 自分史を刻む

　9時間目の冒頭，授業者（別所）は，「前回までに未来まで見通したので，今度は過去にさかのぼってみよう」と呼びかけた。まず，「10歳のわたし」について振り返り，今の自

図2-39 「10歳のわたし」を捉えるワークシート
（2020年度）

図2-40 自分史の双六（2020年度）

分に関する事柄をワークシートに書き出した（図2-39）。また，家族，施設の職員，友達，先生など，10年間の人生に関わった人との対話を大切にし，ネタ集めをすることを宿題にした。

　10時間目には，その資料を使いつつ，自分史を作っていく。この時，楽しく描けるように，双六のような形でまとめている（図2-40）。また，誕生から作るよりも，4年生，3年生，2年生，1年生…と遡って書いていくほうが書きやすいようである。生野南小学校には，幼少期が楽しい思い出で満たされている子どもたちもいれば，辛い思い出をもつ子どもたちもいる。子どもたちには，「見られて嫌なことは書かなくてもいいよ」と伝えている。辛い思い出でもさらりと書く子どももいれば，そこは避けて，遠足などの楽しかった思い出だけを書く子どももいる。迷わずどんどん書き進める子どももいれば，幼少期で手が止まる子ども，ずっと白紙でいる子どもと，さまざまである。

　この活動は，「書く」ということ自体が目的ではない。自分史のどこが空白で，何に立ち止まり，過去を見つめた今どんな気持ちになるのかを捉えていくことが重要である。書けない児童ほど，信頼できる誰かと一緒に一つ一つの作業に取り組みつつ，丁寧に振り返る必要がある。皆と一緒に書く時間は学校での思い出を中心にまとめるようにして，必要な子どもについては休憩時間や放課後などに個別に時間を取って別の用紙に自分史をまとめる場合もある。

2.「10年後の自分へ」の手紙

　11時間目については，国語の時間を用いて，「10年後の自分へ」の手紙を書いた。「10年後の自分が読み返したときに懐かしく思われるように，今の自分のことを書こう」「未来の自分を想像して，こんな自分になっているかも？という内容を書こう」「未来の自分への励まし，アドバイスを書こう」といった助言をした。

　実際の子どもたちの手紙には，さまざまな内容が綴られている。2020年度の例では，「今

はコロナが流行していてたいへんだよ。10年後にはコロナがなくなっていたらいいね」と今の状況を書いている手紙もあれば，「今の自分は最高に幸せだよ。その時のことを思い出してがんばろう！」「つらいことがあっても，ぜったいに死ぬなよ。お母さん，大事にしろよ」と，未来に不安を感じつつも，その未来を生きる自分を励ます言葉を書く子どももいる。さみしさを抱えながらもがんばってきた子どもたちの言葉だからこそ，綴られた言葉の一つ一つに重みがある。10年後の未来の自分は，今，思い描いている未来予想図とは全然違ったものになっているかもしれないが，何かにつまずいた時に，10歳の自分が明るい未来に向けてがんばろうとしていたことを思い出し，再び歩み出せるようになってほしいと願っている。

3．10歳の揺れに向き合うということ

　　以上がライフストーリーワークの視点を取り入れた授業での取り組みであるが，ライフストーリーワークの視点を取り入れた実践は，実際には「『生きる』教育」の授業の枠だけにはとどまらない。「『生きる』教育」の授業をきっかけに語り始める子どももいるが，ふとしたきっかけに辛い思い出を語り始める子どももいる。

　　たとえば，社会科の授業で校区の地図をつくっている際に，「あそこがぼくの家や！」と自然につぶやいた友達の言葉をきっかけに，その地図の中にはない自分の本当の家のことを思い出して，涙をこぼした子どもがいた。その子どもは，児童養護施設から通ってきている児童だった。そのような場合には，その子どもと教師が一対一で話す時間を取る。涙ながらに語る子どもの言葉は切れ切れだったり前後関係が混乱していたりするが，じっくりと聴き取る中で，色々な記憶が掘り起こされる。子どもの記憶を聴き取りつつ，教師は，「こっちのことのほうが先やな」などと確認して時系列で事柄を整理するよう促し，「メモ，取らせてな」と言って記録を残していく。「ライターで火傷をさせられた」「お風呂の水に顔を押し付けられて，息が苦しかった」といった壮絶な虐待体験を聴くと，「怖かったなぁ。辛かったなぁ」と涙ながらに子どもを抱きしめずにはいられない。そんなにも苦しい思いをしてきた子どもでも，語り終えた後には晴れ晴れとした表情になり，その後は「抱っこ」と甘えることができるようになったり，授業で積極的に発言できるようになったりする。

　　ある時，施設から通う児童2人が，たまたま自分史を綴る授業を欠席していたため，一緒に過去の振り返りをしたことがあった。辛かった思い出を打ち明けていた友達同士だったので，「東京にいるお母さん，オレが小さい時，ヤクルトで働いててん」「私も家におったとき，お母さんがいつもヤクルトを買ってくれたで！」などと対話しつつ，自分史の双六を描いていった。今は一緒に暮らせていないお母さんを想いながら，2人とも楽しそうに，自分の思い出にヤクルトの絵を描き加えていた。本来のライフストーリーワークとは意味づけが違うのかもしれないが，信頼できる友達と一緒に，さみしい過去を楽しかった思い出にかえることができることは，学校という場だからこそだと思う。

学校生活においては，保護者から虐待を受けた児童が，放課後に友達と遊んでいる中で突然，自分の悲しかった思いを打ち明けたりすることもある。友達が話したお母さんについての愚痴を聞いて，幼い頃に別れたお母さんの話をふと漏らす子どももいる。誰かに自分のことを聞いてほしい，知ってほしい，そして誰かの力になりたい——そういった子どもたちの自発的な思いを素直に出し合える集団づくりが根底にあってこそ，学校という場でのライフストーリーワークを進めることができるのだと考える。

　なお，子どもによっては，空白の過去が埋まらないケースや，伝えるべきではない事実もある場合もある。そうした場合は，「今は話せないけれど，大人になったら話すね」と約束する。そんな約束も，子どもにとっては立派な答えであり，霧のかかった視界が晴れることがある。

　本来のライフストーリーワークは，きちんと役割分担を明らかにし，チームを組んで，時間をかけて丁寧に行う治療的個別作業である。学校では，専門性をもった専門家が一人ひとりへの個別対応を行うといった形で，ライフストーリーワークを実施することはできない。しかし，だからといって子どもたちを放っておけば，自然に子どもたちの中で自分の辛さと向き合う瞬間が予測もなく訪れ，それが「心の荒れ」として表面化することが多い。そこで，学校でのライフストーリーワークの視点を取り入れた実践で大切にしているのは，自分の過去の整理というだけでなく，自分の気持ちを誰かに話し，誰かに聞いてもらうこと，優しい言葉かけによって癒される心地よさを知ることである。今後，何か辛いことがあった時に，一人で抱え込むことなく，誰かをたよることができるスキルを身につけてほしい——そんな願いをもっている。

　（授業者：別所美佐子・石毛美里，原稿まとめ：小野太恵子・別所美佐子・西岡加名恵）

| 注 |

⑴　この実践づくりにあたっては，次の文献とサイトを参考にした。
　　大阪府同和教育研究協議会「新しい人権教育」プロジェクト編『わたし 出会い 発見 Part2 ちがいに気づき，豊かにつながる参加型の人権・部落問題学習プログラム・実践集』大阪府同和教育研究協議会，1998年。
　　小林紀子他『職場体験完全ガイド』(1〜75巻) ポプラ社，2009〜2021年。
　　小峰書店編集部編さん『センパイに聞く仕事ファイル—キャリア教育に活きる!』(全7巻) 小峰書店，2017年。
　　才村眞理，大阪ライフストーリー研究会『今から学ぼう! ライフストーリーワーク』福村出版，2016年。
　　坂東眞理子監修『「なりたい!」が見つかる将来の夢さがし! 職業ガイド234種』集英社，2001年。
　　「13歳のハローワーク公式サイト」https://www.13hw.com/home/index.html (2022年7月15日閲覧)
　　「学研キッズネット・未来の仕事」https://kids.gakken.co.jp/shinro/ (2022年7月15日閲覧)
⑵　「"生きる教育"で心はぐくむ——大阪・生野南小学校 4か月の記録」『かんさい熱視線』NHK, 2021年2月5日。
⑶　大阪府立母子保健総合医療センター (現在は，大阪府立病院機構 大阪母子医療センターに名称変更) 小杉恵氏の講演資料「虐待はなぜ起こるのか——虐待の基本的理解と虐待を受けた子どもの育ちと問題」(認定NPO法人 児童虐待防止協会 オープン講座，2016年8月4日) 参照。

第5節　「『生きる』教育」は，「自己肯定」や「他者肯定」を育てる

—— 児童養護施設 田島童園 下川隆士先生からのメッセージ

1．子どもたちの変化

　8年前から田島童園の園長をしています。着任した当時の施設は荒れていました。学校で気にいらないことなどがあると，施設に帰ってきてからも物を壊したり，職員に暴言を吐いたり，弱い立場の子どもに八つ当たりをしたりしていました。特に，授業参観や運動会があった日などは，親が来なかった子どもを中心に，必ずと言っていいほど荒れていました。

　「『生きる』教育」が始まると子どもたちに変化が出てきました。学校の先生たちの取り組みへの真剣さが子どもたちにも伝わったのだと思います。先生を好きになっていく子どもが増えていき，学校であったことなどが子どもの口から出るようになりました。一般家庭の子どもたちの施設の子どもを見る目も変わっていったのだと思います。地域の保護者からクレームが入るということもなくなりました。

　学校での行事や学習発表でも，家から通う子どもたちに臆することなく活躍している姿が見られています。6年間を通しての「『生きる』教育」によって，自分や人を大切にできるようになっていったと思っています。登下校時にお世話になる「見守り隊」の人たちからも子どもたちが大きく変化したと褒めてもらっています。

2．施設の子どもたちの背景

　田島童園の6割超の子どもが乳児院からの措置変更で入ってきています。ほとんどの子どもに親はいるのですが，幼い頃から一緒に暮らせていません。預けられ体験を含めますと，すべての子どもが何らかの被虐待体験を抱えていて，ここ5年間の平均は，ネグレクトを受けてきた子どもは約8割，心理的虐待が約6割，身体的虐待が約2割〜3割，性的虐待が疑われる子どもは数パーセントとなっています。

　入所してくる子どもたちの認知は，その子どもの体験から，「人は信頼できない」「大人は上から見てきて自分たちの気持ちを理解できない」「大人に期待しても何もいいことはない」「大人は都合が悪くなるとすぐに怒り出す」などであり，子どもとつながることも容易ではありません。また，アタッチメント欲求に応えてくれる大人がいなかったこともあり，ちょっとしたことで怒り出したり暴言を吐いたりする子どももいます。大切にされて育ったという実感がない子どもは，自分や他者を大切にするということがどういうことかわかりませんし，被虐待体験による自尊感情の低さも重なって，学校などでも孤立しやすい傾向が見られます。

子どもたちの親も，その親から虐待を受けていたということもあります。また，十分な愛情を受けてきていない場合が多く，自分が育てられたようにしか育てる事ができない，「世代間連鎖」が起きている場合も多くあります。

3．ライフストーリーワークの視点を取り入れた教育

　生野南小学校の先生たちは子どもたちを育むことに本当に真剣でした。生きる力を育てることで，一人ひとりの教科の学習も成り立つと考えていたように思います。学校でライフストーリーワークに取り組みたいと考えていると知った時，正直に言うと驚きました。

　私自身45年前から30年ほど，児童自立支援施設の12名前後の子どもたちと一つ屋根の下で私の家族と暮らしながら，非行を行った子どもたちの面倒をみてきました。子どもたちが我々夫婦を信頼し始めている兆候が見られると，「生い立ち作文」に取り組ませました。今でいうライフストーリーワークに当たります。つながりができ始めてから取り組んだのは，トラウマに触れることから，逃げ込める人がいてこそ打ち込めると考えたからです。いい加減に取り組むことのないよう，自分も真剣に対応していきました。

　生野南小学校の場合，子どもたちの先生への信頼は十分にあったため，学校で取り組むことも可能であると私は判断し，反対はしませんでした。先生たちはクラスへの導入はもちろんのこと，保護者への説明にも力を入れ，成育過程についても入念に聞いていました。施設の子どもたちも拒むことなく取り組んでいきました。取り組み後はクラスの子どもたちとの会話も多くなり，担任の先生との関係もより深まったように思います。

　施設の子どもにとっては，思春期の自己統合から自己同一性獲得への壁が大きいです。しかし，ライフストーリーワークに取り組むことで，思春期課題も乗り越えやすくなったと思います。

4．「『生きる』教育」の重要性

　私は長年社会的養護の子どもたちと一緒に生活してきました。子どもたちの多くが，自分を肯定できない限り，他者を受け入れていくことも難しいという現実があります。生野南小学校が取り組んできた「『生きる』教育」は，将来において「自己実現」するための土台となる「自己肯定・他者肯定」を育てていく，見事な人間教育だと感動しながらみてきました。

　学校生活においては，社会的養護の子どもや片親しかいない子どもなどが傷つくような場面が実に多くあります。親によって傷ついてきた子どもは，子どもたちの間で幸せそうな家庭の話が出るだけでもしんどくなり，話についていけなかったりします。自然と幸せそうな子どもを避けることで自分を守っていきます。しかし，「『生きる』教育」に取り組みだしてから，学校に行くことを嫌がる子どもがほとんどいなくなりました。家から通っている子どもとの会話も多くなっていき，田島童園の子どもだけで休み時間を過ごしたり，

一部の片親の子どもたちと集まったりしているということがなくなりました。

　一人ひとりの違いやお互いの生を大切にする取り組みのなかで，どの子どもも安心して学校に通っているように見えますし，年齢ごとの発達段階をクリアーしていっているのではないでしょうか。

5. 他校の先生方へのメッセージ

　どの学校にも，深い傷つき体験をしている子どもたちがいると思います。そういった子どもは，目の前の不安や危機を避けることだけで精いっぱいで，勉強に打ち込むことも，将来の夢を追ったりすることもできません。そういった子どものことに真剣に取り組んでいただいた学校の先生たちに強い敬意をもちました。子どもたちを救える最も最前線にいるのは学校の先生です。子どもたちは鋭い感受性をもっています。そして，自分のことをわかってもらえ，心の拠り所とすることができる大人を強く求めています。

　生野南小学校の実践は，深い心の傷を抱えていた子どもたちがクラスの仲間を信頼できるようになる喜びと，一方で，親に恵まれてきた子どもたちもまた，仲間を大切にできていくことの喜びを体験していると思います。いずれにせよ，子どもたちが一生を通して最も大切になってくる「人と交われる力」や「人に助けを求められる力」などを育てているように思います。すべての学校で取り組んでいただけたらと思う次第です。

児童養護施設

田島童園の紹介

児童福祉法に定める児童福祉施設です。

・田島童園　本園　定員44名
・地域小規模児童養護施設　田島童園　日向　定員6名

家庭においてさまざまな事情を抱えている子どもたちが入所しています。

創設は，昭和初期に遡る歴史のある施設で，2歳から18歳までの子どもたちが生活をしており，施設長・家庭支援専門相談員・指導員・保育士・事務員・里親支援専門相談員・個別対応職員・心理士・栄養士・調理員・嘱託医・基幹的職員などの多職種が連携し，子どもたちの支援を行っています。

職員は，専門性を高める努力を惜しまず，子どもたちの発達を保障し，子どもたち一人ひとりが安心，安全に過ごせる環境を大切にしています。

子どもが主体的に活動する生活をし，社会性を身につけられるように職員は愛情をもって養育を行っています。

（田島童園のサイトより　https://tashimadouen.org/）

ライフストーリーワークで
自分の過去,現在,未来を紡ぐ

西澤 哲

1. ライフストーリーワークの意義

　本章は，英国で，里親に養育を委託される子ども（英国では里親養育が社会的養護の大半を占めている）に対するソーシャルワークの支援技法として開発されたライフストーリーワーク（以下，LSWとする）をモデルとした授業の実践報告である。わが国においても，児童養護施設や里親で養育される子どもを対象にLSWが実践されてきている[1]。しかし，LSWは，子どもの自己の物語の整理を通して，尊厳のある固有の存在としての自己を認識するという作業であることから，社会的養護の場にいる子ども以外にも，家族関係や親子関係に何らかの問題を抱えて自分の生活史が断片化したり，否定的に捉えている子どもにとっても有意義であるといえる。本章はこうしたLSWの理論や技法に基づいた授業の実践報告である。

2. LSWと各学年の授業実践

　第1節は，わが国へのLSWの導入と普及に貢献された才村眞理氏による概説である。才村氏は，日常的に行うLSW，セッション型LSW，治療的LSWの3つに分類し，本章で報告されている授業実践を日常的に行うLSWであるとしている。セッション型LSWに関しては，施設で養育された女の子の架空事例を挙げてセッションの展開が解説されている。そのうえで「ライフストーリーブック」や「6つのボックス」など，LSWに活用できる技法を紹介し，以下の各節で報告されている授業実践をLSWの観点から評価している。

　第2節の「みんなむかしは赤ちゃんだった――いのちのルーツをたどる」では，小学2年生を対象とし，LSWの起点ともいえる胎児や赤ちゃんについて学び，考える機会を提供している。小野氏は「成長するまでにはたくさんの『抱っこ』があったという事実を学ぶ」というねらいがあると述べている。才村氏は「命の大切さや自分自身の歴史のスタート時期の確認作業ができる，素晴らしい取り組みである」と評価したうえで，母子健康手帳の導入の可能性を提案している。才村氏は，母子健康手帳を授業に活用することで「母子健康手帳を見た時に母親の思いに触れ，母親はかわいいと思ってくれたが，赤ちゃんができたらこんなに多くの仕事があるので，協力者もおらず，経済的に苦しく，自分ではうまく育てられないと思って，あなたを安心・安全な施設に託してくれたのよ，と説明できるかもしれない」との期待を示している。筆者も，心理療法の場面で子どもとともに母子健康手帳を見ながら，妊娠時や産後の親の思いを子どもと一緒に考えるという作業を行うことがある。たしかに，子どもが，才村氏が指摘するような認識をもってくれ

ることがある。しかし一方で，才村氏も言及されているように，母子健康手帳に親がほとんど何も記入していなかったり，妊婦健診や乳幼児健診の受診記録がほとんどない母子健康手帳を見ることも少なくない。授業で母子健康手帳を活用するには，こうした場合にどのように対処するかを十分考えておく必要があろう。

第3節は，小学3年生の授業である「子どもの権利条約って知ってる？──今の自分と向き合う」の実践報告である。筆者は，一読した段階ではLSWと子どもの権利条約の関係が十分に理解できなかったが，才村氏の「LSWは子どもの権利条約のさまざまな権利擁護に関係している」との解説でその関係が明確になった。これまでも言及されているように，本校には児童養護施設から通学してくる子どもたちがいる。彼らの人生には，子どもの権利条約第9条「親と一緒にいる権利」（日本ユニセフ協会抄訳では「親と引き離されない権利」，以下同じ）や第19条「親から虐待されない権利」（「暴力などからの保護」），あるいは第20条「家や家族をなくした子どもについて」（「家庭を奪われた子どもの保護」）が大きく関わってきたといえる。また，家庭から通学している子どもたちの中にも，権利条約に規定された子どもの権利が守られていないものがいると推定される。こうした子どもたちがLSWにおいて自分のこれまでの人生を振り返るとき，「お父さんにいっぱい叩かれたのは自分が悪い子だったから」と自責的になるのではなく，「権利が守られなかった」と適切に認識できるためには，子どもの権利について知っておく必

要があるのだ。

そして第4節では，小学校4年生での「10歳のハローワーク──ライフストーリーワークの視点から」の授業実践が報告されている。まず「未来をえがこう──キャリア教育」で，子どもたちはさまざまな職業に触れることによって未来を考える手がかりを得る。そのうえで「履歴書」を書き，クラスメートと「面接」することで，これまでの自分や今の自分に向き合い，それらを友人と共有する。著者は，この作業によって子どもたちが「照らし返し」を得る機会になると述べている。照らし返しとは，他者による自分の状態に対する反応や評価などを意味する。虐待を受けた子どもは，親などから悪い子という否定的な照らし返しを受けることが多く，また，ネグレクト環境にある子どもには親からの照らし返しを受ける機会が乏しい。子どもは，他者との関係における照らし返しを手掛かりとして自己感を形成していく。つまり，照らし返しが否定的であったり照らし返しそのものが欠如した場合，肯定的な自己感の形成が困難になると考えられるわけである。本授業は，こうした子どもたちがクラスメートからの「あなたは優しい人」「がんばってきたね」などの肯定的な照らし返しを受ける機会となっている。そのうえで子どもたちは，「『ほしい力』オークション」を通して「『今』の自分」の変わるべきところや変わりたい点に向き合うことになる。そして，この授業の最終段階として，子どもたちは「自分史」を刻み，「10年後の自分へ」手紙を書くことで自分の過去を紡ぐ。こうした丁寧な展開を，才村氏は「自身の

過去について語る機会を得，これを温かく受け止められる場を授業中につくるという，これはまさに，『日常的に行うLSW』の実践である」と評している。

3. 子どもにとって
人生を紡ぐことの意味

　筆者は，虐待やネグレクトを受けて児童養護施設で生活している子どもたちのケアに従事してきた。そうした臨床経験を通して，子どもたちが，自分の成育歴や家族歴の整理ができておらず，それゆえに自己に対する認知や感情，すなわち自己感が不安定あるいは不確かなものとなり，その結果，さまざまな心理・精神的な問題や行動上の問題につながると考えるようになった。そこで，施設における日常的な関わりや心理療法において，子どもたちの自己物語を紡ぐことを意識した関わりを行うようになった。筆者はLSWの理論や技法には精通していないが，時間的展望という心理学の概念に基づいて子どものケアを行っている。これは，自分の過去，現在，未来を紡ぐという点ではLSWと同様のアプローチであるといえる。ここでは，筆者の臨床経験に基づいて，自己の歴史を編むことの意義を論じる。

時間的展望について

　時間的展望とは，ある時点における個人の過去，現在，未来に対する展望，すなわち見解の総体を意味するものであり，現在からみた過去や未来の展望，あるいは過去や未来の展望が現在の状態に与える影響な

どに関して研究が積み上げられている。時間的展望研究において用いられる心理尺度にはいくつかあるが[2]，その中の一つである時間的展望体験尺度は，目標指向性因子（将来に目標があり目標に向けて準備をしている），希望因子（将来に希望を持ち，将来を自分で切り開く自信がある），現在の充実感因子（現在に充実を感じ満足している），および過去の受容因子（過去を受け入れており，過去の出来事にこだわっていない）という4つの下位因子構造を有することが示されている[3]。

社会的養護にある子どもの時間的展望

　これまでの時間的展望に関する研究は，高校生や大学生など一般家庭の子どもを対象としたものが大半であり，児童養護施設などで暮らす子どもの時間的展望をテーマとした研究は少ない。そこで筆者は，児童養護施設で生活する子どもの時間的展望に関する予備的な研究（未発表）を行ってきた。あくまでも予備的な研究でありサンプル数の少なさなどの問題があるため結論的なことは言えないものの，施設の子どもたちは，同年代の一般家庭の子どもと比較して，将来に目標がもてず，現在に充実感や満足感を感じられず，過去の出来事にこだわりがあって過去を受容できていない傾向があることが示唆されている。つまり，施設で暮らしている子どもたちは，過去，現在，未来を全般的に否定的に捉える傾向があることが示されたわけである。このことが施設ケアのあり方について示唆する点は少なくない。たとえば，未来に目標がもてていない子どもに対して「将来のことを考えて

勉強をがんばろう」と励ましても，子どもはその必要性を実感できず，ケアワーカーの言葉は空振りに終わるのではなかろうか。そう考えると，子どもたちが自身の過去，現在，未来を肯定的に捉えることができるようなケアが求められるといえよう。

過去，現在，未来の関係

先述の予備研究では，過去の受容と未来の目標・希望に一定の相関があることが示された。過去の出来事にこだわりがなく過去受容ができている子どもの方が，そうでない子どもに比べて未来に目標をもち，併せて大学進学を希望する傾向が見られるとの結果となった。このことは，子どもたちとの日常的な関わりにおいても示される。児童相談所に保護され施設に入所したという過去の経緯に納得できていない子どもは，将来の目標を聞かれると「家に帰ること」「お母さんと一緒に暮らすこと」と答えることが多い。これは，一見，将来のことを述べているかのように見えるものの，実は過去の取り消しであり，過去の出来事を受容できていないことの表れである。こうした子どもは「家に帰って何をしたいかな？」と尋ねられても答えられなかったり，「もしお母さんのところに帰ることができなかったらどうしたい？」と問われると，「帰れなかったらどうなってもいい」といった自暴自棄的な答えを返すのだ。つまり，過去へのこだわりが未来への展望を阻害しているわけである。

併せて，この予備調査では，現在の充実・満足感と過去の受容とに相関があることも示唆された。この結果のみでは，現在の充実・満足感と過去受容の因果関係は不明であるが，論理的な検討から，筆者は現在の充実・満足感が過去の受容につながると推測している。その前提となるのは，過去は決して静的なものではなく，現在との関係において変化するものであるということである。もちろん，過去にあった事実は変わらない。しかしその意味づけは変化する。たとえば，若くしてIT企業を立ち上げ成功を収めた起業家のインタビュー記事で，その起業家の人生が順風満帆なものではなく，さまざまな挫折体験があったことが語られることがある。そして，ほとんどの場合，挫折体験は無駄ではなく，挫折体験があったからこそ現在の成功があるのだと，挫折体験が肯定的に意味づけられる。しかし，筆者は，挫折体験があったからこそ現在の成功があるわけではなく，現在成功しているからこそ挫折体験を肯定的に意味づけることができると考えている。すなわち，現在の充実・満足感が，過去の出来事の肯定的な意味づけにつながるということになる。こうした検討を，虐待を受け施設や里親家庭で暮らしている子どもに当てはめると，次のようなことが言えるのではないだろうか。子どもが現在の施設や里親家庭での生活に充実や満足を感じることができていれば，「児童相談所の人が自分を守るために家族から離して施設に連れてきた」と，家族からの分離体験を肯定的に意味づける可能性が高くなる。一方で，現在の生活に安心感がもてず，施設や里親家庭のことを否定的に捉えている子どもは，家族からの分離体験を「あの時，児童相談所の人が勝手に僕のことをお家から連れ出してここにき

たから，今，僕は大変な思いをしているんだ」と否定的に意味づける可能性が高まる。このように，現在の満足度などが過去受容に影響すると考えることができる。そして，先に見たように，過去が受容できると将来に目標をもてる可能性が高まり，子どもが積極的に人生を歩むようになると考えられるわけである。

　ここでは，児童養護施設における子どものケアという，筆者が専門とする領域を例に挙げて述べてきたが，同様のことが教育実践でも指摘されよう。虐待やネグレクトをはじめとするさまざまな否定的体験をし

てきた子どもが過去を受容できるようになるためには，学校の教室という現在の空間が安心できる場所で，教師やクラスメートが信頼できる存在であり，また，そこでの学習の内容が子どもに充実感や満足感をもたらすものである必要がある。そして，さまざまな否定的な体験を肯定的に意味づけることができれば，子どもが将来に希望や目標をもつ可能性が高まる。それを実現するために，LSW の理論や技法に基づいた授業実践の展開に関する本章の報告は極めて有用だといえよう。

| 注 |

⑴　山本智佳央, 楢原真也, 徳永祥子, 平田修三『ライフストーリーワーク入門——社会的養護への導入・展開がわかる実践ガイド』明石書店, 2015年。
⑵　都築学, 白井利明『時間的展望研究ガイドブック』ナカニシヤ出版, 2007年。
⑶　白井利明「時間的展望体験尺度の作成に関する研究」『心理学研究 65』1994年, pp.54-60。

実践を振り返って

2年「みんなむかしは赤ちゃんだった」

上田 恵

　2年生の安心できる距離を調べる授業では，快適だと感じる距離が本当にバラバラでした。実際のところ，児童養護施設から通ってくる子どもたちの距離はとても近く，ベターッと引っ付いてきたり，後ろからギューっとしてきたりします。さびしさもあるのだと思うので，休憩時間であればアカンとは言いませんが，授業中などは適切な距離を取れるよう，少し遠慮するようになってきたようです。

　性教育は正式には4年生の内容ですが，低学年で出生までを扱ったことについては，見学した保護者から「ちゃんと説明してもらえて，助かった」という声が聞かれました。

　子どもたちには，お腹の中にいる間も生まれてからも，大切に守られていることが伝わったようです。絵本の内容は，子どもたちにも，すっと入るようです。施設から通ってきている子どもも，「こうやって，お腹の中におったんやなぁ」と言っていました。私自身が2年前に出産して子どもが幼いことを知っているので，「先生も大変やと思うけど，大切に育ててね」と言われました。

　保護者参観日に実践したことで，保護者から，子どもたちだけではわからない話（たとえば，双子の大変さなど）を聞けたことが意義深かったと思います。今回は赤ちゃん人形でしたが，実際に抱っこしてみて，すごく重いことを実感したようで，「お母さん，ありがとう」という声も聞かれました。

　低学年だけでなく思春期に差しかかるような高学年で同様の実践をしてもいいのではないかと思います。

3年「子どもの権利条約って知ってる?」

猪子智也

　生野南小学校には，2021年4月に着任したので，まだ1年目です。着任して，まず目についたのは，廊下に「子どもの権利条約」の全40条がずらっと貼ってあることでした。

　自分自身，3年生の子どもたちに，「子どもの権利」について教える授業のうちの1時間を担当することとなりました。前任校までは特に「子どもの権利」について教えた経験がなかったのですが，別所美佐子教諭が担当してくださった授業で子どもたちのやり取りの仕方を学んだり，またこれまでに作ってくださった掲示物やワークシートに助けられたりしながら実践することができました。

　私が担当したのは，子どもたちから取った悩みごとのアンケートを下敷きにしつつ，より密度の高い「事例」（資料2-7，p.92）を作成し，グループでアドバイスを考えさせる授業でした。一生懸命に考えてくれる友人たちの姿を見て，悩みごとを書いた子どもは内心，喜んでいたんじゃないかと思います。実際，授業後の感想でも「皆で話し合えてよかった」という意見がありました。内面的な成長ができた授業だったと思います。

　「『生きる』教育」については，私より子どもたちの方が詳しくて，「先生，プライベートゾーンって知ってる?」などと，1，2年生までで学んだ内容を教えてくれたりします。「子どもの権利条約」40条すべてを覚えきるとまではいきませんが，社会科や総合学習でSDGsを学んだ時にも，ふとした瞬間に「先生，これ，子どもの権利条約に引っかかるんちゃう?」といった発言が出ます。本校にも自分の思いが通らなくてすねる子どももいますが，そのような時には友達が「そんなこと言わんと，みんなで楽しくしようや」と優しく接す

る姿を見せます。

「『生きる』教育」は，文字通り，生きていくうえで糧となる教育だと思います。いざ実践するとなると，教師の側にもしっかりとした教材理解がないといけないと感じますが，自分にできることは今後も取り組んでいきたいと考えています。

4年「10歳のハローワーク」

石毛美里

4年生のオークションの授業は，授業自体が面白く，子どもたちも良い反応をしてくれました。子ども自身，自分に足りていないものをわかっているけれど，どうしたらいいのかとわからないところに，この力さえあればこんなことができるのに……という子どもたちの願いに響いたのだと感じました。

自分のなりたい職業調べもしているので，その職業と結びついた力をオークションで手に入れた子どもは，ほしい力を実現するために行動することが，次の目標になったようです。たとえば，「あきらめずにがんばる」と

書いた子どもは，その後，漢検にチャレンジしたり，行事でもがんばる姿が見られました。改善の余地があるとすれば，ちょっと量が多い半面，1つしか買えないので，もっと色んな力を買えたほうがよかったかもしれません。

ライフストーリーワークについては，児童養護施設から通ってくる子どもたちは，自分のことがよくわかっていないのだなと感じました。自分のいいところや好きなこと，自分が何に困っているかを書くのも難しい様子が見られたので，こちらから色々質問を投げかけて書き出していきました。子どもたちにとって，自分自身を見つめるきっかけになったのではないかと思います。家族のことも出てきましたが，深いところは答えにくいだろうと思いますし，自分の弱みは見せたがらない子どももいますので，どのように切り出したらよいのか，自分自身は悩みました。別所教諭が，上手に引き出してくださったというのが実感です。

（インタビューまとめ　西岡加名恵）

考えよう　みんなの凸凹〔4年〕
── 障害理解教育 ──

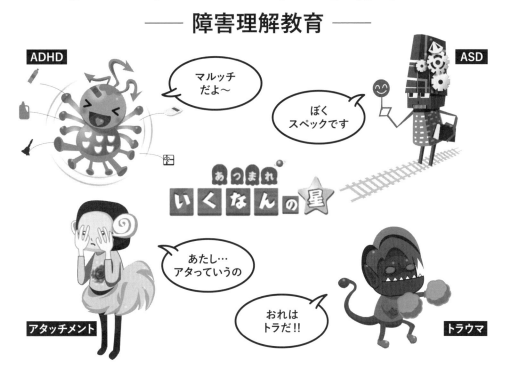

　子どもたちは皆それぞれに輝く個性をもっている。集団がうまくいっている時は，それらが共鳴し，活気にあふれた元気な空間となる。半面，何か一つが欠落し，生活環境が悪化すると，その個性が問題を生じさせうる特性（課題）へと変化し，学級集団が一気に崩れることがある。本校では，その傾向が顕著であった。

　遺伝要因なのか，環境要因なのかはわからないが，本来もっている子どもたちの特性がどんな傾向にあるのかを正しく理解し，自分や友達にぴったり合った対策を考えることができる力を身につけてほしいと願って，授業「考えよう　みんなの凸凹」を開発した。

　なお，本授業を開発した背景には，厚木市5歳児衰弱死事件（2014年5月30日）から受けた衝撃がある（事件と本授業との関連については，第3巻を参照されたい）。本実践には，子どもたちにさまざまな特性についての正しい知識を保障するとともに，生じうる問題を解決するうえで必要になる力を身につけさせたいという願いのもとで考案したものである。

第1節　4人のキャラクター化── 教材開発

　授業「考えよう　みんなの凸凹」は，発達課題やアタッチメント障害（愛着障害）の特性や特徴を理解し，困難に出合った時の原因と解決方法を，「環境調整」と「人とのつながり」という視点から考えることをめざしたものである。本校の子どもたちにも見られる傾向（序章参照）を踏まえ，ADHD（注意欠如・多動症），ASD（自閉スペクトラム症），アタッチメント障害，発達性トラウマ障害の4つを扱うことにした。また，本授業で取り上げる4つの特性だけではなく，子どもたちがそれぞれの個性を理解し合い，うまくいかないとき，お互いにどのような努力が必要なのかを対話の中から見いだしてほしいと願った。

　授業をつくるにあたり一番悩んだのが，それぞれの特性をどのように教えるかということだった。特別支援担当者（中島裕子教諭・山阪美紀教諭）や他校の先生方（宮本杉子教諭）とも検討を重ねた結果，「宇宙人」としてキャラクター化し，彼らが生まれ育ったふるさとの星の環境や人との関係性を説明することで，4人の特性を否定せずに紹介できるのではないかと考えた。4人の特性などは，表3-1に示した通りである[1]。

　4人の「宇宙人」たちは，似た者同士が一緒に暮らす，ふるさとの星にはなかった困難に，地球に来たとたんにたくさん出合うことになる。その困難をどう克服すればよいのかについて考えることを，授業の柱とした。授業では，子どもたちに，4人の仲間と一緒に楽しく「生南スポーツ大会」（100m走とサッカー）をしよう，と呼びかける。そして，子どもたちには，習得した知識を活かし，スポーツ大会がスムーズに運ぶように特性に合うような環境調整やルールを考えたり，仲間として支援したり，本人ががんばるべきことをアドバイスしたりすることを求めることにした。

　本実践の最大の魅力は，一人ひとりの特性を描いた教材にある。授業者（中島教諭）は，イメージをイラスト化しては，何度も描き直した。中島教諭は，本校で何年も，支援が必要な子どもたちと向き合い，その特性にぴったり合った，きめ細やかな教材開発を重ねてきた。また，T2の授業者（山阪教諭）は，キャラクターに命を吹き込むため，それぞれに成り切った演技ができるよう，それぞれの人生と胸の内を想像し，アレンジを加えた台本を読み上げ，何度も録音して練習を重ねたうえで授業に臨んだ。だからこそ，子どもたちが大好きになるような，愛すべき4人のキャラクターたちを誕生させることができた。ファンタジーの世界へ純粋に飛び込んでくれるのも，10歳の最大の強みといえよう。

　なお，本校が「荒れ」の中にあった10年前には，これらの特性による明らかに良くない化学反応が学校中で起きていた。その状態でこの授業をすることは危険であり，いじめが起こる原因ともなりかねない。しかし，落ち着いた学習環境の中で，言葉の力を培い，丁寧なライフストーリーワークや充実した人権教育を経た時点（2021年3月）だったからこそ，一歩踏み込んだ実践が可能なものとなった。

表3-1 4人のキャラクターの特性, 適応していた環境と, 地球での困りごと

	自己紹介(特性)	自分の星(適応した環境)	地球に来て困っていること
マルッチ(ADHD)	・好奇心旺盛で気になったことはすぐにやってみる。 ・高いところが好き(けがが多い) ・忘れ物が多い ・片づけられない ・じっと順番が待てない	・海に浮かぶ丸い島で暮らしている。 ・街灯にスピーカーがついているから, 迷子になっても安心。 ・服にはたくさんのポケットと紐がついているから, 落としても大丈夫。 ・家は島のてっぺんにあるお城に, 皆で暮らしている。 ・島は小さいけど, 同じお店がたくさんあるから, 並ばなくてよい。 ・時計鳥が住んでいる。	・色々な所に楽しいことがあるから, 夢中になって気づくと迷子になってしまう。 ・高い塀にのぼってけがをしてしまった。危ないのは知っているけど, ついのぼりたくなる。 ・片づけができないから, ずっと探し物をしている気がする。さっきまで使っていたのに, 何でなくなるのかな。 ・順番を待てないから, とてもイライラするし, 先に行こうとすると怒られてしまう。
スペック(ASD)	・マイペースで, 自分のルールをきっちり守ると安心。 ・好きなことへの記憶力がすごい。 ・人のことにはあまり興味がない。 ・気持ちを言うのが苦手で, 正確に言わないと理解できないことがある。	・1日のスケジュールが全て決まっている。町ですれ違う人もいつも一緒。 ・天気も1か月先の事がわかっている。 ・皆が正しい言葉遣いができる。 ・町の色々な所に地図や時刻表がある。なくても知っているけど, 見ると楽しい。 ・友達と話す時は, 順番に自分のことをたくさん話す。友達の話を聞いてないこともあるけど, 気にしない。 ・今, 一人カフェのお店が流行っている。 ・気持ちをわかってもらうために, 表情カードをみんな持っている。	・スケジュールを決めていても, 雨が降ったり約束しても遅れてきたりする人がいて, とても不安になってしまう。 ・不安になりすぎたら, 気持ちのコントロールができなくて, すごく怒ったり泣いたりしてしまう。 ・「あれとって」「それはどこにある?」と言われると, 何のことかさっぱりわからない。それなのに, 「なんでわからないの」とおこられてしまう。 ・「自分の事ばかりで, 私の話は聞かなくて, 自分勝手だね」と言われてしまう。悲しいけど, うまく言えないからつらい。
アタ(アタッチメント障害)	・「やさしい」と「なかよし」がわからない。 ・本当は, 何よりも愛情や優しさを欲しているが, 思っていることと反対のことをしてしまう。 ・失敗を極度に恐れているので, みんなの前で発表したり, 大舞台で活躍したりすることが怖い。	・強い星にするために, 王様から「仲良くすること・優しい言葉・抱っこ」を禁止されていた。 ・誰かが困っていても知らんぷり, 赤ちゃんが泣いていても抱っこをしない, 友達と仲良く遊ぶこともなかった。 ・地球から来た来客の影響で初めて「愛情」に出合い, 戸惑う。	・地球では, お母さんが赤ちゃんを抱っこし, 笑顔の人が多い。にこにこと話しかけてくるのが, うれしい反面信用できない。 ・優しくしてもらえるのはうれしいのだけれど, 信じられなくて嫌なことを言ってしまう。後で, そんな自分が嫌になる。 ・どうしたら, 素直になれるのか悩む。
トラ(発達性トラウマ障害)	・暴言と暴力だらけの生まれた星から離れて, 2つめの星ではおだやかに暮らしていた。 ・大きな音が苦手。思い出したくないのに, 勝手に嫌だったことが頭に浮かんできてしまう。 ・嫌だった記憶があるはずなのに, はっきり思い出せない。 ・スイッチが入ると他の人をたたいてしまうことがあった。お医者さんによると, そのスイッチは, 「顔への刺激」らしい。昔, お父さんにビンタされたみたいだ。	・2つめの星は, 色々な星で嫌なことがあった人が集まっていて, お医者さんに診てもらい, 心の治療をしていた。 ・その星では, 温泉のような所があり, そこで色々な人の話を聴いた(交通事故・犯罪に巻き込まれた・地震・火事・虐待など)。 ➡命に関わるような心の傷は, 「トラウマ」といって, 治療が必要とのこと。専門的に診てもらったり, 温泉で語り合ったり, 安心と安全の中でゆっくり心のトゲが無くなっていった。 ・お医者さんから, だいぶ良くなったと言われたので, 新しい星(地球)にやってきた。	・大きな音や大きな怒鳴り声を聞くと, 昔の嫌なことを思い出してしまって, すごく怖くなる。自分でどうにかしようと思って, きつい言葉を言ったり, 殴りにいこうとしたりしてしまう。 ・どうも, 顔に何かが当たったりすると, 人が変わったみたいにパンチ・キックをしてしまう。後から叱られても, 本当に覚えていなくて, もっと怒られる。 ・友達になれそうだったのに, 「急にたたいてくるから, いや」と言われてしまった。 ・皆と仲良くしたいけど, できそうにないから外に行きたくない。でも, 本当はさびしい。

第2節　「生南スポーツ大会」で，一緒に楽しむ方法を考えよう ―― 授業の実際

1 キャラクターの自己紹介 ―― ファンタジーの世界へ

　授業の冒頭では，まず4つの星から地球に宇宙人がやってくる映像と，「あつまれ　いくなんの星」というタイトルを提示した。子どもたちが好きなゲームの冒頭のような映像で，子どもたちの興味を引き付けた。続いて，T1の授業者（中島教諭）が，次のように授業の趣旨を説明した。

図3-1 キャラクターの自己紹介

　「実は，イベントが行われます。何のイベントかというと，生南スポーツ大会です。今日はこのスポーツ大会がみんなで楽しめるようにみんなに考えてほしいなぁと思います。今日のめあては，みんなが楽しめる『生南スポーツ大会』のルールを考えよう，です。」

　子どもたちが書き込むワークシートを配布したら，T2の授業者（山阪教諭）が，ペープサートを使いつつ，それぞれのキャラクターとして自己紹介をする（図3-1）。あわせて，子どもたちがそれぞれの星の特徴などを理解しやすいよう，モニターに関連する画像も提示した（図3-2）。

　中島教諭が「それでは，1人目の宇宙人さんどうぞ」と促すと，山阪教諭は，元気いっ

図3-2　自己紹介の際に用いたスライドの例

ぱいのマルッチになりきって，次のように自己紹介をした。

「こんにちは。ぼくマルッチ！　アド星から来たんだ。この星はすごくおもしろいね！
見たことないものがいっぱいあるよ。ぼくは，小さいときから，好きなものがいっぱいあっ
て，気になったことはすぐにやってみるよ。だから，今すごくワクワクしてるんだ！　ぼ
くに怖いものなんてないからね！　へへっ。特に高いところが大好き！　高いところを見
つけると，じっとしていられなくて，すぐにのぼってしまうんだ。だからよくケガをしちゃ
うんだけどね。へへっ。あと，お片づけが苦手だから，すぐ物を失くすし，忘れ物をよく
してしまうんだ。へへっ。そうそう，ぼくこの星に来て，不思議なことがあるんだ。この
星のみんなは，なんでいつも人の後ろに並んでいるの？　順番を守るってなに？　すぐで
きるほうが楽しいのに。順番なんて待っていたら，夜になっちゃうよ。あぁ～，楽しいこ
とがたくさんあって目がチカチカする～!!　ぼくの星は，優しい色が多かったから，そっ
ちの方が安心するんだよね。行きたいところいっぱいで，時間がないよ，じゃ，またねー!!」

　続いて，スペックについては硬いロボット口調，トラについてはたくましい感じ，アタ
についてはか細い様子に声色を変えつつ，自己紹介をしていった（表3-2）。

表3-2　スペック，トラ，アタの自己紹介

スペック	トラ	アタ
これから自己紹介をハジメマス。わたしの名前はスペックとイイマス。オーリス星からキマシタ。今日もわたしは，7時に起きて顔を洗って，着替えて，7時30分に朝ご飯をタベマシタ。予定はすべて決まってイマス。1か月先の天気も，電車の時刻もすべて覚えてイマス。○○さん，お誕生日おめでとうございます。あなたが生まれた年の2011年3月3日は木曜日でした。あなたが20歳になる2031年3月3日は月曜日デス。カレンダーを覚えるの得意デス。でも，わたしは気持ちを伝えるのは苦手デス。顔のカードで伝えたいデス。言葉より絵があるとわかりやすいデス。大きな音が苦手デス。ビックリして固まってしまいマス。静かな所が好きデス。お店は形で見分けています。今，ハマっているのは，一人カフェデス。みんな一人で来て，何かしてイマス。	ぼくはトラだ。この星のみんなは優しいなぁ。ぼくがいたドスティ星ではダメなことをしたら，叩いたり大きな声で怒鳴ったりすることで，正しいことを教えるルールがあったんだ。ぼくも小さい時から，いっぱい叩かれた。学校も街も家も，ケンカしている人だらけさ。挨拶の代わりにパンチだった。ぼく，暴力はあんまり好きじゃなくて…。覚えてないんだけど，気がついたらトリートメント星にいて，星の真ん中にある大きな病院にいたんだ。そこにいる，とっても優しい先生に心の治療をしてもらっているんだ。 　そのお医者さんが教えてくれたのは，ぼくが大きな音や声が怖くて震えたり，頭に刺激があると暴れてしまうのは，心の傷が原因なんだって。でも，つらいことはよく覚えていないんだ。	こんにちは。はじめまして。（はずかしそうに）私はアタ，ビボール星から来ました。今，とても緊張しています…。 　私がいたビボール星では王様がいて，星の住民を強くするために禁止されていたことがあるの。それは「優しくすること」と「なかよくすること」だったの。だから赤ちゃんが泣いていても，抱っこしないの。ここに来て一番びっくりしたことは，みんなが笑顔でいること，みんな友達と仲良く遊んでいるでしょ，私の星ではそんなことなかったから，びっくり！ 　前，地球人が「かわいい！」って抱っこしてくれたことがあるんだけど，抱っこされるなんて私初めてだったから，本当はうれしかったのに，「やめてよ!!」って反対のことを言ってしまったの。でも最近，「抱っこ」や「なかよし」って素敵だと気がついたの。まだ知らないことばっかりだけどね。 　（慌てて）あ，じゃあさよならっ!!

中島教諭は，そのつど，子どもたちにワークシートに要点を書きとらせ，確実に内容が理解されるように図った。子どもたちは，キャラクターの自己紹介を聞きつつ，「わたしや！」「〇〇ちゃんみたいや！」などとつぶやいていた。自己紹介が終わった時点で，子どもたちの頭の中には4人の特性が入り，また4人のことが大好きになっていた。

② 環境調整について考える ── 100m走

1. 状況の説明

続いて，中島教諭と山阪教諭は，これから，どうすれば一緒に「生南スポーツ大会」ができるかを考えたいということを伝え，100m走をするとどうなるかについて，正面のホワイトボードに貼られた100m走のコースと人形を使って子どもたちに説明していった（図3-3）。まず，中島教諭が，「この4人，100m走をやったことがないんです。なので，リハーサルをやってみたいと思います。さあ，みんな［4人のキャラクター］がスタートにちゃんと並んでくれたな。じゃあ，それでははじめまーす」と言う。

スターター役の山阪教諭が，「位置について，よーい，どん」と言い終わる前に，中島教諭がマルッチの人形を動かし，「うわ～，なにあれ，めっちゃ楽しそう～」と言いながら観客席に行ってしまう様子を見せる。さらに，山阪教諭が，観客役を演じて「いけいけ，がんばれ～，もっと走れ～」と声援を送ると，中島教諭はトラちゃんが「なんでそんなこと言われなあかんね～ん」言いながらコースを離脱してしまう様子を見せた。

続いて，子どもたちは，中島教諭の発問に答えて，マルッチは「順番が待てない」「好きなものがいっぱいあった」から観客席に行ってしまった，といったことを確認した。さらに，中島教諭は「マルッチの心の声を聞いてみましょうか」と話を振り，マルッチ役の山阪教諭は「人がいっぱいいて楽しそう。ぼくも上にのぼって一緒に見たーい」と答えた。同様にトラちゃんについても「大きな音とかが怖くて怒ってしまった」という意見が出され，「がんばってるのにがんばれってなんだ。もっと速く走れってぼくにけんか売ってるのか？」という心の声を確認した。

さらに，スペック君とアタちゃんは，同じようにスタートラインにとどまっていても理由が異なることを確認していった。子どもたちからは，授業の冒頭で教師が説明した自己紹介の情報を用いつつ，2人の状況を的確に推測する発言が相次いだ。また，スペック君については「100m走って何？　大きい音，怖い。体，動かない」，アタちゃんについては「私，人がいっぱいいると怖い。失敗したらどうしよう」という心の声も紹介された。

2. グループワーク

ひととおり状況が確認されたところで，中島教諭は，「今のままでは100m走ができませんので，みんなに助けてもらいたいと思います。今から100m走の画用紙を配りますので，

図 3-3　100m 走で生じる状況を説明している場面

図 3-4　グループで知恵を絞る子どもたち

こんな工夫をしたら，みんな走れるようになるんじゃないかなぁという工夫を，直接，画用紙に書き込んで，こういうふうにしたらなっていうのを書いていってください」と指示し，各グループに画用紙を配付した。

　子どもたちは，配られた画用紙の上で，4 人のキャラクターや観客を示す人形を動かしつつ，どうすればよいのかについて知恵を出し合った。

3. 全体での発表

　最後に，子どもたちに，考えたことの発表が求められた。子どもたちからは，「観客をなくす」「高いところをなくす」「スペック君のゴールのところに『走れ』って書いて，スタートのところは音じゃなくて人が手で表わす」「耳が聞こえない人の100m走の時に使う赤いランプとかを用意して，スタートの合図にする」「マルッチさんが高いところで止まるから，ゴールを高くする」「トラちゃんは，耳栓をつけながら走る」といったアイデアが次々に出された。

　中島教諭は，「多分もっとたくさん書いた人もいると思います。絵を描いてくれた人もいたな。ルールを一人ひとりに合うように変えたら，うまくいきそうやな」と，子どもたちの発言を受け止めた。

3 かかわり方を考える ── サッカー

1. 状況の説明

　続いて，中島教諭が，「では，100 m 走うまくいきそうやから第 2 種目めにいきます。2種目めはサッカーです」と宣言した。子どもたちからどよめきが起こり，「やった〜」という様子で向かい合わせの友達とハイタッチをする子どももいれば，「これは大変なことになった」と言わんばかりに天井を見上げる子どももいる。

「サッカーは実はあんまりやったことないねん。練習試合をします。練習試合を開始ってしたらこうなってしまってん」と，授業者が板書にサッカーコートに見立てた模造紙を貼る。マルッチはゴールの上にのぼり，トラちゃんは暴れ，スペック君はボールを手に持っている様子が示されている。また，近くの友達に優しく接してもらっているアタちゃんは，にらみつけるような顔になってしまっている。

中島教諭が「マルッチ，何してる？」と問うと，子どもたちが「高い所に行っている」と答える。中島教諭が，「高い所が好きやからな」と強調した。また，「アタちゃんは仲間の子から，一緒にがんばろうねって優しくされたら，こんな顔になっちゃった」「トラちゃんは，どうやらヘディングか何かで頭に刺激があって，暴れているらしい」「スペック君は，やり方がわからずボールをつかんでしまった」ということを確認していった。

その後，「今度はサッカーなんで，皆も入ってます。サッカーを皆で楽しめるようにルール，工夫を考えてほしいと思います」との指示が出され，サッカーコートを模した画用紙が配られた。

2. グループワークと全体での発表

この授業は，当初，45分の予定だったが，子どもたちがサッカーのルールを考えるグループワークを始めた時点で，すでに40分近くの時間がたっていた。ワークの途中でチャイムが鳴ったが，子どもたちは時間を気にする様子もなく，手元の人形を動かしながら，あれこれ意見を出し合い，画用紙に書き込んでいった（図3-5）。授業者はグループをまわりつつ，「スペック君をほったらかしにしないでね」「アタちゃんには，どうしてあげたらいいと思う？」「めっちゃいいアイデアやね！」などと言葉がけをしていった。

10分ほどたったところで，中島教諭が「考えてくれた工夫，教えてください」と指示した。子どもたちは，次々に，ピンと手を伸ばして挙げる。「マルッチは高い所が好きだから，ゴールは高いから，ゴールはなくして，ライトみたいに明るくして，そこをゴールにする」「ゴールのところに穴を掘って，そこにボールを入れる」「トラちゃんには，ヘルメットをつける」「トラちゃんはキーパーにして，ボールが来たらパンチしてもらう」「頭に当たりそうになったら，仲間が守る」「ヘディングを禁止にする」「スペック君は気持ちを伝えることは苦手だけど，絵があるとよくわかるから，そのときは自分たちが入れるゴールの横に『こっちがわにシュート決めて』と

図3-5. どうすればうまくサッカーができるか，話し合う子どもたち

か『こうするんだよ』とか，ルール
説明を書いて，紙で出しとく」「紙
芝居で説明する」といったアイデア
が，次々に出された。中島教諭は，
そのつど，「それはいいね」「この子
にとったら，すごいうれしいことや
な」と受け止め，山阪教諭はホワイ
トボードに貼られた模造紙に書き込
んでいった。

図3-6. 子どもたちから出たアイデアを板書していく

　ただし，「優しくされると，本当
はうれしいのに，反対のことを言っ
てしまう」というアタちゃんの設定は，一部の子どもたちにはややわかりにくかったよう
である。中には，反対のことをすればいいと考えて，「強くしかる」と提案した子どももい
た。中島教諭は，「優しくすると，どうしていいかわからなくなって，うれしいのに反対の
ことしてしまう。ということは，優しくされるのは，嫌なん？　うれしいんよな」「『はよ，
やれやー』って言ったら，どんな気持ちになる？　楽しくサッカーできる？　ちょっと難
しいかもしれへんな」と補足する説明をした。全体でのディスカッションの終わり頃には，
「アタちゃんには，『優しい』の意味を教えてあげる」というアイデアが，子どもから出さ
れた。

　中島教諭が「今日は最後に感想を宇宙人さんに聞いてみたいと思います」と言い，山阪
教諭は再びペープサートを使いつつ，4人の声音で，「みんなありがとう，すごく楽しかっ
たよ［マルッチ］」「ぼく，サッカーのルールわかった［スペック］」「みんなのおかげで暴
力我慢できた［トラ］」「優しくしてくれてありがとう。優しいってやっぱり素敵だね［ア
タ］」と感想を述べた。期せずして，子どもたちからは拍手が起こった。

4 授業のまとめ

　授業の締めくくりには，中島教諭が，「こっち［100m走］の方はルールを変えるってい
うことで成功しそうだなと思います。こっち［サッカー］の方は，ルールだけじゃなくて，
たとえば一緒にいる子がおったりとか，ちょっと声のかけ方を考えてみたりとか，この子
とどうやって関わったらいいかなぁっていうので，変えていってくれたのがいいなと思い
ます。これでこの4人の皆はきっとがんばる気持ちになって，できるようになったと思い
ます」と述べ，「今回のスポーツ大会は，ルールを変えたり，それからだれかの心に寄り添っ
たりすることで，きっとこれは成功すると思います。このルールを変えるってことは，環
境を整えるということです。がんばれるように環境を整えることがすごく大事なこと。皆

みたいにこうやって解決方法を考えることが環境を整える第一歩になると思います」と強調した。さらに，「友達のことを知り，かい決方法を考えることが，かん境を整える第一歩になる」という「まとめ」を板書し，子どもたちのワークシートにも記入させた。

　すでに，授業開始から１時間余りが経過していたので，中島教諭は，「皆，４人の宇宙人のことすごくよく考えてくれてうれしかったです。皆も何か困ったことがあったときは今いる友達にどうしたらがんばれるかっていうのを相談してみてください。皆がまたこうやって解決方法を考えて次の第一歩が踏み出せるかなと思います。では，これで今日の授業を終わります」と締めくくろうとした。

　ところが，ワークシートの最後に吹き出しが用意されていたため，子どもたちから「振り返りは？」という声が出た。「じゃあ，振り返りを書こうか」と中島教諭が答えると，子どもたちは嫌がる様子もなく思い思いに振り返りを書き込んだ。最後に中島教諭からの「今，書いた感想，発表してくれる人」というリクエストに応えて，３人の子どもたちが振り返りを発表した。「いろいろ考え方があって，考えるのが難しかったけど，ちゃんと考えることができてよかった」「スペック君みたいに気持ちを伝えることが苦手な子がいたら，絵でも字とか黒板に書いてもいいよって言ってくれたらうれしい感じするから，人見知りを少しずつ治していったらいいかなと思う」「人の気持ちを考えることができてよかった。人の気持ちを考えることは，難しいことなんだなと思いました」。

　発表者には子どもたちから温かい拍手が送られ，70分の長い授業が終わった。

第3節　自己を俯瞰して見つめられる練習を
── 授業を振り返って

　「『生きる』教育」では，子どもたちが困っている日常を教材として授業で取り上げる。本実践では，子どもたち自身が教材になっている。キャラクターのだれかに自分を重ね，策を練るうちに，自分自身に必要な努力も見えてくる。輝く個性が生きづらさに変わらぬよう，楽しみながら自身の処方箋を見つけてほしいという願いを込めた実践であった。

　資料3-1には，「振り返り」欄に寄せられた子どもたちの声を紹介している。子どもたちが，工夫をすればお互いを助けられるという手ごたえを感じたこと，登場したキャラクターに共感したり，違いに驚いたりしたこと，将来もお互いに助け合えるよう考えていきたいという願いをもったことがうかがわれる。

資料3-1　ワークシートの「振り返り」欄に寄せられた子どもたちの声（2020年度）

○みんな困っている理由がバラバラだったけど，解決ができてよかった！

○みんなで力を合わせたら，色んな人を助けられると思った。

○4人の宇宙人のことが最初はよくわからなかったけど，ちゃんと話したらうまくできると思います。

○スペックさんみたいに気持ちを伝えることが苦手な子がいたら，絵で表したり黒板に字を書いたりして，少しずつ人見知りを治していったらいいと思う。

○もし，友達が大きい音が苦手なら，今日やっていたようにどうしたらいいか考えて工夫したらいいと思う。

○マルッチへ。僕も高い所が好きです。

○みんなのことを助けられて楽しかった。マルッチと逆で，ぼくは高い所が苦手です。

○宇宙人だから，みんな考えていることが一緒だと思ったけど，それぞれ全くちがって，びっくりした。

○それぞれの好き，嫌いがこんなに違うとは思わなかった。

○すごくおもしろかったし，映像も作ってくれて，スペックさんが○○の誕生日を言ってくれてすごかった。

○友達のことを考えることで，その友達のできないことができるようになると知った。

○色々な考え方があって，考えるのが難しいと思ったけど，ちゃんと考えられた。

○人の気持ちを考えることができてよかった。人の気持ちを考えることは難しいことなんだなと思いました。

○みんなに色んな特徴があって，解決方法を考えるのは難しかった。

〇ルールを工夫すると，楽しくなる。

〇みんな，一人ひとりに合う環境があると思った。

〇一人ひとり特徴があって，問題がいっぱいだったけど，考えることがいいことだということが分かった。

〇みんなが楽しい大会ができてうれしかった。今日の学習で「人の気持ちの考え方」がわかった。

〇人によって，好きな物や性格や趣味もちがうけど，みんながしっかりできるように，これからも人のことを考えていきたい。

　この授業のキャラクターがファンタジーでありつつもリアリティのあるものだったことで，子どもたちにとっても思い入れの強いものとなった。アタッチメント障害をかかえる，ある子どもは，アタちゃんのことが大好きになり，授業があった翌日も，「アタちゃん，どうしてるかなぁ…。まだ怒ってるのかなぁ…」と気にかけて，授業があった特別教室にどうしても行きたいと言った。別所教諭が教室に連れていって，アタちゃんのペープサートを渡すと，怖がっている表情を示す赤い目を外して表情の柔らかいアタちゃんに戻し，いとおしそうに撫でていた。

　他の授業の折にも，「私，マルッチだから」「おれもマルッチ」と言い合う子どもたちの姿が見られた。自分の発達特性を把握し，それを愛すべき特徴として捉える子どもたちの姿に，この授業をつくった甲斐があった，と感じた。

　ただし，お互いを助け合う力を身につけるだけでなく，子どもたち自身が，自分の発達特性が生み出しうる課題を乗り越える力を身につけさせることも，学校教育の課題である。この課題について，学校教育全体で取り組んでいくことも必須だということを忘れてはならないだろう（詳細は，第3巻で検討したい）。

（授業者：中島裕子・山阪美紀，原稿まとめ：小野太恵子・西岡加名恵）

| 注 |

(1) 本授業を開発するにあたっては，次の文献を参考にした。
　笠原麻里監修『赤ちゃん〜学童期　発達障害の子どもの心がわかる本』主婦の友社，2016年。
　榊原洋一『最新図解　発達障害の子どもたちをサポートする本』ナツメ社，2016年。
　杉山登志郎『子ども虐待という第四の発達障害』学研プラス，2007年。
　同編『発達性トラウマ障害のすべて』日本評論社，2019年。
　同『子育てで一番大切なこと――愛着形成と発達障害』講談社，2018年。
　ドナ・ジャクソン・ナカザワ（清水由貴子訳）『小児期トラウマがもたらす病』パンローリング，2018年。
　ナディン・バーク・ハリス（片桐恵理子訳）『小児期トラウマと闘うツール』パンローリング，2019年。
　花園大学心理カウンセリングセンター監修，橋本和明編『発達障害との出会い』創元社，2009年。
　同『思春期を生きる発達障害』創元社，2010年。
　同『関係性からみる発達障害』創元社，2011年。
　同『発達障害支援の可能性』創元社，2012年。
　ヨシタケシンスケ『みえるとか　みえないとか』アリス館，2018年。

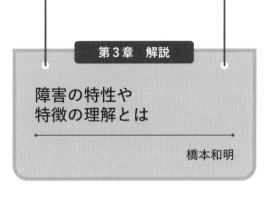

障害の特性や
特徴の理解とは

橋本和明

1. 凸凹における異質性への理解

障害の特性や特徴

　この回の授業のテーマは「考えよう　みんなの凸凹」というもので，発達課題や愛着障害といったさまざまな障害の特性や特徴を児童に理解してもらうことが目的である。

　好奇心旺盛で，忘れ物が多く，順番が待てないADHDの特性をもった"マルッチ"，マイペースで，好きなことへの記憶力はすごいが，人のことにはあまり興味がない自閉スペクトラム症の"スペック"，愛情や優しさを欲しているが，思っていることと反対のことをしてしまうアタッチメント障害の"アタ"，思い出したくもないのに勝手に嫌なことが頭に浮かんできたり，スイッチが入ると他の人をたたいてしまう発達性トラウマ障害の"トラ"の4人のキャラクターが登場する。

　この4人がそれぞれ自分の生まれ育った星から地球に来て，一度もやったことのない100m走やサッカーのスポーツ大会を行うという設定で授業は開始する。

　ここでのねらいはそれぞれの障害の特性や特徴のことを知り，個々の強みや弱みを理解することであった。このことから筆者

が連想するのは，発達障害の概念が世に出始めた頃，障害の特性は個性であり，人それぞれ違いがあって当たり前であるといった受け止めをしていこうと盛んに言われたことである。「障害は個性」「違って当たり前」といった考えは，障害を特別視せず，発達障害であろうがなかろうがそれによって差別することなく，個々の人権を尊重していこうとすることが基本理念としてあったゆえである。また，学校教育においてもそれが推奨されたが，身体障害とは違って，ADHDや自閉スペクトラム症，学習障害などの発達障害の場合は，外から見てすぐに障害と気づかれにくいため，なかなか理解されにくく，どこか周囲に異質で奇異な人のように映ってしまうリスクがあったこともその背景事情にはあった。

　たしかに人はみんな同じではなく，違って当たり前であり，それがあるからこそ人類は発展を遂げてきたと言っても過言ではない。みんな同じ考えであったなら，おもしろい発想や素晴らしい発明などあり得なかった。それぞれが違ったものの見方や考え方をするからこそ，それまでとは違うものが見えてきたり，考えが生まれてくるのだ。その意味では凸凹があるということはとても素敵なことである。

特性の理解への疑問

　しかし，発達障害のことがかなり世に浸透してきたものの，その凸凹がどこまで許容されているのだろうかという点では疑問に思うことも少なくない。たしかに，発達障害についての知識やさまざまな特性があるということは多くの人に知られてきては

いるものの，その特性をもった人の生きにくさや困り感にどこまで我々が理解をし，共感的になっているだろうか。「あの人は発達障害だからあんなことを平気で言う」「その人は発達の特性がある人だから仕方ない」などといったことが聞こえてくる。それらの発言を聞くと，発達障害である人と自分とはあたかも関わりがないような言い方がなされ，その人との距離を置いて対象者を見たり，評したりしているのである。つまり，障害の凸凹を自分とは関係ない特殊なものを見るかのような風潮がこれまでの発達障害に対する社会の関わり方であった。それは，障害の特性の「異質性」だけがクローズアップされた理解でしかなく，自分とは遠い距離にある違った存在として受け止めてきたといえるかもしれない。

　すでに述べたように，凸凹があることのメリットは，それがあるから新たな発想や発見が生まれるのであり，バラエティがあるからこそおもしろいのである。もっと言うならば，凸と凹のように，違いがあるからこそつながれるということもいえるであろう。

　そして，この凸凹という違いに関して，もう一つ付け加えるならば，このような理解があるからこそ，思春期・青年期以降の人にとっては自分のアイデンティティの促進が生まれると考えることができる。つまり，アイツとオレは違う，アナタとワタシは同じではないという理解や受容は障害理解という面から見ても非常に重要であることは間違いないが，その違いを意識することで自分自身はどうだろうかと自分に目が向き，己を知って自身を確立していくとい

う重要なプロセスにもなっていくのである。

　青年期は自我同一性（アイデンティティ）の確立という心理的課題があり，ほかならぬ自分はどう考えるか，これから先の人生をどのような職業選択，配偶者選択などをして，どのように生きていくのかといったことが大いに問われる。それは言ってみれば，違いを知ることであり，さまざまな凸凹を理解することである。

　今回の授業の中での児童の様子を見ていると，そのことが強く筆者には感じられた。さまざまな違いを児童が認識することにとどまらず，ある児童は自分なりの独自のアイデアや意見を積極的に提示していた。また，それを聞いていた別のある児童は先に出た意見とは違う意見を堂々と述べていた。まさに，その意見を出し合う場そのものにも凸凹の違いが現れており，ある意味では個と個のぶつかりあいではあった。しかし，だれも他者の意見をむやみに退けることはせず，それを尊重しながら自分の主張を出していたのである。これこそが自分らしさを築く，アイデンティティの確立のプロセスであると，筆者はその児童の姿を側で見ていて痛感させられた。

2．凸凹における類似性への理解

異質性を強調しない

　さらに凸凹に関していえば，自分とは違っているという理解はそれなりにできても，その凸凹とどうやってつなげていくかということはなかなか難しい問題である。これまでの発達障害に対するあり方につい

ても，特性の凸凹という異質性だけが強調されてしまい，そことどう良好な関係を築いていくのか，そことどのように関わっていけばいいのかには至っていない。それが今の社会の発達障害への理解や支援の不十分さとなっているともいえる。橋本[1]は，発達障害支援においては，異質性だけでは不十分であるとし，そこに類似性を見て取る必要があると主張している。そして，「発達障害，非行，虐待への社会の関心が広がり，そこへの適切な支援のあり方が検討されている。しかし，ややもすると，それらは対象者と距離を詰めないで頭だけの理解になっていないだろうかと危惧する。そこにはまったく自分を関与させない周囲の人々の状況があったり，技法や技術ばかりに熱心で対象者を見ていない援助者の姿が見え隠れする」と指摘し，そうならないためにも「自分をそこに投げ入れるからこそ，生き生きした異質性が読み取れる」と強調している。

類似性を理解する

では，この類似性とは何かというと，自分とは違った存在として捉えるのではなく，自分にも大なり小なりそのような特徴が存在し，自分もその人が置かれている状況に陥ったら同じことや似たようなことをしてしまうという認識であり自覚のことである。それは異質性とは反対の捉え方であり，具体的にいえば，次のような例を思い浮かべてもらうとわかりやすい。たとえば，やらねばならないことが山ほどあり，それが期限までにできるかどうかわからず不安や焦りがいっぱいのなかに置かれたとするなら

ば，通常の冷静さを失って，優先順位を考えずにパァーと目先のことから手をつけてしまうことがある。これはADHDの人にはよくあることであるが，それは定型発達の人でも仮にそんな状況に置かれたとするならば同じような行動を取ってしまいがちとなる。また，先のことが予見できず，不安でドキドキしている時に，部屋をウロウロしたり，手足を動かすような何度も同じような行動をしてしまうこともあるだろう。それらは自閉スペクトラム症における常同行動と似ている。彼らの行動は先の見通しがない不安な時にこのようになって現れやすいのである。

さまざまな障害による凸凹はたしかにあるが，定型発達の人も程度の違いこそあれ，この凸凹はもっている。また，その人の置かれた環境や状況によってさえ，凸凹が大きくもなったり小さくもなったりする。これも発達障害の人と定型発達の人も同じである。このようなことがまさに類似性の理解となるのである。そうすることで初めて，凸凹の異質性だけを強調され過ぎたり，相手を孤立させずにすみ，一緒に歩んでいける橋渡しとしての役割をしてくれるのである。

3. 誰もが傷つきやすいという共通認識

自分に引きつけて捉える

その意味では，本授業では4人のキャラクターの障害の凸凹という異質性の理解だけではなく，自分ならその凸凹といかに関わっていくのかという類似性を，実に見事

に児童から引き出した授業展開がなされている。

　たとえば，大きい音が苦手なスペックの場合は，100ｍ走のスタートの合図を「ゴールのところに『走れ』って書いて，スタートのところは音じゃなくて人が手で表わす」，観客のことが気になったりするマルチやトラに対しては，「観客をなくす」「耳栓をつけながら走る」といったアイデアも出された。また，サッカーについては，高いところが好きなマルチに対しては「ゴールはなくして，ライトみたいに明るくして，そこをゴールにする」，頭に刺激が加わると暴れてしまうトラに対しては「ヘディングを禁止にする」というルールで行うなどの提案もなされた。

　いずれの児童の発表も，たんに凸凹があるという理解だけでなく，そのことを自分の方に引きつけて，その凸凹をみんなで考えてどうすればうまくいくかを考え出している。そして，授業のまとめとして，授業者が「[100ｍ走]の方はルールを変えるっていうことで成功しそうだなと思います。[サッカー]の方は，ルールだけじゃなくて，たとえば一緒にいる子がおったりとか，ちょっと声のかけ方を考えてみたりとか，この子とどうやって関わったらいいかなぁっていうので，変えていってくれたのがいいなと思います」（123ページ）と述べている。これはまさに，障害という凸凹について距離を置いて眺めるのではなく，自分の方に引き寄せて考えることであり，この授業のテーマである「みんなの凸凹」なのである。

他者への共感

　その類似性を引き出したのはたしかに児童が自分に引きつけて考えたからに他ならないが，そこにはもう一つ大きな要因があった。それは児童の一人ひとりが誰もが傷つきやすいという共通認識をもっていたからではないかと筆者には思える。凸凹が障害のある人だけでなく，自分がその凸凹をもっているとしたらどう思うだろうか，その状況に立たされたらどんなことを考えるだろうか，と児童は精いっぱい考えたのではないだろうか。そして，自分の思うようにならなければ辛いだろうな，みんなとうまくやれないのは悔しいだろうな，といった思いも同時に巡らし，その人の傷つきを自分の傷つきのように感じ取っていたはずである。

　ここに登場する４人のキャラクターはそれぞれ違う特性や特徴をもってはいるものの，そこに共通するのは「傷つきやすさ」である。

　ADHDであれ，ASDであれ，アタッチメント障害であれ，発達性トラウマ障害であれ，どの人もこれまでのうまくいかなさの傷つき体験をしてきており，現在置かれている環境での不安を抱いている。この「傷つきやすさ」を児童は外から言われなくても自ずと感じ取っていたように思える。

　授業後の感想に，ある児童は「人の気持ちを考えることができてよかった。人の気持ちを考えることは，難しいことなんだなと思いました」との発言があったが，それは傷つきやすいことを心で受け止めている証拠でもある。そして，この児童が感じたように，障害のある人だけでなく，自分自

身も「傷つきやすさ」があるし，クラスの仲間も同じように「傷つきやすさ」を抱えていることをこの授業で新たに感じ取ったのではないだろうか。

　最後にこの授業を見学した筆者の率直な感想は，「『みんなの凸凹』なので自分にも凸凹があり，凸凹があるからこそつながれる。そこで大切にしたいことは誰もが傷つきやすいということをわかっていることであり，だから優しくなれるのかもしれない」である。物事を素直に，しかも柔軟に対処していこうとする児童の適応力の高さ，頭でっかちにならず，感性で受け止めていくセンスのよさ，それに加えて困難を乗り越えて生きていこうとするたくましさをこの授業で教えられた。

| 注 |────────────────────────────────────

⑴　橋本和明「発達障害と非行臨床」『臨床心理学──発達障害支援』第12巻第5号，2012年，金剛出版，PP・664-669。

第3章

考えよう　みんなの凸凹

実践を振り返って

4年「考えよう　みんなの凸凹」

中島裕子

　生野南小学校で「なかよし（特別支援学級）」の担任をしていた時に，担当している子どもたちのことを，他のクラスの子どもたちに説明するといった取り組みを進めており，お互いを尊重して生きるための根底には，相手のことを知ることが必要だと感じていました。ある時，小野太恵子教諭と，ADHDの特性をもった子どもとアタッチメント障害をもった子どもの特性はよく似ているという話になり，色々な特性を包括的に扱う単元を開発してみよう，ということになりました。

　実際の授業づくりでは，目標を考えるところから二転三転しました。当初は，相手の心に寄り添うこと，助けてと言えることが大事という目標設定を考えましたが，実際の4年生たちは，ライフストーリーワークでの面談の姿（第2章参照）からいっても，すでにこれらの目標が達成できていました。そこで，環境調整までを目標に入れようと考えました。

　さらに，色々と話し合いながらキャラクターを考え，子どもたちが引き込まれるような出会いを工夫しました。提示したスライドでは，キャラクターに合った色や動きの表現を入れ，子どもたちに当時，大人気だったゲームによく似た音楽も探してきて付けました。授業の冒頭，子どもたちがのめりこんでくれた様子を見て，「やった！」と思いました。

　本来は2時間が必要な授業だったと思いますが，大幅な時間延長にもかかわらず，子どもたちは最後まで熱心に取り組んでくれました。また後に，担任の別所美佐子教諭から，子どもたちが「ぼく，マルッチやわ」とか，「アタちゃんは，あの後どうなったんやろ」などと言っていたことを聞き，そこまでキャラクターに親しんでくれたのかとうれしくなりました。

　ただし，非常にデリケートな問題を扱う授業だけに，他校の先生方には，それぞれの学校の子どもたちに合った内容に作り替えていただきたいと思っています。生野南小学校の場合は，困っている人を温かく助ける子どもたちが育っていたので，宇宙人という設定でも大丈夫でしたが，後々，「お前，宇宙人や」などとからかう危惧があるなら，この設定を使うことはできないと思います。

（インタビューまとめ　西岡加名恵）

田島中学校における「性・生教育」

「性・生教育」の授業で,
生徒に語りかける教師たち
(左上 中1, 右 中2, 左下 中3)

　生野南小学校で実践されてきた「『生きる』教育」は, 2020年度からは, 子どもたちが進学する田島中学校においても, 「性・生教育」として実践されるようになった(これは, それまでにも実践されていた性教育を発展させる形で位置づけられた)。中学校1年生では, 思春期ならではの心の揺れを, 「脳機能」という視点で科学的に捉えていく。正しい判断ができる背景には心の「安全基地」があること, そのような「安全基地」は今からでもつくれることを学ぶ。2年生では, 人を好きになるということの深層心理にせまる。ある恋人同士を描いた漫画などからDVの具体例を見つけ, 「恋愛だから2人の問題」となりがちな思考にストップをかける。義務教育の最後, 3年生では, 子ども虐待に真正面から向き合う。子どもを守る社会システムとしては, さまざまな施策や法律, 福祉資源がある。しかし, これらをもってしても守られていない親子がいる現実を, 事件の検討を通して改めて確認する。「ではどうすべきか, 何ができるのか, どんな社会にすべきか」を, 生徒たちが真剣に考える。

第1節 脳と心と体とわたし
── 思春期のトラウマとアタッチメント〔中学1年〕

1 実践の背景と学習の目標

　中学校1年生は，心身の機能や性的な発育・発達が目覚ましい。思春期における第二次性徴は，生徒たちにとっては，小学校4年生の体育科保健領域や5年生の「心の健康」の授業，宿泊前の特別活動などで学習してきたものだが，中学生では学んできたことが自分の全身で起こり始める事態に直面することとなる。脳も大きな変化を遂げる時期である。たとえば感情表出に大きな影響を与える扁桃体は，思春期において大人以上に発達するため，感情の暴走も起こりやすくなる。まさしく「疾風怒濤」と呼ばれるゆえんである。

　このような思春期特有の揺れにより，体や心の不調が引き起こされることもある。トラウマやアタッチメント形成不全，あるいは人間関係や生活環境によってもたらされる不安やストレスの影響により，自律神経が乱れたり，うつ状態など精神疾患を発症してしまったりするケースも見られる。田島中学校独自の「心と体のアンケート」において，身体の成長を肯定的に受け止め「うれしい」と回答した生徒は，男子で25人中6人，女子で28人中9人にとどまっている。また，「最近イライラすることが多くなった」という質問に「思う」と答えた男子は25人中12人，女子は28人中12人であった。さらに，2021年現在，新型コロナウイルス感染症によるストレスから，慢性的にしんどさを感じている生徒もいる。

　思春期における大人への反発心やストレスや不安感などは，一人の大人として自分を確立するための必要な発達過程であるが，その思春期心性が心の不健康・不安定となり，学校生活に困難をきたす例も見られる。過去に心の傷を受けている生徒の脆弱性は特に気になるところである。つまり中学生は，氷山の一角であったものが徐々に表面化する時期でもある。自己否定しがちな発達段階ではあるが，心＝脳という一つの臓器の問題であることを客観的に捉え，「あなたが悪いのではない」ということや，調子が悪くなった時には対処法があるという知識を得てほしいと考えている。

　このような状況を踏まえて，中学校1年生の「性・生教育」では，次の2つを「学習の目標」とした[1]。

---

(1)　「心」の傷と「脳」の機能の関係についてより科学的に捉え，思春期に変化する体や心のつながりや心の病気，トラウマやアタッチメント形成不全の影響について理解を深める。

(2)　トラウマやアタッチメント形成不全などの影響で起こる心身の状態について

　思春期の心身の発育発達については，小学校4年生・5年生において体育科保健領域で学んでいる。また小学校の林間学習など宿泊前には，お風呂の入り方や月経や射精などへの対応といった性教育を，養護教諭から話をすることは珍しくない。だが小学校高学年は一人ひとりの発育・発達差は大きく，自分自身のこととして認識できていない児童も経験上多く見られた。しかし中学生になると，見た目にも体つきが変化していく生徒が増えていく。特に中学校1年生の夏休み前後で大きく成長・発達を感じることとなる。そこで，生活指導上の啓発も含めつつ，夏休み前には思春期の体と心の変化を復習し，恋愛感情についても触れる授業を行っている。

　以下では，その延長線上で実践された2021年10月8日の授業の様子を紹介しよう。

② 授業の展開

1. 日常生活を振り返る──思春期の素晴らしさとストレス

　冒頭，田中梓養護教諭は，まず，スクリーンに生徒たちが楽しそうにしている学校生活の写真をいくつか示し，生徒たちと「これは給食，食べてるとこやんな」などと振り返りつつ，「君たち，入学してから半年くらいで，コロナのこととかでできないことがあったんだけど，この写真見ると学校に来てくれていてよかったなぁと思います。後半も，学校生活を楽しんでくれたらいいなと思っています」と，語りかけた。

　さらに「中学生のなんとか期って覚えてる？」と発問すると，生徒たちが「思春期」と答える。「思春期って，何かと何かがすごい発達する時期なんだけど，覚えてる？」との発問に，「体と心」と答える生徒たち。田中養護教諭は，体形の変化をスライドで示し，女の子は生理，男の子は精通が始まるといったことを確認した。

　次に，田中養護教諭は，「心はどこにある？」と問いかけた。多くの生徒たちが心臓のところに手を当てる中，「皆の心の働きっていうのは，脳のところ。今日は皆の思春期の脳，心と体のつながりについて，皆と一緒に考えていけたらなぁと思っています」と授業のめあてを述べた。

　続いて，田中養護教諭は，「脳の働きって何？」と尋ねる。生徒たちとの応答を繰り返しつつ，脳には考える機能に加えて，3つの欲があることを確認していった。対話の中で「食欲」「睡眠欲」という答えが出てくる。「そうそう，睡眠欲。睡眠欲ある人！」と田中養護教諭が尋ねると，多くの生徒が手をあげる。続いて，「性欲！」と答えた生徒には，「大正解大正解。ということは人を好きになる。好きか嫌いかっていうのも人が当たり前にもっている欲求なんです」と説明した。さらに，「実は，人間はさらにこの欲を自分の意思

で何とかすることができる，そう，コ
ントロールすることができるんです」
と解説した。

また，「思春期になると，色んな気
持ち，感動とか考え方がさらに発達し
て，もっともっと素晴らしい脳になっ
ていくんです。じゃあ，どんな脳にな
るのか。視床下部というところが思春
期になるとすごくよく発達します。場

図4-1　扁桃体の発達による影響を説明するスライド

所は，ここさわってごらん」と，田中養護教諭は頭を指さす。「ちょうど真ん中ぐらいにあ
る。そこがとっても発達すると，どんなことが起こるかというと，こんなことが起きます。
何が起こるでしょう？」と，スライドも示しつつ，田中養護教諭は，気づかないうちに性
ホルモンや成長ホルモンが出ていることを解説した。

さらに，思春期においては扁桃体が一番働くために，感情がたくさん湧くようになること，
半面，「むかつく」「腹立つ」といった感情でいっぱいになることもありうることを説明し
た（図4-1）。「思春期の脳って，すっごいストレスがたまりやすい脳になっていく。でも，
これも健康的な成長の証拠だね。だから，ストレスたまりやすいよなぁっていうのが，今
の時期」と述べた。

2. うつ病って何？　トラウマって何？

次に，田中養護教諭は，うつ病とトラウマについて考えさせていく。「できたら先生，皆
に健康な脳でいてほしい。保健の先生やからな。でも，時々脳が病気みたいになってしま
うことがある」と，話題を転じた。そして，最近，コロナうつが増えていることに言及す
るとともに，命の危険を感じるような災害などで心がしんどくなることをトラウマという
ことを紹介した。そのうえで，「今日は，うつ病とトラウマってどんな病気なのかな，どん
な症状が出るのかなっていうのを，皆で考えていこうと思います」と述べた。

続いて，生徒たちは，「トラウマ」「うつ
病」と書かれた2枚の白紙（それぞれに，
「身体の症状」と「原因」を貼る欄が用意
されているもの）に，「いきなり暴れ出す」
「急に涙が止まらない」「食欲がわかない」
といった症状を記した吹き出しと，「水害」
「大切な人の死」「いじめ」「虐待」などの
原因を記したカードを，分類して貼ってい
くグループワークに取り組んだ（図4-2）。

図4-2　グループワークの様子

図4-3　ヒントカード

「トラウマ」とは？

★トラウマは、「心的外傷」とも呼ばれる。

★「死ぬかもしれない！」という経験や、自分の力では超えられないような恐怖体験でなる。

★身近な人から、何度も繰り返して辛い経験をさせられることでもトラウマになります。

★ずっと悪夢を見ているようなことが起こったり、辛い出来事が毎日体験している気持になって、突然怖くなることもある。

「うつ病」とは？

★うつ病は、とても忙しい仕事や勉強が続いた時など、疲れがたまる時に起こることがある。

★クラスが変わるなど、環境が変化する時や人間関係のトラブルがあった時にもなる。

★何をしてもおもしろくなくて、自分の好きなこともできなくなる。

★うつ病の治療は、神経を整える薬を飲むことが多いです。

図4-4　ホワイトボードに示された模範解答

図4-5　うつ病の脳の状態を説明するスライド

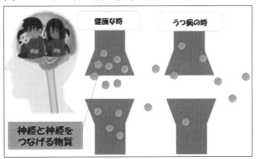

各グループには「トラウマとは？」「うつ病とは？」について説明する「ヒントカード」（図4-3）が配付されており，生徒たちはそれらを手掛かりに分類していった。どちらにも当てはまりそうな症状もあり，思案する様子も見られた。

　田中養護教諭は，しばらくグループワークを見て回りつつ助言などをしていたが，やがてホワイトボードに模範解答を用意した（図4-4）。8分ほどたったところで，生徒たちにグループワークを終えさせ，「答え合わせしていきましょうか。結構，トラウマって考えてたね。何で判断した？　ヒント書いてあったよね。トラウマの方は，心的外傷。原因は，死にそうなこと，命が危ないなってこと，何度も繰り返して辛いなぁって思ったこと」と，ホワイトボードを指しつつ，解説を加えていった。「むなしい」といった気持はどちらにも当てはまるという生徒の発言を受けて，多少は似た症状もありうることを確認した。また，「これを見て，明らかに違うなぁっていうのがあると思うけど，何が違う？」と田中養護教諭は発問した。生徒たちからは，うつ病のほうは感情が不安定だと思われること，トラウマの方は「コントロールできていない」状態であるという発言が出された。

　そのうえで，田中養護教諭は，脳におけるうつ病とトラウマの仕組みを，パワーポイントのアニメーション機能も使いつつ，さらに詳しく説明していった（図4-5）。まず，健康な時には神経と神経をつなげる物質がどんどん出て楽しさが感じられるのに対し，うつになると，その物質がなくなって感情が不安定になってしまうということを解説した。

図4-6　トラウマについて説明するスライド

 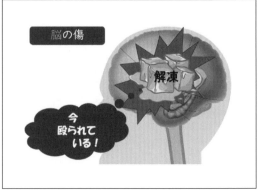

　また，「トラウマっていうのは脳の，本当に死にそうなこと辛いことが何度も何度も繰り返し起こる辛い気持ちのときに，ある傷がつくんですよね。どんな傷かっていうと，自分では抱えきれない傷。辛くて辛くて仕方ないからある保存の仕方をするねん」「そう，冷凍」「操ったり，感情を沸かせたりする。それが凍っちゃう。だからちょっと感情がぐちゃぐちゃになったりとかする」「傷があると，すごく苦しいよね。それだけじゃなくて，氷って解凍されることないですか。あるよね，溶けるよね。氷は一瞬にして解凍されることがあります。解凍されたら何が出てくると思う？」「氷の傷が瞬間に出てくるよね」と，かみ砕いて説明していった。そして，「今，地震が来てる」「今，殴られてる」と感じてしまうため，「怖くて急に涙が止まらなかったり，暴れ出したりする」こともあると，解説した（図4-6）。

　自分ではコントロールできない状態なので，「助けてくれる職業があります」と田中養護教諭が続けると，「スクールカウンセラー」「保健室」といった発言が生徒たちから出た。それらに加えて，「児童精神科の先生」「小児科の先生」「臨床心理士」「公認心理師」といった職業がある，ということを，ホワイトボードにカードを貼りつつ，田中養護教諭は紹介した。

3. ストッパー，安全基地について学ぶ

　続いて，ストレスにどのように対応していけばよいかについて検討していった。田中養護教諭が，「皆さん，ストレスたまってますか？」と尋ねると，たくさんの生徒たちがうなずき，「怒られた時」「勉強わからん時」「勉強が大変」といった声があがる。「こういう時にストレスがかかるというのを，班で2つぐらい出してください」という指示に従い，生徒たちは再びグループワークに取り組んだ。

　グループワークが終わると，田中養護教諭は，「ストレスがない人もいるから，無理やり引き出す必要はないよ」と前置きしたうえで，どんな記述が提出されたかを確認していった。生徒たちからは，「兄弟とのケンカ」「人間関係」「じぶんのせいにさせられたとき」「やり

たいことがうまくいかないとき」「コロナで自分のすきなことができない」「やりたくないことを強制される」「やろうとした時に言われる」「先生の話が長い」「時間にしばられるのがストレス」といった記述が提出されていた。

田中養護教諭は，「学校生活そのものが色んなことができないから，ストレス抱えてるかなと思いました」と共感的に受け止めたうえで，「ストレス抱えてて，さらにストレスが増えていったら？」と，ホワイトボードに「怒り」を示すマークを貼っていく。「こんなんがマックスになって，『あ〜，もう，イライラするな！』というのが出てきたらどうなる？」と問いかける。生徒たちからは，「ものつぶす」「泣く」「何するかわからん」といった発言がある。

「何するかわからん！　すごいとんでもないことが起きる，っていうのを，皆さんはやりますか？　ものつぶしますか？　つぶさないですよね。やいやい言われて殴りますか？」と田中養護教諭が尋ねると，生徒たちは皆，首を横に振る。田中養護教諭は，ストレスから「万引き」などの「犯罪」をしてしまう例もあることを補足しつつも，実際には「皆さん，今，しませんって言ってくれましたね。自分のこと，自分で止めてるよね。なんで止められてる？」と重ねて問いかける。さらに，たとえば友達から秘密にしておいてと言われたことは秘密にする，お母さんの財布からお金を取ったりはしない，欲しい本があっても盗まない，というように，「犯罪」などにはいかない理由がありそうだというところに，生徒たちの目を向けさせた。そのような理由は何かについて，「思い浮かんだものをワークシートに書いてください」と指示した。田中養護教諭は，グループを回って各生徒の回答を確認しつつ，何人かの生徒にはホワイトボードに貼る用のカードを渡して，回答を書くように頼んだ。

「親」「家族に迷惑」「自分を嫌いになりたくない」「罪悪感が残るから」「友達」「迷惑」といった回答を貼り終わったところで，生徒たちに注目させる。「親や友達だったり，自分の中の罪悪感だったりが，きっとみんなの心の中にはあるからこうならないのかなと思い

図4-7　ホワイトボード（授業終了時）

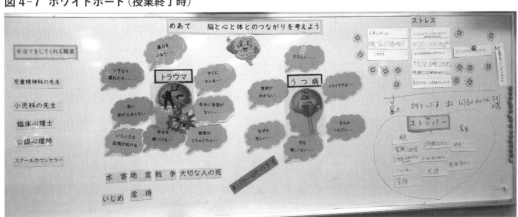

ました」と述べたうえで，それらを大きくハートの枠で囲み，これらが「心の中で，ストッパーという役割をしてくれています」と解説した（図4-7の右側）。

さらに，「この中で増やせるものって何？」と問いかけ，「友達」という声を受けて，「そうそう，友達って増やせるよね。こういう友達が増えていってくれたらなぁと思います。もう1個だけ付け加えていい？　先生はここにいたいなと思ってます。止めるで，君たちのこと。皆さ，やっぱり健康でいてほしいんやんか。健康でいてほしいからこんな話をしたんだけど，こういうことってゼロ？　多分絶対ある，こっから先。そんなときに思い出してな。皆，心の中にストッパーあるから。どうしても困ったら相談しにきて」と語りかけた。

授業の締めくくりには，「最後に，自分自身もちょっとがんばってほしい。自分自身がパワーアップできる方法。最後，言ってください。こんなことしたらパワーアップできるよって。はいどうぞ」と田中養護教諭が投げかけ，指された生徒たちは次々に「睡眠」「叫ぶ」「ミット殴る」「カラオケ」「運動しまくる」「軽い運動」「好きな歌聴く」「部活」と答える。「いいですね。こういうことをもっともっと皆さん増やしていったら，ここからの中学校生活，元気に過ごしていけるかなと思います。時間が過ぎてしまいました［開始から63分余りがたっていた］。感想だけ書いてください。はい，じゃあ終わります」という田中養護教諭の言葉で，授業は終了した。

③ 生徒たちの感想

ここで，この授業を受けた生徒たちが，どのような感想をもったかについて，紹介しておこう。なお，資料4-1には，10月8日の授業を受けた生徒だけでなく，同様の授業を受けた他クラスの生徒の感想も示している。

感想にあるように，大半の生徒たちが授業に対して肯定的なコメントを寄せてくれている。ここでは特に，実際にトラウマを抱えている生徒たちがどう授業を受け止めたのかに注目しておこう。④⑤の感想を書いた生徒たちは，身体的虐待の被害者たちである。特に④の生徒については，受援力の高まりが期待できる。⑤の生徒は児童養護施設から通学している。「ストレスは，むっちゃたまってる」という記述は心配なところであるが，そのような自分を対象化できたことの意義は大きいといえるだろう。⑥⑦の感想は，精神的にしんどい家族をもつ生徒たちのものである。日頃，悩みを抱えている中で，授業で得られた知識をひときわ重要なものとして受け止めてくれた様子がうかがわれる。⑧は家庭不和に悩んでいる生徒であるが，悩みを通して成長していくから「良いことや」と考えるたくましさを見せてくれている。また，「みんなと同じストレスがあることを知ってうれしかったです」というコメントは，友達とともに学ぶことの意義を示すものといえよう。なお，授業後には，実際に，保健室に家庭のことを相談に来る生徒も増えたことも付言しておきたい。

資料 4-1　生徒たちの感想

①前まで知らないことを知れたし，これから役立ちそうなことが知れました。新しい言葉も知れました。くわしい説明があったので，わかりやすかったです。そして，楽しかったです。心の中が本当にそう思っているのか？！と思って聞いていました。

②この授業をうけて，自分たちの心や体を知ることができました。もし自分がうつ病になったり，いじめをうけてトラウマになったりした時に，先生に相談したりしようと思いました。これから先，何があるかわからないので，この授業ができてよかったと思いました。ありがとうございました。

③自分と向き合える授業で良かったと思う。

④今日の授業でやっぱり友達は大きいんだなと思いました。ストレスがたまってしまってもストレスがなくなるように相談したりしていこうと思いました。

⑤コロナで自分が好きなことができなくなるのはいやや。ストレスは，むっちゃたまってる。今日のはなしはわかりやすかった。

⑥心と体のつながりについて今日の授業で，とても多くのことを学ぶことができ，すぐ近くに支えてくれる人がいるということを改めて理解し，学ぶことができた。

⑦［家族の一人］がしんどい時，どうしたらいいかとかわかったし，どういう理由なのかもわかった気がする。すごく勉強になりました。

⑧ししゅん期で，いろいろなやんだりすることがあるけど，それを通して成長していくと思うから，良いことやと思いました。みんなと同じストレスがあることを知ってうれしかったです。

（授業者：田中梓，原稿まとめ：西岡加名恵）

| 注 |

(1) この授業を開発するにあたっては，次の文献を参考にした。
　亀岡智美『子ども虐待とトラウマケア──再トラウマ化を防ぐトラウマインフォームドケア』金剛出版，2020年。
　白川美也子『トラウマのことがわかる本──生きづらさを軽くするためにできること』講談社，2019年。
　友田明美『子どもの脳を傷つける親たち』NHK出版，2017年。
　同「脳科学・神経科学と少年非行」『犯罪社会学研究』第42号，現代人文社，2017年。
　西澤哲『子どものトラウマ』講談社，1997年。
　野村総一郎『新版 入門 うつ病のことがよくわかる本』講談社，2018年。
　フランシス・ジェンセン，エイミー・エリス・ナット（野中香方子訳）『10代の脳──反抗期と思春期の子どもにどう対処するか』文藝春秋，2015年。

リアルデートDV
　── 支配と依存のメカニズム〔中学2年〕

1　実践の背景と学習の目標

　中学校2年生になると，学校生活にも慣れ，生徒会や部活動においても主たる立場として活躍することが増えてくる。半面，思春期真っただ中で，精神的な不安定さも見られ，慣れからくる中だるみの時期とも言われることもある。田島中学校では性教育を経年的に行っている。年度当初には「心と体のアンケート」を取り，授業の参考としている。好きな人と付き合った経験は男女とも多くはなく，1割程度である。「好きな人の体に触れたいと思いますか？」についても同様であり，交際や性への関心や経験値はあまり高くないことがうかがわれる。

　卒業生の中には，恋人と支配・被支配の関係に陥ってしまう例もある。健全なアタッチメント（愛着）形成が行われていない場合，心の中の「安全基地」が空白となり，その空白を埋めるために共依存関係に陥ってしまう。

　そこで，中学校2年生の「性・生教育」の授業では，さまざまな事例を俯瞰して捉え，個人の価値観だけではなく，友達と対話しながら正しく判断する経験を重ねることで，「支配を見抜く目」「我慢を見抜く目」をしっかり育てることをめざした。生徒たちに通ってほしくない最悪の事態から逆算し，今，伝えられる精いっぱいの知識と価値観を授業展開に並べることにした[1]。

　「学習の目標」としては，次の2点を位置づけた。

⑴　親密な関係が悪化し，支配的・依存的になってしまった場合について考え，デートDVの定義や分類，法律や通報後の展開，相談機関について知る。
⑵　事例から，日常の中に潜むDVに気づき，その根拠を言語化できるようにし，そのような言動をとってしまう深層心理にせまることで，幸せなパートナーシップを育むために必要なことを考える。

　以下では，2021年10月8日に実践した授業を紹介する。当該学級の生徒は明るく素直で活発であり，積極的にさまざまな取り組みに参加できる。隔たりなく良好な関係を築くことができていて，グループ活動では活発な意見を交換し，学びを深めることができる。男女交際の実態はほとんどなく，幼さが残る生徒が大半である。異性に興味をもち始めて

いる生徒もいて，男女交際に憧れを持っているものの，親密なパートナーとの良好な関係を構築する考えまでには至っていない。生徒たちが，いつか心から大切にしたいと思える人に出会った時，相手の幸せを願い，相手を幸せにできる力を身につけてほしいという願いを込めて行った授業である。

2) 授業の展開

1. 恋愛の理想と現実

　授業の冒頭，西村建一郎教諭は，「今日，何するかというと，『人生の勉強，恋愛』です」と宣言したうえで，なぜ西村教諭が授業者に選ばれたと思うか，生徒たちに問いかけた。あらかじめ伝えてあった生徒から「かっこいいから！」という声があがると，「せやねん！そこやねん！」と教諭はひときわ強調して見せて，生徒たちがどっと笑う。「やっぱり先生，恋愛経験豊富。なので，恋愛に関してほぼ間違いない，ということで，選ばれました」と言い切る西村教諭に，生徒たちはくすくす笑いつつも関心を向けた。

　次に西村教諭は，ある恋人同士のやり取りを描いた漫画のワンシーンをスライドで示す（資料4-2）。そして，「2人のやりとり，ア

リですか，ナシですか？　30秒，話し合ってみよう」と指示した。生徒たちからは，「いけるやん」「私はダメです」「おれはええけどな」といった声が聞こえる。

　30秒たったところで，西村教諭は，「この関係がアリなのかナシなのかっていうところを，今日は見ていきたいと思います。今日のテーマは，親密なパートナーとの関係について考えよう。これを考えられたら，今日の目的は達成」と改めて確認した。

　次に，2人の関係が悪くなってしまったらどうなるのかというリアルな状況を伝えるために，関西テレビ「報道ランナー」（2019年1月10日放送）で放送された街頭インタビューを見せる。「私の元カレ，ほんまにヤバいです。常に位置情報で位置探ってる，友達と遊んでいたら後ろから車でつけてきたりとか，向こうが送ってきた2分後とかに返さないとずっと電話がかかってくる」と説明す

資料4-2　漫画冒頭の恋人同士の様子

山口のり子『愛する，愛される（増補版）──デートDVをなくす・若者のためのレッスン7』梨の木舎，2017年，p.3。（海里真弓・画）

図4-8 デートDVの4種類を説明する4コマ漫画

| 身体的暴力 | 精神的暴力 | 社会的暴力 | 経済的暴力 |

『もしかしたら，ワタシ…被害者かも。──デートDV ～あなたの近くにある暴力～』より
発行者：陸前高田市福祉部子ども未来課　　制作協力：公益財団法人 日本ユニセフ協会
https://www.city.rikuzentakata.iwate.jp/material/files/group/16/dv_soudan.pdf
https://www.unicef.or.jp/kinkyu/japan/pdf/dv_soudan.pdf
いずれも、2022年8月1日閲覧

資料4-3 さまざまなDV事例を書いた紙片の内容（一部）

メールは10分以内に返さないとさらにたくさん送られてくる　　スカートをはくなと言われる

彼以外の男子が登録されているのを見つけスマホを二つ折りに

彼氏用の手帳をもっていて，彼のスケジュール管理をしている　　彼女の生活費を全部払い続けている

彼の食事をつくったり，洗濯をしたりしている　　どこにいるのか誰といるのか，常に報告が必要

「別れたら死ぬ」と言われる　　みんなの前でバカにされる　　友達関係を制限してくる

「お前は俺がいないと何にもできない」と毎回言われ，そう思えてきた　　壁を壊したり刃物を突きつけたりしてくる

門限を破ると大声で怒鳴られる　　けんかをした後，SNSに悪口や知られたくないことを書かれた　　無視される

る女性の見せたLINEの画面には,「今日も確実男やからいくから」「お前だけはゆるされへん」といった連続投稿が並んでいる。脅迫的なLINEの連続投稿にもかかわらず,「その時は無心でした。何も思わなかった。普通かなって。私も依存していた」と語る女性。生徒たちは,画面を食い入るように見ていた。

なぜ普通だと思ってしまうのか。西村教諭は,「恋愛をしているときの脳は頭からドーパミンが出ます。これ出たら体中に回っていって幸せやなぁって感じるんだって。この幸せやなぁって感じるホルモンのことを幸せホルモンっていうふうに言います。これがずっと出てたら冷静な判断ができへん。今さっきの状態ならおかしいだろうって話だけれど,『普通やなぁ』『こんなもんかなぁ』って思うんだって」と解説した。

さらに,「いい悪いとか判断できなくなったら,このパートナー間でトラブルが起きてしまいます。で,パートナー間で起きるトラブルのことを『デートDV』といいます。聞いたことある人?」と続ける。手を挙げた生徒は,1人だけだった。「付き合ったら気持ちを通じ合わせたい,一緒にいたいって思いますよね。けれども,デートDVっていうのは,相手をコントロールしたり,自分のモノとして扱ったりしてしまう,交際相手に対する暴力ですね。それをデートDVといいます」と,内閣府男女共同参画局ホームページに記載されている「デートDV」の定義をスライドで見せつつ説明した。

2. デートDVの種類を知る──ダメージはどこに?

続いて,西村教諭は,デートDVには「身体的暴力」「精神的暴力」「経済的暴力」「社会的暴力」「性的暴力」の5つがあると説明した。さらに封筒に入れて配られてあった4コマ漫画4つがどの種類に当てはまるかを,グループで分類するように指示した(図4-8)。なお,本授業では,「性的暴力」については軽く触れる程度にとどめている。

1分半のグループワークを終えて,答え合わせをしたところで,西村教諭は,「さらに今からもっと細かい事例を分けてもらいます」と述べた。生徒たちのテーブルには,資料4-3に示したような事例を書いた紙片が配られている。「きっちり分けられないものもあるから,たとえば,こんな感じに置いてもいいよ」と,2種類以上にまたがって置いてもよいことを説明した。

指示を受けて,生徒たちは,DV事例を分類するグループワークに取り組んだ(図4-9)。「これは,殴ってはないから,精神[的暴力]やな」「これは経済[的暴

図4-9 DV事例を分類するグループワーク

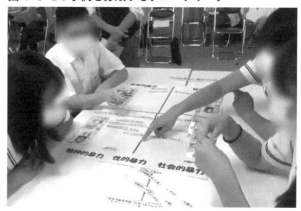

図4-10 DV事例に「罪名」を貼り付ける

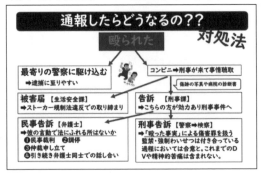

図4-11 対処法について説明するスライド

力］と社会［的暴力］の両方やんな」などと相談しつつ，紙片を置いていく。並行して西村教諭は，何人かの生徒に，ホワイトボードに貼られた紙片についても同様に動かすように指示した。

　グループワークが終わると，西村教諭は，ホワイトボードに示された紙片の位置をいくつか確認した。たとえば，「『友達としゃべっていたら，頬を叩かれる』が，斜めに置かれているのはなんで？」と尋ねられた生徒は，「叩かれるのと，行動が制限される」と答え，「身体的暴力」と「社会的暴力」だという考えを示した。西村教諭は，「1つの出来事でも2つに重複する，もしくは3つに重複する場合もある」と改めて強調した。

3．恋愛と法律

　続いて，西村教諭は，このようなデートDVを直接的に規制する法律はないこと，結婚していたら「DV防止法」の対象となること，また完全に一方向のものは「ストーカー規制法」が規制していることを解説していった。「じゃあ，デートDVを受けたら，どうするんだって話だね。これは，刑法と民法っていう法律が守ってくれます。たとえば，『頬を叩く』という行為は，当然だけどケガしてしまったら『傷害罪』。『モノを投げつけられる』は，当たらなくても『暴行』や。『別れたら死ぬ』は，『脅迫』よ。『みんなの前で馬鹿にされる』は『侮辱』や」と，ホワイトボードに貼られた紙片の上に，罪名を記した黒いカードを次々に貼り付けていった（図4-10）。このように加害行為のすべてに罪名をつけたのは，加害者側へのアプローチの強化を意図したものである。

　さらに西村教諭は，「実際もし殴られるなんてことがあったら，対処法ありますので，これをしっかり覚えて帰ってください」と述べて，「最寄りの警察に駆け込む」「コンビニに逃げ込む」「診断書をもらう」「被害届を出す」「告訴を行う」といった具体的な対処法を，スライドに示しつつ説明した（図4-11）。また，「おうちの人や友達，先生，大人の人に相談してください。それがしにくくても，相談機関はたくさんあります」と，具体的な相談機関についてもスライドに示して紹介した。

4. 「依存」にせまる

ここまで進んだところで，再び冒頭の漫画の2人の話に立ち戻る。翔太と美奈がその後どうなったのかを示す場面を描いた漫画を配り，「翔太君の言動に注目しながら読んでみてください。翔太君，落ち着いているわという行動には青信号，青シール。『翔太君，それはちょっとあかんのちゃう』っていう行動には，黄色信号の黄色シール。『それは絶対あかんやろ』という行動には赤信号の赤シールを貼ってください」と指示した。

図4-12 翔太の言動を分類するペアワーク

生徒たちは，隣同士のペアで「ここは黄色でいい？」「絶対，赤や」などと相談しつつ，翔太の言動にシールを貼っていく（図4-12）。「めちゃ，殴られてるやん。無理無理，絶対いやや」といった声も聞こえる。その間に西村教諭に指示された数名の生徒が，ホワイトボードに貼られた翔太の言動を示したコマを分類する作業を行った。

9分ほどたったところで，西村教諭はホワイトボードに注目させた。「これ，DVのサイクルなんだって。で，黄色信号のときはこういうふうにいいます。『イライラ期　緊張期』」と言いつつ，「イライラ期　緊張期」と書かれたカードを貼る（図4-13）。さらに，「じゃあ，赤はどんなものかというと，もう口だけじゃないんだね。手が出てしまってる状態だね。この時期のことを『爆発期』っていいます。もう完全に手がつけられない状態。多分，翔太君も自分で何やってるかわからない」と続ける。さらに，黄色，赤の状態の後，急に青の状態になっていることを確認し，「なんでこうなるんだろうか？」と発問した。「優しいとこ見せな，別れてしまう」「逃げてほしくないから」などと生徒たちは答える。さらに「青の時期に名前を付けるとしたら，何期にする？」という発問に対して，生徒たちは「落ち着いてる期」「正常期」といった意見を出す。「こう呼ばれているそうです。『ハネムーン期　ラブラブ期』」との説明に，生徒たちは信じられないといった様子でどよめいた。

続いて，西村教諭は，「幸せホルモンが出てるから，黄色・赤の時に我慢してしまう。で，青の時に『やっぱり私，愛されてるねんや』と

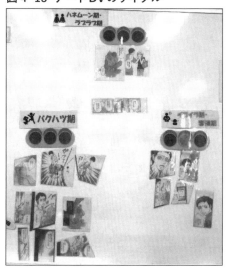

図4-13 デートDVのサイクル

思ってしまう」と解説した。次に，美奈が冷静な判断ができなくなり，言動が変わった場面はどこかと尋ね，「ごめん，リカたちと約束も断るし，他の男とも話さない」と，完全に支配された場面を確認した。「この後，この2人はどうなったでしょうか？　別れる？　別れない？」という質問に対し，多くの生徒が「別れない」方に挙手をした。

5．よいパートナーシップを築くために

　以上をふまえ，授業の最後には，このようなDVのサイクルに陥らないためのルールについて考えていった。西村教諭は，「人を好きになることっていうのは絶対いいことやと先生，思います。で，人を好きになったら，だれもがこんな感情を抱きます。やきもち。自分の好みにしたいな。独り占めしたい。離れたくない。こんな感情っていうのは誰もがもつ感情やと思います。やけれどもこの感情が出たら，その通り行動しますか？　皆さんは，パートナーを思い通りにするために行動しますか？　そしたらどうなるか。さっきの2人みたいになりますよね」と述べたうえで，「そうならないために，ルールを決めてください。よいパートナーシップを築くために，幸せのルール。各班で2つ書いてください」と指示した。

　生徒たちは，「常日頃，話しとことか」「なんでも平等にするでいいやん」などと相談しながら，配られた薄ピンク色の用紙に書き込んでいく。各グループで書かれた用紙をホワイトボードにハート形に貼る（第4章扉の右側の写真参照）と，西村教諭が読み上げていった。「『お互い相手の気持ちを考える』『言いたいことをしっかり言う』。まず，相手のことを考えるっていうのは絶対大事だね。それを明確に書いてくれたのがこれ。『客観視する』。いいですよね。さっき見てもらった漫画の中だったら，私たちは客観視してるから，おかしいなって言えるけれども，自分事になってしまったらちゃんと言えるかどうかだね。ほんでそのときに同じことになってるかもしれないって気づかないといけないし，そうならないように考えるっていうのが必要やな。『1人の時間をつくる』。必要かもしれないですね」と，生徒たちからのアイデアを肯定的に受け止めた。

　最後に，西村教諭は，次のように生徒たちに語りかけた。「パートナーをつくるっていうのは我慢することではありません。楽しいもんやねん。だから楽しいときは当然一緒に楽しんで，もし間違っていることがあったらちゃんと間違ってるって言ってあげる。それが正しいパートナーシップであると思うんです。だから支え合って助け合って，成長していってほしいと思ってます」「今日この授業なんですけど，皆さんがもしさっきの話の中のようなことがあったら，絶対に自分で解決できる力をもってください。『これ，おかしいわ』って自分の身を守る力をつけてください。さらにもしかしたら，周りにそういう子が出てくるかもしれません。そしたら，それはおかしいよって言って助けてあげられる人間になってほしい。それが絶対幸せになることだろうし，幸せを分け合うことだと思います。周りの人が幸せになり，そしてあなたたちも幸せな生活がこれからも送れるように，その願いをこめて今日の授業を終わりたいと思います」

生徒たちからの「ありがとうございました」の挨拶で，授業は締めくくられた。

3 生徒たちの感想

最後に，授業に寄せられた生徒たちの感想を紹介しよう。資料4-4に紹介している感想からは，生徒たちは，近い将来に自分たちが当事者となりうることとして受け止めた様子がうかがわれる。

愛着形成の脆弱さが人間関係の構築に与える影響は甚大であり，DVの授業をしたところで，悲しい恋愛にストップをかけられるとは到底思われない。しかし，いつか，心がしんどくなった時，だれかを傷つけてしまいそうな時，かすかに残る授業の記憶が少しでも助けとなってほしいと強く願っている。

資料4-4　生徒たちの感想

①だれかを好きになることはとても良いことだと思うけど，いぞんしすぎて相手の行動に制限をかけたり，暴力をしたりするのは違うと改めて思った。自分がもしDVされたら自分で解決できるようになろうと思ったし，身の回りでされている人がいたら助けてあげようと思った。

②束ばくは怖いと思った。しょう太みたいな人は絶対にいやだと感じた。デートDVされたら，すぐ色んな人に言いふらそうと決心した。幸せになるためにはお互いのことを信じあうことが一番大切だと思う！

③今日の授業を受けて，私は自分自身の気持ちをしっかりもって好きな人とすごしていくことが一番幸せにすごせる方法なのかなと考えられました。でももし自分が美奈さんの立場なら依存してしまうかもしれないという不安も出てきたので，たよれる友達にしっかり相談した方がいいなとも，改めて思えました！

④デートDVのサイクルに落ちないために，第三者の目線が改めて必要だと感じた。当事者の2人だけではなかなかそのサイクルに落ちてしまうと，させられる側としては支配されている状況でも愛情に感じてしまうのだと知ると，させる側，させられる側の両方になりたくないと強く思える授業だと思った。そしてとても勉強になる授業だと思った。

⑤彼女できることはないと思うけど，もしできたら今日の授業の内容を反面教師にしようと思う。

⑥お互いに愛し合うのと力で支配するのは，全く別物というのが改めて思えるような授業だった。ただ，話しを聞くだけの授業ではなく，班で話したり，手を動かしながらの授業だったので，話の内容が入りやすかった。

⑦後悔しない楽しい人生を送ろうと思った。暴力の種類やトラブルの名前など聞いたことのない言葉を知ることができた。もし自分や友達が同じ立場だったら今日学んだことをいかしたい。

（授業者：西村建一郎，原稿まとめ：西岡加名恵）

─| 注 |────────────────────────────────────

(1) この授業を開発するにあたっては，次の文献を参考にした。
伊田広行『ストップ! デートDV』解放出版社，2011年。
伊東明『恋愛依存症──苦しい恋から抜け出せない人たち』実業之日本社，2015年。
伊藤真『マンガでわかる刑法入門』ナツメ社，2017年。
同『マンガでわかる民法入門（第2版）』ナツメ社，2019年。
岩田誠『プロが教える脳のすべてがわかる本』ナツメ社，2011年。
上谷さくら・岸本学・Caho『おとめ六法』KADOKAWA，2020年。
中野信子『脳内麻薬──人間を支配する快楽物質ドーパミンの正体』幻冬舎，2014年。
日本DV防止・情報センター『デートDVってなに? Q&A──理解・支援・解決のために』解放出版社，2007年。
松元健二『図解でわかる14歳から知る人類の脳科学，その現在と未来』太田出版，2019年。
山口のり子『愛する，愛される（増補版）──デートDVをなくす・若者のためのレッスン7』梨の木舎，2017年。

第3節　社会の中の親子
—— 子ども虐待の事例から〔中学3年〕

1　実践の背景と学習の目標

　義務教育の最後，中学校3年生では，社会に目を向けていく。15歳であれば，抽象的思考が育ち，自身の生い立ちを俯瞰して見つめることができる。さらには，親の背景にまで想いを馳せることができる。そんな15歳を対象として，子ども虐待に真正面から向き合う実践を位置づけた[1]。

　田島中学校の3年生は規範意識が高く，授業にも真剣に向かっている。普段は，活発に活動し，生徒間のつながりも強い。一方で，学習に関しては苦手意識のある生徒が多く，授業になると構えてしまい，静かになってしまったり，間違うことを怖がり発言できなかったりすることがある。そういったところには自信のなさがうかがえる。

　本実践を行うにあたり，事前に次のような質問項目で構成されるアンケート（資料4-5）を実施した。なお，アンケートにおいて「身近な人」という表現を用いているのは，親ではない養育者に育てられている生徒もいることに配慮したものである。

　アンケートの回答からは，これまで育ててもらったことに心から感謝している一方で，成長とともに正義感が育っているからこそ沸いてくる身近な人への葛藤やストレスも感じている様子がうかがわれた。特に③については，少数ではあるが，少し心配になるような回答もあり，存在や人格を否定される経験に心を痛めている生徒もいることがわかる。しかし，幼い頃のように感情的になるのではなく，聞き流したり，自分でほどよい距離をとったりするなど，自分なりの対応力を身につけている様子もうかがわれた。

資料4-5　事前アンケート

> ① 自分を育ててくれている，身近な人に「ありがとう」と思えることはどんなことですか？
>
> ② 身近な大人からされたことで，腹が立ったり悲しかったりしたことはどんなことですか？
>
> ③ ②の中で「心の傷」になったり，絶対にしてほしくなかったりしたことはなんですか？
>
> ④ そんなとき，あなたはどんな行動をとりましたか？
>
> ⑤ 「子育て」と聞いて，大変だろうな，心配しているだろうな…と思うことがあれば想像して書いてみましょう。
> 　A 生まれてから小学校低学年くらいまで
> 　B 小学校中学年から6年生くらいまで
> 　C 中学校3年間

　一般的に，15歳という年齢は，「親」の肯定的な面と否定的な面を混乱させずに統合することが可能だとされている。相手の言動がおかしいと判断ができ，そのうえで相手の背景にまで思考を巡らせることができる。さらに，自身の人生と親の人生とは別だというこ

とも理解できる年齢である。

　そこで，義務教育が終了する中学3年生に最後に伝えたい「『生きる』教育」（性・生教育）として，「虐待の現状と連鎖を止めるためにできること」をテーマにした。具体的には次の2点を「学習の目標」とした。

⑴　養育者との関係が悪化した場合について考え，児童虐待の定義や，相談機関，法律，福祉制度など，子どもを守る社会システムについて知る。

⑵　事件や事例から，子どもに対し暴言や暴力といった言動をとってしまう背景や深層心理にせまり，その現状と連鎖を止めることができるような人とのつながり方，社会のあり方について考える。

　事前学習（2021年9月22日）では，大阪府子ども家庭サポーターの辻由起子先生をゲストティーチャーとして招き，「自分も相手も大切にする――幸せになるための授業」と題して，辻先生，そして辻先生が関わってきた女の子や親子の話を聞いた。19歳での予期せぬ妊娠，夫からのDV，わが子への虐待などの話を通して，自分のこともできないのに子どものお世話をする難しさや母親一人では子育ては非常に大変なこと，そして子どもを育てるためには適切なタイミングや知識とお金などが必要であることなど，「今だからわかる」子育てのポイントを知る機会となった。子どもの立場だけでなく親の視点で考えることで，「親子にも相性がある」という言葉に数人の生徒がうなずく姿や，泣き止まない子どもの動画に子育ての大変さを感じているようだった。

　以下では，辻先生の講演に続いて実践された10月8日の授業を紹介しよう。

②　授業の展開

1．導入──児童虐待の定義を確認する

　授業のはじめ，授業者の紙原大輔教諭は，次のように生徒たちに語りかけた。「『人生の勉強，15歳のみんなへ』ということで，辻先生がみんなに幸せになってほしいって言っていたのを覚えていますか？　私も同じ気持ちで，将来みんなが幸せだなって感じて生きてほしいので，そのためにどうしたらいいかなっていうのを，みんなで考えたり意見を出してもらったりしたいなと思います」

　続いて，「14歳，15歳の君たちですけれども，家でおうちの人とか，家だけじゃなくても身近な大人と衝突することってないでしょうか？」と問いかけ，親と子が対立・衝突することはあるけれども，ヒートアップして暴力などになれば社会の問題になると説明し，「今

表 4-1　虐待の種類

身体的虐待	殴る，蹴る，叩く，投げ落とす，激しく揺さぶる，やけどを負わせる，溺れさせる，首を絞める，縄などにより一室に拘束する　など
性的虐待	子どもへの性的行為，性的行為を見せる，性器を触る又は触らせる，ポルノグラフィの被写体にする　など
ネグレクト	家に閉じ込める，食事を与えない，ひどく不潔にする，自動車の中に放置する，重い病気になっても病院に連れて行かない　など
心理的虐待	言葉による脅し，無視，きょうだい間での差別的扱い，子どもの目の前で家族に対して暴力をふるう（ドメスティック・バイオレンス：DV），きょうだいに虐待行為を行う　など

厚生労働省「児童虐待の定義と現状」
https://www.mhlw.go.jp/stf/seisakunitsuite/bunya/kodomo/kodomo_kosodate/dv/about.html）（2022 年 8 月 1 日閲覧）

日のめあては，『社会の中にある親と子について考えよう』」だと確認した。

さらに，「たとえけんかしたとしても，大人としてそれだけは絶対やったらあかんやろうとか，この言葉だけは言ってはいけないとか，そういうことはどんなことか，ちょっと皆で考えてほしい」と指示した。生徒たちは，グループで，配付された吹き出しに書き込んでいく。その結果

図 4-14　虐待とは何かを確認する

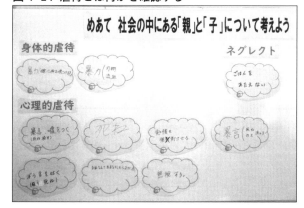

を全体で共有してみると，刃物などを使った「暴力」，「死ね」「お前なんて生まなかったら（ママ）よかった」といった「暴言」，ご飯を与えないといった考えが出てきた。続いて，「身体的虐待」「心理的虐待」「ネグレクト」「性的虐待」の定義を確認し（表 4-1），生徒たちが書いた吹き出しとの対応を示した（図 4-14）。さらに，「虐待」の件数が，15 年前には約 4 万件だったのが，2020 年には約 20 万件にのぼっていることを紹介した。

2．助けてくれる仕組み──法律，相談機関，福祉制度

続いて，子どもたちを守るための仕組みについての知識を提供する。紙原教諭は，まず，図 4-15 に示したようなクイズを交えつつ，児童福祉法では親が虐待した場合，家庭裁判所の判断で施設に預けるかどうかが決まること，児童虐待防止法では，虐待かもしれないと思われた時に通告してよいこと，本当は虐待されていなかったとしても罪に問われないことなどを説明していった。

また，虐待疑いの連絡があった場合，区役所，児童相談所，子ども相談センターなどの担当者が 48 時間以内に安全確認をすること，必要な場合には都道府県知事が判断して立ち

図4-15 法律についてクイズ形式で説明するスライド

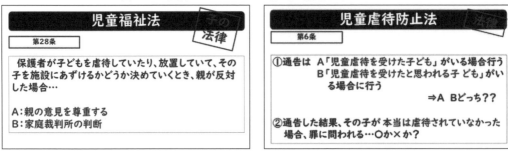

図4-16 相談・援助してくれる場所などを紹介するスライド（一部改変）

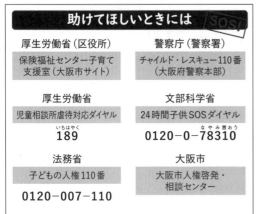

入り調査が行われること，それを拒否した場合は50万円の罰金がとられること，鍵を開ける際には警察と連携することなどを解説した。

　さらに，困ったときに相談する場所もあることを紹介する。電話やLINEで相談を受け付けてくれる窓口がたくさんあること，また，直接的に援助・保護してくれる場所としては，子ども相談センター，乳児院，児童養護施設，自立支援ホームがあることを説明した（図4-16）。

3．親の立場になってみよう──ケースの検討

　次に，ホワイトボードに「虐待　届かぬ子の叫び」という見出しの新聞記事（授業用に作成したもの）を指しつつ，実際には子どもたちを守り切れていない実態に目を向けさせた。「たとえば車の中で放置してしまって命を落としたとか，食事を与えなくて，暴力をふるっちゃってとか，たくさんのニュースがあります」「子を傷つけてしまって犯罪者になってしまった親について，皆，どんな印象を受ける？」と尋ねると，生徒たちからは「残念」「怖い」「何やってんのと感じる」といった発言が出された。

　紙原教諭は，「その気持ち，すごくわかります」と受け止めたうえで，「ちょっとここで

表 4-2 授業で検討した 3 つのケース

ケース 1：生後 3 か月の赤ちゃん。ミルクもあげた，オムツも変えた。熱もない。だけど泣き止まない赤ちゃん。夜も遅いし，近所迷惑と思われるかもしれない。泣き止んだと思ってもまたすぐに泣き出す。
ケース 2：小学校 2 年生。以前に叩いて泣かしてしまった子がいる。人を叩いたらあかんといつも言っているのに，同じ子をまた叩いて怪我をさせてしまった。相手の親は「またか」とすごく怒っている。謝りに行ったが，親の教育が悪いと言われた。
ケース 3：中学校 1 年生。家ではスマホやゲームばかり。勉強のことが気になって聞くが，「うるさい」「わかってる」「ちゃんとやってる」と言う。ところが，懇談で話を聞くと，全然できていないことがわかった。

皆に，子育ての『あるあるケース』みたいなのを考えてほしいなぁと思います」と投げかけつつ，表 4-2 に示した 3 つのケースを提示し，音読した。

さらに，生徒たちには，グループごとに割り当てられたケースについて，自分が親ならば「どういうふうに対応すればよいか」について話し合い，アイデアをメモ用紙に記入するように指示した。7 分ほどのグループワークののち，生徒たちからは，「なんで泣いているんだろうと原因を突き止める。たとえば体がかゆかったら見てあげたり」（ケース 1），「それをしたら，だれがどう傷つくか，一緒に考える。それをわかるまで話す」（ケース 2），「没収する，解約する」「怒る」「ご褒美をあげるからやってみたらと言う」（ケース 3）といったアイデアが出された。「それでも無理だったらどうする」とさらに教師が突っ込んで尋ねると，生徒たちは途方に暮れる様子を見せたが，最後に紙原教諭は，「色々考えてくれたね。ああでもないこうでもないって考えてくれた。すごくよかったと思います」と肯定的な言葉がけをした。

ここで，紙原教諭は，実際に虐待して子どもの命を奪ってしまった親の心理鑑定の知見を紹介した（図 4-17）。「事件を起こしてしまった犯罪者になってしまった人の気持ちを聞く仕事，心理鑑定をするという仕事があるんだけど，その人がどういう心境だったのかというのを見てもらいます」と伝えて，「完璧なお母さんになりたかった」「この子をきちんと育てなければ」「泣き声で自分が責められているような気持ちになる」「理想的な家庭

図 4-17 心理鑑定の知見に真剣に耳を傾ける生徒たち

を作ることを人生の目標にしていた」「そもそも親というものがわからなかった」「愛されることがわからない」「相談する相手がいなくて，いつも孤独だった」「相談をすることが苦手だった」「『こうしたらこうなる』と予測することが苦手だった」「相手の立場に立って考えるのが苦手だ」といった言葉をホワイトボードに貼りながら読み上げていった。なお，これらの言葉は，2010年西区虐待死事件，2014年厚木市5歳児衰弱死事件，2018年目黒区女児虐待死事件において西澤哲先生が行った心理鑑定の内容（書籍や講演で公開されているもの）を踏まえたものであるが，特定の事件を示すものではなく抽象化した表現で伝えるようにしている。

　さらに，紙原教諭自身が親として同じような心境になることを紹介した。また，「『愛されるということがわからない』ということは，そもそもしんどい状況だったんだなぁと思ったりね」と述べた。「はじめからさ，『殺してやろう』とか『ひどいことしてやろう』とか，そういうのじゃなくて，特別とかいうわけじゃなくて，すごく困って困って困り果てて，最終的にこういう悲惨なことになっちゃうとか，傷つけてしまう人もいる，どういうふうに繋がったのかなというふうに感じている」と語りかけた。

4. 社会をつくる一人として

　教室全体が重い空気に包まれたところで，紙原教諭は，「すごいしんどい，重たい気持ちやな。でも別にそんな気持ちにして終わるためにやっている授業じゃなくて，そうならないために，じゃあどうしていこうというのを皆で最後に考えていきたいなと思います。『こんな法律があったら，みんな幸せに，困らずに暮らせるんじゃないか』とか，『こんなものがあれば，便利なんじゃないですか』とか，『こんなことができれば，みんな幸せに暮らしやすいんじゃないか』というのを，皆，考えてほしい」と述べて，ワークシートの欄に書くように指示した。

　この時，すでに授業の終了時刻まで5分を残すばかりになっていたが，生徒たちは嫌がる様子もなく真剣に考え始めた。

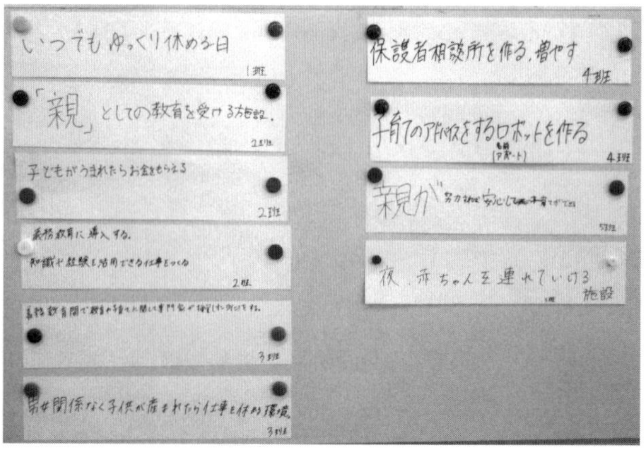

机の間を回ってきた教師に，「子どもが生まれるとき，病院に行かない例とかあるんですか」などと確認しつつ，「検査とか行くなら，そこで専門家が知識を教えたりしたら」などとアイデアを考える男子生徒もいた。

　その後，個々で考えたアイデアをグループ内で共有し，各グループで2つのアイデアを画用紙に書

図 4-18 各班から出されたアイデア

いて，ホワイトボードに提出した（図4-18）。各班からは，「疲れたりしたら，ゆっくり休める日がほしい」「親になってわからないことがあっても，それを子どもに当たってしまうことのないように親としての教育を受ける」「生まれたら，お金がもらえる，100万円」「授業や体験を導入する」「男女関係なく，子どもが生まれたら仕事を休める環境をつくる」「子育てアドバイスロボット『アボット』を作る」「夜，赤ちゃんを連れていける施設をつくる」といった提案が出された。

　紙原教諭は，「すごいなぁと思います。よく考えてくれた。ありがとうございます」と述べたうえで，「こういう制度とかね，できたらいいなと思うんだけど，プラスでな，それでもやっぱり困ることが多分あると思う。その時，どうする？」と問いかけた。指名された2人の生徒は「自分なりにがんばってみる」「身近な人に相談してみる」と回答し，紙原教諭も「周りの人に助けてもらったりすることも，大切です」と強調した。

　最後に，紙原教諭が，「人は一人ではない，孤独ではないです。社会の中で生きています。色々なルールがあったり，法律とかがあったりします。友達とか助けてくれる人が必ずいるので，やっぱりそう思える世の中に，皆がそう思って幸せに生きてほしいなあということを伝えたくて，この授業をしました」というメッセージを伝えて，68分にわたった授業を締めくくった。

3 生徒たちの感想

　最後に，この授業を受けた生徒たちが書いた感想を紹介しよう。資料4-6に示しているのは，ワークシートの「 感想 　助けてくれるものや制度，法律などを活かしていくために，これからのあなたに必要なこと・必要な力だと思うことを書いてください。また，今日の授業を受けて，思ったこと・気づいたことなどを書いてください」という欄に書かれた内容である。なお，10月8日の授業で用いたワークシートでは感想を書く欄を設けていなかったため，資料4-6には同様の内容の授業を受けた他のクラスの生徒たちのものを示している。

　①②の感想は，どちらも「知る」ことの大切さを記している。また，「頼れる力」や周囲の「サポート」といった「共助」の大切さを実感した様子がうかがわれる。③④の感想では，親の立場に立って考える視点を得たことがわかる。⑤の「税金をたくさん払う」という言葉からは，「公助」の重要さへの気づきがうかがわれる。普段はやんちゃな生徒が，こんなにも深く考えてくれたのかと思うとうれしい。⑥の感想にもあるとおり，子どもたちが「心の底から笑って暮らせる」幸せな未来が実現されることを願っている。

①私が一番必要だと思うのは，「知ろうとすること」だと思います。知ろうとすれば，そういう子育て体験イベントや施設はたくさんあるし，そこに行くことで悩みも解決され，「これはこういう現象・時期だから仕方ない」と余裕も生まれると思います。そうすることで虐待へつながることも少なくなると思いました。他にも，ママ友や親に「頼れる力」もすごく大切だと思います。

②幸せに生きるために，子育てを助けてくれるサービスや，法律などを知ることが大切だと思う。何も知らないと，自分で全てを背負わなければいけないから。今日の授業を受けて，まずは虐待をしないということを決めた。だけど，もし周りに虐待をしてしまった人がいたら，その人のことをサポートしようと思った。

③親も理由があって手をあげてると思うから，お互い（子と親）がお互いの気持ちを考える。もし，周りの人が虐待してたら，その人の気持ちをきいてあげようと思う。

④大人になって子どもを授かって育てることは難しく，大変やなと思い，人に頼ることも必要だと思った。

⑤税金をたくさん払う。児童虐待をするのはいけないことだけれど，増えていっているのはとても悲しいことだと思う。自分もその中の一人にならないようにがんばる。

⑥反抗期，思春期の今の自分の気持ちを忘れずに，自分がもし親になったとき，子どもの気持ちをちょっとでもわかってあげたいと思った。子どもも，こういう学習をたくさんすることによって，親の気持ちがわかって良いんじゃないかと思う。幸せは人にとって感じかたは違うと思うけど，心の底から笑ってくらせるのが私にとって幸せだと思う。

（授業者：紙原大輔，原稿まとめ：西岡加名恵）

| 注 |

(1)　この授業を開発するにあたっては，次の文献を参照した。
　　『児童福祉六法　令和2年版』中央法規, 2019年。
　　白川美也子『トラウマのことがわかる本──生きづらさを軽くするためにできること』講談社, 2019年。
　　杉山春『児童虐待から考える　社会は家族に何を強いてきたか』朝日新聞出版, 2017年。
　　中央法規出版編集部『キーワードでわかる児童虐待防止法 ガイドブック』中央法規, 2020年。
　　西澤哲『子どものトラウマ』講談社, 1997年。
　　船戸優里『結愛へ──目黒区虐待死事件 母の獄中手記』小学館, 2020年。
　　宮口幸治『ケーキの切れない非行少年たち』新潮社, 2019年。

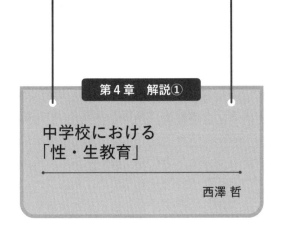

中学校における「性・生教育」

西澤 哲

···
1.「脳と心と体とわたし──思春期のトラウマとアタッチメント」について
···

　生野南小学校で「『生きる』教育」を学んだ子どもたちの大半が田島中学校で「性・生教育」の授業を受けることになる。そのため，小学校で既に学んだトラウマやDV，子ども虐待の問題をさらに深める授業内容となっている。また，小学校とは異なる点として，授業を受ける生徒が今まさに思春期という疾風怒濤の真っ只中にいるということがある。

思春期の理解

　中学1年生を対象とした「性・生教育」では，思春期の心理的混乱と，小学校ですでに学んだトラウマおよびトラウマに関連して生じやすいうつ病に関して，扁桃体や視床下部などの脳機能の活動や神経伝達物質の減少と結びつけて理解するという，脳科学の観点が盛り込まれている。このように，心理的な状態を脳機能と結びつけて理解することによって，子どもは自分が抱えている心理的な混乱や苦痛の原因の一つが，脳の成長とそれに伴う脳機能のアンバランスによるものだとの理解の枠組みを得ることになる。こうした理解の枠組みは，原因がわからない感情の不安定さを抱えた子ど

もにとって，少なくとも「正体」がわかるという点で意義深いといえよう。

トラウマとアタッチメント

　小学校の「『生きる』教育」で「『記憶』の周りの隙間」や「冷凍保存」された記憶として扱ったトラウマを，「性・生教育」でも再び「冷凍保存」された記憶として整理されている。その際，「氷が一瞬にして解凍」された場合にどのようなことが起こるかを子どもたちに問いかけ，心の傷が瞬時に現れて「今，地震が来てる」「今，怒られている」といった具合にトラウマとなった過去の体験を現時点で再体験することがあるという理解に結びつけている。これは，侵入性想起やフラッシュバックなどのトラウマ性症状の精神力動的な説明であり，小学校での学習内容をさらに発展させたものである。

　「『生きる』教育」でも用いられた「安全基地」はアタッチメント理論に由来する。安全基地とは，アタッチメント理論における主たる養育者を指す言葉である。子どもが養育者から離れて活動している時，時間の経過や何らかの出来事があって安心感が低減した場合に子どもは養育者に接近・接触するというアタッチメント行動を活性化させる。その結果，子どもは安心感を補給されて再び自身の活動に復帰できるといった理解から生まれた概念である。6年生では「思い出は心の安全基地に」というテーマでこの安全基地に言及し，自分を支えてくれる内的なリソースとしてこの概念を用いた。つまり，心の中から見守られているという心理状態である。それに対して中学

1年生では，ストレスが高じて強い怒りを感じた時にもたとえばだれかを殴るといった暴力行為や万引きなどの逸脱行為には至らないことを指摘し，それがこの安全基地が果たす「ストッパー」としての機能によるものだという理解を提示している。すなわち，心の中の安全基地に「見られている」といった感じである。

授業では，ストレスが高じても上記のような暴力行為や逸脱行為に至らない理由をテーマに，子どもたちのグループワークが展開された。子どもたちが示した理由の中に，「親」「家族に迷惑」「友達」などの記述があったが，これは上述の安全基地に「見られている」という感覚に言及したものであるといえよう。また，子どもが提示した理由には「罪悪感が残るから」といった，より抽象的な概念に言及したものもあった。罪悪感は，人を反社会的行為などに向かわせないための極めて重要な心理的反応である。罪悪感は，自分が行った行為が他者に被害を与えたことを認識するという認知機能と，他者が被った痛みを自分自身のこととして感じる共感性という2つの心理過程が重なって生じるものである[1]。そして，共感性にはアタッチメントが関与していると考えられる。すなわち，罪悪を感じることができるためには，健康的なアタッチメントの形成が必要となるのだ。

アタッチメント理論を構築したボウルビィ[2]は，アタッチメント形成のプロセスをアタッチメント行動の形成，内的ワーキングモデルの形成，および目標修正的パートナーシップの形成に分けて論じた。アタッチメント行動の形成とは，子どもが不安定な情動となった場合にアタッチメント対象である養育者に接近・接触し，養育者との関係によって安定状態を回復するというアタッチメント行動が適切に生じるようになることを指す。それに続く内的ワーキングモデルの形成とは，自己像と養育者の像，および両者の関係性（自己が不安定になった際には養育者が自己の安定化を助けてくれるという関係性）からなる内的なイメージの形成を意味する。そして，目標修正的パートナーシップとは，子どもがアタッチメント行動を活性化させ養育者への接近を試みた際に子どもが接近した場所に養育者が不在であった場合，子どもが養育者の意図や行動を推測して接近する場所を修正し，その推測が適切であった場合にはアタッチメント行動が適切に行われるといった関係性を意味する。筆者は，この目標修正的パートナーシップの形成が共感性と関連していると考えている。

これまでの研究は，共感性が3つの下位因子から構成されることを示している。その因子の一つに，ある状況を一人称，すなわち自分の視点からではなく，二人称や三人称といった他者の視点で見るという『視点獲得』がある。先述の目標修正的パートナーシップにおいて，子どもが期待した場所に養育者がいなかった場合に，養育者の行動を予測して接近目標を修正すると述べたが，これは，子どもが，たとえば母親に会えないという状況で「この時間ならお母さんは夕食の買い物に行っているかもしれない」と母親の行動を推測し，母親に接近・接触するためにスーパーに母親を探しに行くことを意味する。すなわち，母親に会え

ないという事態を「会いたいのにお母さんがいない」という一人称の視点ではなく、「この時間ならお母さんは…」といった具合に母親の視点で考えることを意味する。筆者は，これが視点獲得につながると考えている。したがって，アタッチメントの形成不全が共感性の重要な要素である視点獲得を妨げ，その結果，罪悪を感じる能力に問題をもたらす可能性が生じるわけである。このように，授業で扱われたストッパーとしての安全基地はアタッチメントと関連しているといえるのだ。

2.「リアルデートDV──支配と依存のメカニズム」について

依存，支配，暴力

　中学2年生の授業では，子どもたちに身近な漫画を活用してデートDVの問題を扱っている。子どもたちは小学5年生で既にデートDVについて学んでおり，中学校では，DVの類型やDVに関する法律などを含め，学びを深めるという構成となっている。第1章では，親密さと暴力の関係を中心にDVの発生に関する心理状態を解説したが，ここでは支配および依存と暴力の関係について述べる。

　子ども虐待死亡事例の分析を行ったレイダーとダンカン[3]は，子どもを不適切な行為で死に至らしめた親に共通する心理状態の特徴としてケア葛藤とコントロール葛藤という，子どもの頃からの未解決の葛藤を見いだした。ケア葛藤とは，幼少期に虐待やネグレクトを受けて依存・愛情欲求が適切に満たされなかった人が，成長後にケア

を希求しつつ，一方でケアを受けることに拒否感や嫌悪感を抱くという葛藤を意味する。ケア葛藤を抱えた人は他者に強く依存しつつ，一方では他者からのケアに対して拒否的，攻撃的になるといった混乱した対人関係行動を示す傾向がある。また，コントロール葛藤とは，幼少期に不適切な養育を受けた結果，強い無力感や無能力感を抱えるようになり，成長後にその無力感などを補償しようとして他者をコントロール（支配）しようとする欲求を持つ一方で，自身は他者からコントロールされることに強い不安や恐怖を覚えることを意味する。このようにレイダーとダンカンは，ケア（依存欲求の満足）とコントロールをめぐる心理的な葛藤状態が暴力と関わっていることを示したわけである。これらは，親から子どもへの暴力を生じる心理状態であるが，筆者はDVの場合も同様であると考えている。DV関係では，第1章解説①で述べたように，期待する親密さが得られない場合に暴力が出現すると考えられるが，これはケア葛藤に関連した現象であるといえる。また，本授業でも「デートDVっていうのは，相手をコントロールしたり，自分のモノとして扱ったりしてしまう，交際相手に対する暴力です」と，暴力を生む心理としてコントロール欲求が指摘されている。こうしたコントロール欲求は，不適切な被養育経験に由来する無力感を背景としたコントロール葛藤であると考えられるわけである。

DVのサイクル

　授業では，DVには「イライラ期：緊張期」「爆発期」「ハネムーン期：ラブラブ期」と

いう3つの相があり，それがサイクルとなって繰り返されるという，いわゆるDVの3相サイクルを解説している。この3相サイクルは，レノア・ウォーカーが提示した暴力のサイクル理論に基づくものである[4]。多くの場合，男性がパートナーである女性に対して些細なことで不満を持ち苛立ちを募らせていくのが緊張の「蓄積期」であり，その苛立ちなどが怒りとして爆発し，男性から女性への激しい暴力が生じる暴力の「爆発期」がそれに続く。暴力の爆発的な表現によって男性の怒りが低減し，女性を介抱し慰撫するのが「ハネムーン期」である。このハネムーン期で，男性は「もう二度と暴力は振るわない」と約束したり，「お前のことを本当に大切に思っているからこそこんなことをしてしまったんだ」と暴力の原因が愛情であると述べたりするため，女性はその言葉を信じ，あるいは男性が変わってくれることを期待して関係を維持すると考えられている。この暴力サイクル理論に関しては，研究方法や米国と日本の文化差などの問題点を指摘する専門家はいるものの，こうした特徴が見られるDVの事例は日本社会でも見られるため，子どもたちが将来のパートナーシップを考えるうえでは一つの知識として有用であろう。

3.「社会の中の親子——子ども虐待の事例から」について

　中学3年生を対象としたこの授業は小学6年生の「『生きる』教育」の延長線上に位置づけられており，子ども虐待の問題に焦点を合わせたものとなっている。

　授業では虐待の4類型を整理したうえで，児童福祉法と児童虐待防止法 という関連する法律および児童相談所など援助・支援機関の説明がなされている。次に，新聞報道を活用しながら，実際の虐待事例を提示して子どもたちに感想を述べてもらっている。子どもたちは，この段階では「怖い」「何やってんの」といった率直な感想を述べている。その後，授業では，親が子どもとの関係で困難を感じる3つの場面を提示し，子どもたちに「自分が親ならばどういうふうに対応すればよいか」と問いかける。子どもたちはグループワークによってさまざまなアイデアを提示する。教師は子どもたちのアイデアを受容的に聴きながらも，子どもたちのアイデアが「無理だったらどうする」とさらに考えを深めるよう促し，子どもたちは当然ながら答えに窮した状態となっている。

　授業では筆者が担当した，2010年に大阪市西区で発生した2人の幼児のネグレクト死事例，神奈川県厚木市で2014年に発覚した父子家庭の5歳の男の子の衰弱死事例，および2018年に東京都目黒区で発生した継父の暴力による5歳の女の子の死亡事例の心理鑑定の内容を抽象化した資料が子どもたちに提示された。筆者は子どもを死に至らしめる親の心理などを理解するという，虐待臨床の専門家としての責務を果たすことを目的に心理鑑定の業務に取り組んできた。心理鑑定を通して，筆者は深刻な虐待行為に至る親の心理社会的な特徴について多くを学ぶことができた。こうした知見は，本来，広く社会に共有されるべきだと考えている。しかし，個人情報保護や

守秘義務という制約があるため，筆者が得た知見を社会に還元することはできていない。そのため，すでに公開されている情報など，守秘義務に抵触しない範囲で情報発信を行ってきた。それでも，中学生がこうした悲惨な現実をどのように受け止めるのか，不安であった。しかし，授業のグループワークで子どもたちが提示したアイデアを見ると筆者の不安は杞憂であったように思われる。一例を挙げると「保護者相談所を作る，増やす」というのは正鵠を射たものであり，児童相談所の機能の再編として取り組むべき課題である。また，「男女関係なく子どもが産まれたら仕事を休める環境」は，未だ性別役割分業という価値観が優勢な日本社会では早急に取り組むべき課題であるといえよう。そして何よりも，「親としての教育を受ける施設」というアイデアは「『生きる』教育」や「性・性教育」を，子どもたちが有意義なものとして受け止めたことを示唆しているように思われるのだ。

| 注 |

⑴　Hoffman, M. L., *Empathy and Moral Development: Implication for caring and Justice.* Cambridge, Cambridge University Press, 2000.

⑵　Bowlby, J., *Attachment and Loss, vol. 1: Attachment,* New York, Basic Books, 1969. ジョン・ボウルビィ（黒田実郎，大羽蓁ら訳）『新版 母子関係の理論I──愛着行動』岩崎学術出版社，1991年。
　　Bowlby, J., *Attachment and Loss, vol. 2: Separation,* New York, Basic Books, 1973. ジョン・ボウルビィ（黒田実郎，岡田洋子ら訳）『新版 母子関係の理論II──分離不安』岩崎学術出版社，1991年。
　　Bowlby, J., *Attachment and Loss, vol. 3: Loss,* New York, Basic Books, 1980. ジョン・ボウルビィ（黒田実郎，吉田恒子ら訳）『新版 母子関係の理論III──対象喪失』岩崎学術出版社，1991年。

⑶　Reder, P. and Duncan, S., *Lost Innocents: A follow-up study of fatal child abuse.* London, Routledge, 1999. ピーター・レイダー，シルヴィア・ダンカン（小林美智子，西澤哲監訳）『子どもが虐待で死ぬとき──虐待死亡事例の分析』明石書店，2005年。

⑷　Walker, L. E., *The Battered Women.* New York, NY, Harper & Low, 1979. レノア・E. ウォーカー（齋藤学監訳）『バタードウーマン──虐待される妻たち』金剛出版，1997年。

生野南小, 田島中の実践の価値が高い理由
—— 性教育の観点から

竹内和雄

生野南小, 田島中の実践は, 非常に高い価値がある。ここでは性教育の観点から, その理由を「社会背景」「実践の特徴」「今後の方向性」の3つの側面で記載する。

1. 社会背景

学校現場での性教育の位置づけは難しい。特に思春期の子どもたちを扱う中学校や高等学校では, 指導場面の多くが性にまつわる課題である。

政府の調査結果から
〈厚生労働省の調査結果〉

図4-19は, 厚生労働省の2つの調査[1]を筆者がまとめた「人工妊娠中絶件数」である。2003年から2019年で, 大幅に減少しているとはいえ, 2019年の18歳以下の人工妊娠中絶件数の合計は, 7238件である。

ちなみに厚生労働省の別の調査によると2019年度, 母の年齢別「出生数」は, 19歳以下は7782人[2]である。「人工中絶」が18歳以下,「出生数」が19歳以下と, 異なっているため, 断定的な書き方はできないが, これらの数値から中学生や高校生年代で妊娠した場合, 人工中絶と出産はほぼ同じ割合だということがわかる。しかもその合計が, 年間約15,000件もある。私は長く学校現場や教育行政に勤務してきたが, 人工中絶にしても出産するにしても, 生徒に与える苦労や苦悩は計り知れないことを目の当たりにしてきた。この数字のもつ意味は重い。

〈文部科学省の調査結果〉

文部科学省は, 2015年度と2016年度の2年間, 生徒の妊娠, 出産等について調査[3]

図4-19 人工妊娠中絶件数

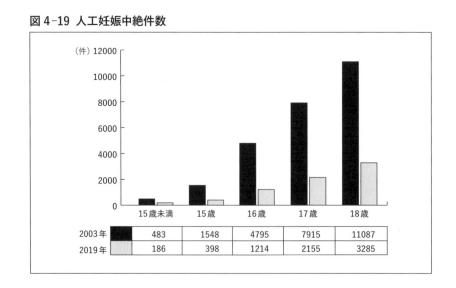

	15歳未満	15歳	16歳	17歳	18歳
2003年	483	1548	4795	7915	11087
2019年	186	398	1214	2155	3285

図 4-20 妊娠した生徒の在籍状況

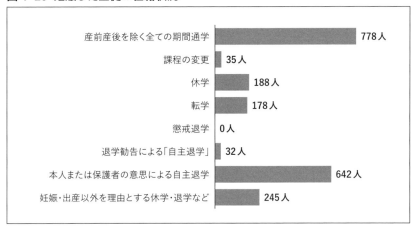

産前産後を除く全ての期間通学	778人
課程の変更	35人
休学	188人
転学	178人
懲戒退学	0人
退学勧告による「自主退学」	32人
本人または保護者の意思による自主退学	642人
妊娠・出産以外を理由とする休学・退学など	245人

している。同調査によると，高校が生徒の妊娠を確認した件数は，2年間で全日制と定時制を合わせて2098件である。図4-20は同資料から妊娠した生徒の在籍状況をまとめたものだが，「本人または保護者の意思による自主退学」が642件，退学を勧めた結果としての「自主退学」が32件であった。高校が把握した2098件のうち，産前産後を除いて全期間通学した生徒は約4割の778人。それ以外は，退学，休学，転学等をしている。

ちなみに厚生労働省のデータでは，2015年と2016年の15〜17歳の人工妊娠中絶は9,950件と文部科学省の数字の4倍以上である。

〈2つの調査の結果から〉

文部科学省と厚生労働省の調査結果は一致しない。もちろん高校全日制，定時制以外の進路を選択した者もいるが，それだけではこの差は説明できない。高校が把握していないケースや，退学理由を「自己都合」にしているケースなど，悲しいケースが考えられる。

2つの結果から，妊娠した生徒の辛い状況を想像するのは難しくない。望まれない妊娠を防ぐ意味でも，今回の実践は注目されるべきである。

「性教育」が社会問題になった例
〈養護学校での性教育〉

2000年頃，関東の養護学校で，知的障害をもつ児童に対して行った性教育が不適切として，教育委員会が学校長と教職員を厳重注意処分としている（のちに元校長らが訴訟し最高裁で勝訴[4]）。この養護学校では，生徒同士の性的関係が発覚し，教員と保護者が協議を重ね知的障害をもつ児童に対する同校独自の性教育プログラムを開発した。「こころとからだの学習」と名づけられたこの授業は男性器と女性器の部位や名称を織り込んだ歌や人形を使った授業方法で注目を集め，同様の悩みをもつ他地域の養護学校からの研修も積極的に受け入れていた。

〈中学校での性教育〉

2018年，東京都の中学校で行われた性

教育を，学習指導要領に照らして不適切だとして，東京都教育委員会が区教育委員会を指導している。朝日新聞[5]によると，「性交」「避妊」「人工妊娠中絶」等の言葉が中学の保健体育の学習指導要領には記されていないので，「高校で教える内容だ。中学校の発達段階に応じておらず，不適切」とされたという。

〈タブー視される「性教育」〉

このように裁判になったり，新聞紙上で扱われたりすることは珍しいが，このような内容を指導するときに起きる障壁は大きい。学校や教育委員会等の教育界だけでなく，地域社会にもさまざまな考え方や指向性がある。私自身が最近参観した小学校の性教育では，「おしべとめしべ」を導入に使っていた。違和感をもったので，討議会の後に授業者に聞くと，「人形を使った指導を当初は考えていたが，先輩教員からの強い指導が入り，『性教育の流儀』として，おしめとめしべを使わざるをえなかった」とこっそり話してくださった。

このような問題を指導していく必要性は，多くの教職員が感じているが，タブー視されてきただけに手つかずの領域であった。

文部科学省「生命の安全教育」

文部科学省は，2020年「『性犯罪・性暴力対策強化のための関係府省会議』において，『性犯罪・性暴力対策の強化の方針』が決定されました。この方針を踏まえ，文部科学省では，子供たちが性暴力の加害者や被害者，傍観者にならないよう，教育・啓発活動の充実，学校等で相談を受ける体制の強化，わいせつ行為をした教員等の厳

正な処分，社会全体への啓発等について，関係府省とも連携を図りながら，取組を強化してまいります」[6]と性犯罪・性暴力対策の強化の方針を示している。2021年，文部科学省は「生命（いのち）の安全教育」を始めた。かなり踏み込んだ内容で，「指導の手引き」[7]には，本書第1章で扱っている「プライベートゾーン」や，「デートDV」「SNSのリスク」などを題材例として示している。

2．実践の特徴

学校での「性教育」の可能性

今回の実践では，「デート」「お泊り」「キス」など，これまで学校の指導では使ってこなかった用語を使っている。私は「デートDV」「SNS」などの授業に関わったが，第1章の授業で女子児童が「こんな男とは別れた方がいい」と発言した。その言葉に他の児童が頷いていたシーンが印象的であったが，小野太恵子先生が「どうしてそう思うの？」と聞くと，「その男は愛してないと思う。愛してたらそんなことせえへん」と答えた。授業で「別れる」「愛」という言葉を小学生が語り，教師が「なるほど」と答える場面に「これからの学校」を感じた。

今日的な課題に正面から向き合った実践

本実践は，文部科学省が「生命（いのち）の安全教育」で示している内容のさらに少し先を行っているように私は感じている。特に今日的課題を，子どもたちにわかるよ

うにかみ砕いて提示している点が秀逸である。

　LINEやInstagramの事例等，子どもたちに身近な内容を提示し，さらに子どもたちに，日常的に使っている言葉や感覚で授業に参加するよう仕向けている。ともすればこういう授業では，前提として使ってよい言葉や落としどころが指導者にも子どもにもある程度，共通認識として共有されているが，今回の実践の場合は，どちらも自分の言葉，感覚で授業にのぞむことができている。授業の中で，教諭はカップルが別れるかどうかを質問しているが，そもそも学校教育で，カップルの交際について取り上げることがこれまでほぼなかったことを指摘しておきたい。

　また，小学生も高学年になると自分のスマホを所持するようになる。さらにGIGAスクールのなかで1人1台端末が配付されている。インターネットには，目を覆うような性情報が氾濫している。私たちが教える以前に，子どもたちは多くの性情報をもっている。そう考えると，この取り組みは非常に今日的で，急務である。

3．今後の方向性

　私たちの社会は「男尊女卑」「家父長制」「男女七歳にして席を同じうせず」といった言葉に代表されるような男女観に裏打ちされた教育をこれまで行ってきた。試行錯誤を繰り返して，この国の新しい時代に適合した教育のあり方を模索していかなければならない。この実践は，その試行錯誤の1つであり，本書もその過程に位置する重要な出版物である。今回の実践はまだ特別なもので，どの学校でも，どの教員でも気軽にできる種類のものではない。だからこそ今回の実践に価値があるのだが，生野南小，田島中やその周辺の方々には，どこでも追試可能な提案方法を検討してほしい。

　さらに大阪市では，2019年に小6女児がSNSで知り合った成人男性に誘拐された事件が起きている。今後、この種の問題への対応の重要性はますます高まっていくことが予想される。

　さらなる実践の深化、普及に期待したい。

| 注 |

⑴　「平成19年度保健・衛生行政業務報告（衛生行政報告例）結果の概況」厚生労働省，2008年。
　　https://www.mhlw.go.jp/toukei/saikin/hw/eisei/07/kekka5.html（2022年8月1日閲覧）
　　「令和元年度衛生行政報告例の概況」厚生労働省，2021年。
　　https://www.mhlw.go.jp/toukei/saikin/hw/eisei_houkoku/19/dl/kekka6.pdf（同上閲覧）
⑵　「令和2年（2020）人口動態統計（各定数）の概況『第4表 母の年齢（5歳階級）・出生順位別にみた出生数』」厚生労働省，
　　2022年。https://www.mhlw.go.jp/toukei/saikin/hw/jinkou/kakutei20/dl/08_h4.pdf（同上閲覧）から算出。
⑶　「公立の高等学校（全日制及び定時制）における妊娠を理由とした退学に係る実態把握結果」文部科学省，2018年。
　　https://www.mext.go.jp/a_menu/shotou/seitoshidou/__icsFiles/afieldfile/2018/11/16/1411217_001_1.pdf（同上閲覧）
⑷　「養護学校の性教育批判，都などの敗訴確定」日本経済新聞，2013年11月29日。
　　https://www.nikkei.com/article/DGXNASDG29053_Z21C13A1CR8000/（同上閲覧）
⑸　「性教育授業を都議が問題視，都教委指導へ 区教委は反論」朝日新聞，2018年3月23日。
　　https://www.asahi.com/articles/ASL3Q74RPL3QUTIL08G.html
⑹　「性犯罪・性暴力対策の強化について」文部科学省，2020年。
　　https://www.mext.go.jp/a_menu/danjo/anzen/index.html（同上閲覧）
⑺　「生命の安全教育 指導の手引き」文部科学省，2021年。
　　https://www.mext.go.jp/content/20210416-mxt_kyousei02-000014005_7.pdf（同上閲覧）

実践を振り返って

中学1年「脳と心と体とわたし」

田中 梓

「疾風怒濤」という言葉通りの思春期を駆け抜けている生徒たちが，時々心の調子を崩して保健室に来室します。「なんかしんどい」「わからん」——そんな言葉を呟く生徒が，その理由や根拠にたどり着くと，前向きな姿になるのが印象的です。だれにも語ることができなかった自分の心の傷を友達や先生たちとともに考え，一人で孤独に耐え忍ばなくてもいいと感じてくれていたらと願うばかりです。思春期の揺れが生きづらさに容易につながってしまう時期だからこそ，生きていくための知識と価値観が少しでも自分を支える力になれば，と考えています。そして，学校に対する安心感，信頼感が高まることによって，シビアな話でも相談してくれるようにもなりました。思春期を健康に，そして生徒たちが自己確立するための伴走者でありたいと改めて感じています。

中学2年「リアルデートDV」

西村建一郎

この授業を行い，一番に思うことは「やってよかった」です。日本中の子どもたちはさまざまな環境で，さまざまな考え方をもって生活しています。見て，聞いて，感じてきたことは一人ひとりが違います。ある人は「それくらいはいいんちゃう」と思いますが，あ

る人は「それはアカンやろ」と思うかもしれません。しかし，DVのような社会問題はみんなが共通認識して，「絶対にアカン」ことと知らなければいけません。知らない，わからないから声をあげられないのではダメなんです。授業で学び，知ることで未然に防止できるかもしれませんし，そうなってしまったときに早急な対応ができるかもしれません。加害者も被害者もいなくなることを願っています。ありがとうございました。

中学3年「社会の中の親子」

紙原大輔

被虐待の当事者がいる中，「授業でだれも傷つけてはいけない」ということを念頭に，生野南小・小野太恵子教諭をはじめ，たくさんの方に助言いただいて授業を行いました。それでも，授業中は怖さが常に頭にありました。しかし，生徒たちの反応は想像と違い，虐待はいけないということを前提にしたうえで，親の心境を十分に理解し，そして前向きに授業に取り組んでくれました。親の目線と子の目線，両方の視点で，将来のことだけでなく思春期の今の親子関係についても考えることができる，中学生の「力」を改めて感じました。将来，自分でがんばってもしんどくなったら，抱え込まず身近な人に相談したり，上手に制度を活用したりすることが頭に浮かんでくれればうれしいと思います。

虐待の連鎖を断ち切るために教育現場ができること

「『生きる』教育」の授業風景（5年生）

　生野南小学校の「『生きる』教育」，ならびに田島中学校の「性・生教育」を開発するにあたって基盤となる知見を提供してくださったのが，トラウマを研究されている西澤哲先生だった。とりわけ「子どもの心に棲む『人』になる」「まず，『今』を輝かせること」「人でできた傷は，人で癒される」といった「西澤先生語録」は，実践づくりの確かな指針となるものであった。

　終章では，西澤先生に，虐待が子どもに与える影響や，不適切な養育と発達障害の関係について解説していただくとともに，虐待の連鎖を断つために教育現場に求められることについて，ご提案いただこう。

虐待の連鎖を断ち切るには

　子ども虐待の問題に取り組む日本で唯一の学会に日本子ども虐待防止学会（JaSPCAN）があるが，その前身である日本子どもの虐待防止研究会が1994年に設立された際，国際子ども虐待防止学会（ISPCAN）の主要なメンバーから，JaSPCANの活動方針に関してさまざまなアドバイスが寄せられた。その中の一つに，「虐待の世代間連鎖を断つこと」というものがあった。筆者は，当時のISPCAN会長であったリチャード・クルーグマン（R. Krugman）氏に，世代間連鎖を断つためにはどのような支援が有効だと思うかと尋ねた。当時の筆者は，子どもを虐待してしまう親への心理療法に取り組んでおり，親への心理的な治療に関するヒントを得たいという思いからこの質問を発した。しかし，クルーグマン氏の答えは筆者が期待するものとは全く異なっていた。彼は「虐待を受けている子どもたちを早期に保護をして適切な養育環境や心理的なケアを提供し，社会が一丸となって彼らが子どもを虐待しない親に育つ仕組みを作ることだ」と答えたのだ。虐待傾向のある親への治療の前に，まず，子どもたちが健全な大人に育つような環境を整えること。遠回りのように見えてこれこそが虐待の連鎖を断つための王道なのだと，改めて認識させられた。

　このアドバイスからすでに約30年が経過した。この間に，私たちの社会は，虐待やネグレクトを受けた子どもたちが健康的な大人に成長できるような社会になったであろうか。答えは否であろう。虐待の通告件数は年々増加し，虐待死亡事例の報道も後を絶たない。子どもを虐待やネグレクトで死に至らしめた親は，ほとんど例外なく不適切な養育を受けて育っている。たしかに，1990年代と比べて，児童虐待防止法の制定や児童福祉法の改正など，子ども虐待の問題への対応の取り組みは向上したといえる。しかし，上記のアドバイスにあった「社会が一丸となって」という点はどうだろうか。残念ながら，子ども虐待の問題への対応は，子ども家庭福祉や母子保健など一部の専門領域に委ねられており，社会全体が取り組んでいるという状態にはなっていない。

　こうした状況を打開するための方策の一つが，日本社会の子どものほぼ全てが所属する小学校や中学校などの教育機関での取り組みであろう。本書は，そうした試みの一つとして実施された教育実践の報告である。そして，本書の終章である本章では，教師など子どもに関わる大人たちが，子どもが虐待を受けている可能性があることを的確に認識し，子どもの示す「問題行動」と不適切な養育の関連を適切に理解するために知っておくべき知識として，不適切な養育が子どもに与える対人関係上および行動上の特徴を整理する。そのうえで，さらに教育現場が果たせる可能性のある役割に関して述べていきたい。

虐待が子どもの対人関係および
自己調節に与える影響

　子どもと関わる教師などの専門職には，子どもが虐待を受けている可能性を適切に認識することが求められる。そのためには，子どもが呈するさまざまな問題行動の背景に虐待などの不適切な養育環境が存在する可能性を検討する必要がある。そこで本稿では，まず，虐待やネグレクトを受けた子どもの対人関係の特徴と自己調節機能の問題を整理する。加えて，発達障害と不適切な養育環境の関係に関して述べる。というのは，近年，発達障害と診断される子どもの数が急増し，過剰診断ともいえる状況を呈しているためである。そのうえで，今後，教育現場が果たせる可能性がある役割として，治療的教育と子どもの心理的な葛藤に対する学校におけるアプローチの可能性について論じる。

　先述のように，日本社会で暮らしている子どもたちは，教育委員会が「一年以上居所不明児」と分類している子どもなど，よほど特殊な例外を除いてほぼ全員が小学校および中学校に所属している。また，学校は子どもたちにとって家庭に次いで長時間を過ごす場所である。虐待予防という観点で，こうした学校に期待される役割の一つが，子どもが虐待やネグレクト環境に置かれている可能性に気づくことであろう。

　2000年に制定された児童虐待防止法は，2004年の改正で，通告の対象を「児童虐待を受けた児童」から「児童虐待を受けたと思われる児童」に変更した。改正前には，子どもが虐待されている場面を目撃したり，子どもの体の傷や痣などが親の暴力によるものだと確認された場合に通告義務が生じた。それに対し，改正後は「虐待の事実が必ずしも明らかでなくても，一般の人の目から見れば主観的に児童虐待があったと思うであろうという場合であれば，通告義務が生じる」（厚生労働省雇用均等・児童家庭局長，2004年8月13日付通知）となった。また，同通知には，この通告対象の変更によって「児童虐待の防止に資することが期待される」と記されている。たしかに，改正前は，教師など子どもに関わる大人が子どもの体の傷などに気づき，「これ，どうしたの？」という質問に対して子どもが「お父さんにやられた」と答えるなどして，子どもが虐待を受けていることが確認されないと通告には至らなかった。子どもは，親からの暴力による受傷について口止めされていることもあり，また，口止めされていなくとも，子どもには親を守ろうとする自然な傾向があるため，傷に関する質問に「お父さんにやられた」などと答えることはほとんどない。したがって，子どもが虐待を受けているのではないかと強く疑いながらも，教師などは何もできないという状態にならざるを得なかった。その点，この改正によって通告対象が拡大し，通告を契機に支援が開始されることが期待できるようになった。しかし一方で「一般の人の目から見れば主観的に児童虐待があったと思うであろう」というのは，一体どのような状態なのかが問題となる。つまり，虐待を受けていることを「適切に疑う目」

が重要になるのだ。現に，適切に疑う目がないために重大な事態が発生するということがしばしば起こっている。たとえば，後に子どもが虐待で死亡するという重大な事態に至った事例で，学校からの通告によって児童相談所の児童福祉司や警察官が家庭に赴き，子どもの状況を確認していながらも保護に至らなかったという経緯が存在することが少なくない。こうした事例では，記者会見で，児童相談所所長の「子どもの体に痣や傷がなかったため虐待はないと判断した」との弁明をしばしば耳にする。子どもが虐待を受けているかどうかの判断を身体的な外傷の有無のみに依拠するというのは，上記の「適切に疑う目」がないということを意味する。

　虐待やネグレクトを受けていることを子ども自らが相談してくることは非常に稀である。その理由の一つは，上述のように，子どもには親を守ろうとする傾向があるためである。また，特に低年齢の子どもは，自分の身の周りで起こった出来事，特によくない出来事の原因が自分にあると認識する自己中心的認知傾向があるため，親からの暴力の原因が自分にあると考える傾向がある。「僕が悪い子だからお父さんは僕のことを叩いた」と認知する子どもは少なくない。そういう子どもにとって，「お父さんに叩かれた」と他者に報告するのは「自分は悪い子である」と喧伝することを意味するため，子どもは自ら虐待のことを開示する，すなわち打ち明けることは稀であると考えられる。

　このように，虐待の有無を身体的な外傷の存在や子どもの開示のみに依拠していては，子どもが不適切な養育環境に置かれていることを認識できなくなる。では，どのような場合に虐待の可能性を考えればよいのであろうか。そのためには，子どもの心理的・精神的状態，行動上の特徴，学習面での子どもの達成度や態度，体重や身長などの身体的成長の状況，衣類や身体などの全般的な清潔度など，子どもを総合的に観察し評価する必要がある。これらのうち，本章では，虐待を受けた子どもに観察されることが多い対人関係の特徴と自己調節の不全について概観する。

① 子どもの対人関係の特徴

　虐待を受けた子どもの対人関係の特徴として，「虐待的人間関係の再現性」と「無差別的アタッチメント傾向」および「支配－被支配を特徴とする対人関係」が指摘される。

1. 虐待的人間関係の再現性

　虐待的人間関係の再現性とは，親などの保護者から虐待を受けた子どものうち，特に被虐待体験がトラウマとなっている場合に観察される対人関係の特徴で，教師など親と同様の保護者的な立場で関わってくる大人に対して無意識のうちに挑発的な態度を示し，神経を逆撫でするような言動で大人に強い怒りを覚えさせ，時には大人から暴力を引き出してしまう傾向を指す。そのため，親から虐待された子どもが，たとえば学校で教師から不適

切な言動を向けられることになり，これを筆者は虐待的人間関係の再現性と呼んでいる[1]。
子どもがこうした対人関係上の特徴を示すのは，トラウマに備わった再現性という性質に
よるものだと考えられる[2]。だれしも，心の傷となるような体験をした場合，その出来事
を心の中で繰り返し反芻したり，友人などに何度もその体験の話をすることがあろう。そ
の体験をした当初はかなり情緒的に興奮した状態であったとしても，心の中で繰り返し反
芻したり友人に何度も話しているうちに次第に落ち着きを取り戻していることに気づかれ
るのではなかろうか。このように，心に傷を受けた場合，繰り返すこと，すなわち再現によっ
てその傷を癒そうとする心の働きが自然に生じるのだ。しかし，トラウマとなるような深
刻な傷の場合にはこの再現が有効に作用しない。本来は心の傷からの回復のための再現と
いう心の働きが，むしろ症状として固定化し継続することになる。そして，この再現性が
対人関係に現れた場合，虐待的人間関係の再現傾向として観察されると考えられるわけで
ある。このような再現性が子どもに観察された場合，子どもが暴力などの身体的虐待を受
けている可能性が非常に高いといえる。

2．無差別的アタッチメント傾向

　無差別的アタッチメント傾向とは，不適切な養育環境において健康的なアタッチメント
が形成されていないことに起因する「初対面の大人に対して誰彼なしに馴れ馴れしくベタ
ベタと接する」という過剰な社交性を指す。無差別的アタッチメント傾向は，特に幼児期
から小学校低学年の子どもに顕著に見られる。たとえば，児童養護施設などにおいて，学
生が実習生として施設にやってきた際，出会った直後にその実習生に抱っこを求めたり，
腕に絡みついたりする子どもがいる。その時の子どもの様子では，実習生に対して非常に
強い情緒的な結びつきをもっているかのように見えるのだが，その子は別の実習生に対し
ても同様の行動を示すことから，子どもの示す行動はその場限りのものであり，決して強
い結びつきがあるわけではないことがわかる。子どもにこうした過剰な社交性が観察され
た場合，子どものアタッチメントの形成が適切でない可能性が高い。そして，こうしたア
タッチメントの形成不全を引き起こした要因として虐待やネグレクトなどが推定されるわ
けである。

3．支配−被支配を特徴とする対人関係

　「支配−被支配を特徴とする対人関係」は，DV環境や深刻な身体的虐待が生じている養
育環境，すなわち力がものをいう環境への適応の結果として生じる。こうした対人関係上
の特徴を有する子どもは，自分よりも力の強いものに対しては追従的，迎合的となり，力の
弱いものに対しては支配的，威圧的になるという傾向を示す。このように，力が支配する環
境への適応の結果としてこうした対人関係上の特徴が生じるわけである。また，力の弱い
ものに対する支配性が，虐待環境において子どもが感じている無力感の補償として生じる

ことも少なくない。すなわち，暴力的な家庭環境がもたらす無力感を，子どもは学校で支配者として振る舞うことであがなおうとしているわけである。子どもにこうした特徴が見られる場合には，不適切な対人関係に子どもがさらされている可能性があると推測される。

2 自己調節の不全

1. 虐待と自己調節能力

　虐待は子どもの自己調節能力の形成に障害をもたらすことが多い[3]。自己調節能力とは「乱れた自分を整える能力」といえよう。この調節には，食や排泄，睡眠などの生理的な水準，悲しみや怒りなどの感情・感覚の水準，そして，行動や対人関係の水準などさまざまな水準のものが含まれる。ここでは，子どもたちに観察されやすい感情・感覚のレベルの調節の問題を例に挙げて述べていく。

　虐待を受けた子どもにしばしば観察されるのは，ほんの些細な刺激で激しい怒りを覚え，その怒りを爆発的に表現し，長時間にわたってわめき散らしたり，暴力行為や破壊的行為を繰り返すという状態である。これは，虐待経験によって子どもが自分の感情を抑圧するようになってしまい，その結果，否定的な感情や感覚を調整して安定化させるという能力が発達していないことによると考えられる。

2. 自己調節機能の萌芽

　乳児には自己調節能力は備わっていない。乳児は，不快な感覚状態に陥ると自身の力で快な状態に復帰することができず，泣くことによって不快であることを周囲に知らせる。乳児の泣き声を聞いた親などの大人は，乳児への声がけや身体的刺激，あるいは抱っこをして軽く体を揺らすなど「あやす」と呼ばれる行為によって乳児の安定化を図る。すなわち，調節能力が備わっていない乳児に対して大人が調節機能を提供するわけである。こうした大人の関わりは子どもの心に変化をもたらす。子どもが3歳頃になると，それまで長年にわたって大人が提供してきた感情・感覚の調整機能を，次第に子どもが自らの能力として内在化させ，一人で泣き止もうと努力するなど，大人の力を借りることなく「乱れた自分を整える」という状態が見られるようになる。筆者はこれを自己調節機能の萌芽と呼んでいる。

3. 自己調節機能の形成不全

　一般的な親子関係では，子どもが泣いたりぐずったりなど不安的な状態となった際に親が子どもの安定化を促進する関わりを続けることで，子どもは自己調節機能を獲得していく。しかし，親に虐待傾向がある場合にはそういった経過が生じにくくなる。虐待傾向を示す親は子どもの泣き声に耐性が低く強いストレスを感じる。こうした泣き声への耐性の低さ

から，親は，あやすなどして子どもが泣き止むのを助けるといった余裕がなく，力ずくでも子どもを泣き止ませようとする。泣いている乳児を怒鳴りつけたり，その頬を平手打ちするなどの暴力を振るってしまうのだ。その結果，子どもは泣くことが危険なことであると学習し，泣くことの要因になる否定的な感情や感覚を抑圧するようになる。こうした子どもは，大人の関わりによって否定的な感情や感覚が安定化するという経験を欠くことになる。その結果，自己調節機能が育まれる機会を奪われてしまう。そのために，6歳の子どもであっても，自己調節能力が育まれていないため，怒りや悲しみを感じたら，まるで乳児であるかのごとく大声で泣き喚くといった爆発的な表現となってしまうわけである。

　このように，不快な感情や感覚の調節不全から，子どもは怒りの爆発的表現や暴力行為，あるいは器物破損といった破壊的な行為を行うことがしばしばある。また，調節不全がセルフカットなどの自傷行為に結びつくこともある。自傷行為を行う子どもの中には，不快な感情や感覚の調整不能状態に陥った場合に体を切るなどして強い刺激を自らの体に与え，その強い刺激によって不快な感覚や感情を吹き飛ばそうとするものがいる。こうした子どもたちは，どんな場合に体を切るのかと尋ねられると「何かよくわからないけど，すっごく嫌な感じになってどうしようもなくなったとき」などと答える。また，切ったらどうなるのかとの質問に「嫌な感じがなくなってすきっとする」などと答えるものである。このように，子どもの自傷行為の背景に自己調節機能の不全があることは少なくない。

　怒りの爆発的な表出や，暴力行為や自傷行為などの自己調節機能の不全状態が観察される場合には，子どもが不適切な養育環境に置かれている可能性を十分に検討すべきである。

第3節　不適切な養育と発達障害

　近年，医療，福祉，教育などの領域で，発達障害と診断される子どもや，その疑いがあると指摘される子どもの数が急増している。筆者が関わっている児童養護施設の子どもの中にも，学校の担任教師などから発達障害の可能性があるため医療機関を受診するよう勧められるものが増えてきている。ここで注意しなければならないのは，本書の各章で見てきたように，虐待やネグレクトが子どもにトラウマやアタッチメント形成不全の問題をもたらすことが多いが，こうした問題に適切なケアを受けることなく成長した場合には，発達障害と類似した行動的特徴や心理的特徴を示すようになるという点である。

1　虐待とADHD

　発達障害の一つに注意欠陥・多動性障害（ADHD）がある。ADHDは，注意集中困難など

の不注意，常に身体を動かして落ち着かないなどの多動性，及びすぐに行動してしまうなどの衝動性という特徴がある。ADHDの原因は大脳前頭前野の機能不全や脳内の神経伝達物質の不足など生来性の問題であると考えられ，子どもの養育環境は無関係だとされている。しかし，虐待を経験してきた子どもは，自分を取り巻く環境には常に危険が存在している可能性があると感じ，刺激に対して敏感に反応するようになることがある。こうした子どもは，他の子どもに比べて環境内の刺激に過敏に反応し，その結果，多動性や衝動性の問題を抱えていると見られてしまう可能性がある。また，前節で述べたように，虐待は子どもの自己調節能力の形成を阻害するが，こうした自己調節の問題が注意という行動や衝動性のコントロールに現れた場合，ADHDと類似した特徴を呈すると考えられるわけである。

② アタッチメントの形成不全と自閉スペクトラム症

虐待やネグレクトを経験した子どもにその疑いがあるとされるもう一つの発達障害に，自閉スペクトラム症の一つであるアスペルガー障害がある。筆者は，アスペルガー障害の主たる特徴は共感性の形成不全であると考えている。アスペルガー障害の原因は明確になっていないものの，先天的な遺伝的要因等の存在が推測されている。しかし，共感性の形成不全は，アタッチメント形成不全の問題に由来すると捉えることが可能である。アタッチメント理論を構築したボウルビィは，アタッチメント形成の最終段階として「目標修正的パートナーシップ」(goal-corrected partnership)の形成を指摘しているが，これは，子どもが，母親などのアタッチメント対象の意図や目標を考慮に入れながら自分の行動を調節することを意味する。つまり，この段階に達した子どもは，母親などの行動の意図や考えを推測できるようになるわけである。これは，共感性の要素の一つである「視点取得」(他者の立場に立ってその人の感情等を考えること)と関連しているといえよう。すなわち，アタッチメントの形成不全によって目標修正的パートナーシップの形成に問題を抱えた子どもは，他者の立場に立って事態を認識するという視点取得が困難となり，その結果，共感性に問題があると考えられる可能性がある。こうした場合，子どもがアスペルガー障害を疑われることが少なくないように思われる。

③ 発達障害と成育歴・家族歴

前述のようにADHDやアスペルガー障害など発達障害の原因として先天的な遺伝的要因が推定されている。したがって，こうした発達障害の診断を確定するためには，その子どもの成育歴や養育環境が少なくとも平均的なもので，大きな問題がないことを確認する必要がある。しかし，現実には，虐待やネグレクト環境で育った子どもが発達障害の診断を受けることが少なくない。こうした診断は，子どもの養育環境の問題の過小評価につなが

り，家族や子どもに対する適切な支援の提供を阻害する可能性があるため，十分に注意する必要があるといえよう。

第4節　虐待の連鎖を断つために　教育現場に求められるもの

　本書の各章は，児童養護施設で生活する子どもや虐待やネグレクトなどの不適切な家庭環境に置かれた子どものトラウマやアタッチメント形成不全の問題にアプローチし，そうした困難から子どもの回復を促すことで虐待の連鎖を断ち切ろうとする教育実践の報告である。この試みの効果の評価は，生野南小学校や田島中学校の卒業生たちが成長し，子どもを育てるようになるまで待たねばならない。しかし，本書の序章で小野氏が述べているように，2011年当時には子どもたちの激しい暴力行為や器物破損等で荒れ果てた状態にあった小学校が，その後10年間をかけて再生を遂げたという事実は，この教育実践の有効性を示唆するといえよう。

　本節では，筆者が日頃，学校現場に期待している取り組みとして，子どもの学力の向上と子どもたちの心理的葛藤の理解および解決について述べる。後者に関しては，本来は子ども家庭福祉などが取り組むべき課題であって，学校にそれを求めるのは不適当だろう。学校現場にこうした無理難題ともいえる働きを求めざるを得ない背景として，一時保護や分離養育の提供などの子ども家庭福祉の問題を合わせて述べることにする。

　以下に述べる内容は，学校現場での臨床活動の経験のない筆者の，教育現場の現状に対する認識を欠いたものであり，的外れや暴論との誹りを免れないとも思う。しかし，虐待やネグレクトの問題は悪化の一途を辿っており，本書のテーマである「虐待の連鎖を断つため」には，教育や福祉，医療といった専門領域の垣根を越え，社会全体が総力を挙げて取り組む必要がある。それだけに学校に寄せられる期待は大きいと思われる。

1　治療的教育

　ここでは，知的障害のある子どもへの特別支援教育とは異なる，さまざまな事由で学力が知能水準に達していない子どもを対象とした治療的教育（remedial education）について述べる。

　虐待やネグレクトを受けて児童養護施設等で生活している子どもは低学力であることが多く，そのため高等学校以降の教育を受ける機会が得られず，その結果，将来に希望や目標をもてないといった状態に陥りがちである。また，将来に目標が見いだせないため，目

標の実現のために現在何かを努力するといった充実感のある生活を送ることが困難となり，刹那的な生活態度を示してしまう可能性がある。厚生労働省[4]によれば，児童養護施設で生活している子どもの約14％に知的障害が認められている。しかし，この調査における知的障害には，本来の先天的な知的障害のみではなく，不適切な養育環境の結果として生じた後天性の知的能力の問題が含まれていると考えられる。すなわち，虐待環境に置かれたことで常時，過覚醒状態となり，そのために脳の発達が阻害されたり，ネグレクト環境に置かれることによって脳の発達のために必要となる環境とのコミュニケーションが欠如し，その結果，本来の知的能力の発達が阻害された可能性がある。また，知能は正常であっても環境的に学習どころではないという場合も少なくない。このように，虐待やネグレクトの結果として学力の問題が生じる可能性は高い。そして，学力不足は，トラウマやアタッチメント形成不全の問題を抱えている子どもの人生をさらに困難なものとする。そのため，児童養護施設では，子どもの家庭学習に多くの時間とエネルギーを割かざるを得ない状態となっている。しかし，施設のケアワーカーは学力に関しては専門性をもたず，適切な学習支援は困難である。子どもの学力診断に基づいた個別的な治療的教育が学校で可能になれば，不適切な養育を受けた子どもにとって学校が果たす役割は大きなものとなるといえる。

　児童養護施設の子どもが将来に目標をもてなかったり，将来に向けて現在努力するということを困難にする要因の一つに，子ども家庭福祉の法制度的な問題が存在する。児童福祉法は，支援の対象となる子どもを原則18歳未満と定めている。そのため，子どもは高等学校の卒業と同時に支援対象から外れることになり，大学や短大等への進学はほぼ不可能である。たとえ将来に目標がもてたとしても，その実現のために大学等の高等教育が必要だとしたら目標を諦めざるを得なくなる。こうした法制度的な問題は，社会的養護自立支援事業等の設置によってある程度緩和され，高卒後に大学等に進学し，児童養護施設から通学する子どもの数は，徐々にではあるものの増加している。しかし，抜本的な解決のためには児童福祉法の年齢要件の改正が必要であろう。学校が治療的教育に取り組む際にはこれらの法制度的問題があることを十分に認識しておく必要がある。

２　在宅支援の必要性

　2020年度に全国の児童相談所が対応した虐待通告件数は初めて20万件を超えた。虐待統計が初めて公表された1990年度には全国の児童相談所が受けた通告件数は約1,000件であったことを考えると，その急増ぶりは明らかである。こうした虐待通告件数の急増は，日本社会の虐待対応能力をはるかに凌ぐ状態になっていると筆者は考えている。というのは，通告件数に対する子どもの一時保護率に変化が見られるためである。2008年度の通告件数および一時保護件数と，10年後の2018年度の件数を比較してみよう。2008年度の通告件数は42,664件，一時保護件数は26,532件であり，通告に対する一時保護の割合は約

62％であった。2018年度では，通告件数が159,838件，一時保護件数が47,453件であり，一時保護の割合は約30％と急減している。このように，通告のあった事例のうち一時保護の対象となった子どもの割合がこの10年間で大きく減少したことになる。そして，2020年度には通告件数が2018年度の1.28倍に当たる205,044件となったのに対して，一時保護件数は48,755件であり，2018年度の1.03倍にとどまる[5]。つまり，2年間で通告件数は増加しているものの，一時保護される子どもの数はほとんど増えていないことになる。この数値を見る限り，日本の一時保護のキャパシティは年間に48,000人程度であると推定される。一時保護のキャパシティの上限には，児童相談所に併設されている一時保護所や，一時保護委託を受ける施設の定員が反映されていると考えられる。虐待通告件数がどれだけ増加しようと，キャパシティにこうした上限がある限り，その必要があったとしても子どもが一時保護されないといったことが生じうる。さらに，年間に48,000人程度の一時保護件数があるものの，親元から分離され里親家庭や児童養護施設で養育される子どもの数はその10％程度に過ぎない。こうした状況となっているのも一時保護のキャパシティと同様，児童養護施設等の定員があるためである。子どもに分離養育が必要だから施設等に入所するわけではなく，定員に空きがあるから施設入所となるといった，本末転倒といえる状況が生じているのだ。本来であれば親元から分離される必要がある深刻な虐待事例であったとしても親元での生活を継続し，在宅支援の対象となる子どもが少なくない。在宅支援の対象である子どもや家族は，要保護児童対策地域協議会の支援事例としてさまざまな機関がネットワークを組んで支援をしなくてはならない。さまざまな機関の中でも，学齢期の子どもたちと日常的に関わる小・中学校に期待される役割には非常に大きなものがあるといえる。

③ 子どもたちの抱える心理的葛藤の理解と解決に向けた支援

1.「ケア葛藤」と「コントロール葛藤」の理解

第4章の解説①で見たように，虐待傾向のある親に指摘される特徴的な心理状態には「ケア葛藤」と「コントロール葛藤」という未解決の心理的葛藤がある[6]。レイダーとダンカンは，虐待を受けて成長した後に自分の子どもを虐待によって死亡させた親の心理的特徴としてこれらの葛藤を指摘したが，筆者は，児童養護施設における子どもの日常的な行動や心理療法での子どもの状態にケア葛藤やコントロール葛藤を観察することが少なくない。

ケア葛藤とは，虐待やネグレクトを受け，大切な存在としてケアされた経験に乏しいことに由来する心理的葛藤であり，依存欲求や愛情欲求の充足（ケア）を強く求める心理と，他者が提供するケアに対する拒否感・嫌悪感，あるいは，ケアを受ける存在に対する強い怒りなどからなる心理状態である。虐待を受け施設で暮らしている小学校高学年の子どもが，同じ施設で暮らす幼児に対して激しい怒りをもち暴力を振るうことがある。そうした

怒りや暴力には，幼児が，自分が受けられなかったケアを受けていることに対する小学生の嫉妬，すなわちケア葛藤が関与していると考えられる。こうした子どもが，学校やクラスの子どもたちが可愛がっている小動物に暴力を振るうなどして非難されることもある。これも，皆が大事にしている存在に対するケア葛藤の表れである。また，心理療法におけるケア葛藤の表れとして最も顕著なのが子どもの赤ちゃん人形の扱い方である。不適切な養育を受けた子どもの赤ちゃん人形への関わりは，不適切な養育経験のない子どもとは非常に異なったものとなる。不適切な養育を受けた子どもは赤ちゃん人形に強い嫌悪感を示したり，赤ちゃん人形の顔を握り潰して強く壁に打ちつけたりすることが多い。哺乳瓶のおもちゃを赤ちゃん人形の顔や目に強く突き立て，授乳というケア行為に攻撃性を混在させることもある。心理療法におけるこれらの子どもの行動はケア葛藤の存在を示している。

　コントロール葛藤は，幼少期に不適切な養育環境に置かれたことで生じた強い無力感に起因すると考えられる。人は，無力感を補償するためにコントロール（支配）欲求を強め，他者を支配しようとすることが少なくない。一方，こうした人は，他者からの関わりを支配的なものだと感じ，他者に支配されてしまうことに強い不安や恐怖を感じる。このように，虐待やネグレクトを受けて成長した人は，無力感を背景としたコントロールをめぐる複雑な心理状態，すなわちコントロール葛藤を抱えるようになると考えられる。こうしたコントロール葛藤は子どもの日常的な行動に観察されることがある。たとえば，まるで主従関係にあるかの如くに，常に他の子どもを付き従えている子どもがいる。また，こうした子どもは，学校の教員や施設のケアワーカーからの接触に対して非常に警戒的になったり反抗的な反応を示すことが少なくない。このような様子は，周囲の目には，自分の力を誇示したり大人への敵意を露わにしているように映るかもしれないが，その実，子どもの心の中は不安や怯えでいっぱいになっている可能性がある。また，被虐待歴がある親の場合も同様である。コントロール葛藤を抱える親は，他者，とりわけ児童相談所の職員や学校教員など，いわゆる「権威」があると認知される存在との接触に対して，コントロールされるという不安が非常に強くなり，拒否的となったり攻撃的になったりすることがあるのだ。

2．子どもの葛藤への手当て

　筆者は，子どものケアには，こうしたケア葛藤とコントロール葛藤への手当てが鍵になると考えている。心理療法では，子どもの示す赤ちゃん人形への攻撃性を「〇〇くんは赤ちゃんが嫌いみたいだね」「もしかしたら〇〇くんが赤ちゃんの時に，いっぱいよしよしされてこなかったからかもしれないね」といった具合に，子どもの怒りや攻撃性をケア葛藤として理解する枠組みを提供する。また，子どもの他者に対する支配性が顕著な場合や，心理療法でぬいぐるみ等を用いた「喰うか喰われるか」というテーマのプレイが頻繁に認められた際には，「〇〇くんって，友達と一緒にいないととっても心細くなってしまうのかな」「勝たないと死んじゃうって思っているみたいだね」など，コントロール葛藤やその背

景にある無力感に子どもの注意を向ける働きかけを行うといったことが考えられる。

　子どものさまざまな行為や表現を捉えてこうした治療的な関わりを重ねることによって，ケア葛藤に由来する怒りや暴力や，コントロール葛藤による無力感や支配性は徐々に減少し，次第にケアをテーマとしたプレイに移行していく。その場合，子どもの多くは，まず，赤ちゃん人形やぬいぐるみの動物に，たとえば授乳したり食事を与えるなど，ケアを提供する役割をとる。そのうえで，今度は自分が赤ちゃん役になり，心理士などからケアを受けるプレイが出現するようになる。このようなプロセスをたどるのは，自身が乳幼児期に受けることができなかったケアを受けることには，たとえ心理療法という場面であっても抵抗感が強く，そのため，まず自分がケアを提供して赤ちゃん人形がそれを受けるという段階を踏む必要があるためだと考えられる。こうした子どもの行動に，心理士は，子どもが提供しているケアが赤ちゃんを心地よい状態にしていることを，ナレーションなどのテクニックで子どもに照らし返すという治療的関わりを行う。施設での日常生活で見られるケア葛藤とコントロール葛藤に対しても原則的には同様の関わりを行う。子どもの怒りや暴力をケア葛藤とコントロール葛藤に結びつけて考えるように導き，そのうえで，施設のケアワーカーとの関係において子どもの依存欲求や愛情欲求の充足および無力感への手当てを図るよう関わっていくことになる。

3. 学校教育現場への期待

　子どものケア葛藤とコントロール葛藤の解決に向けたこれらの関わりが教育現場でどれほど可能であるかは，教育現場での実践経験にない筆者には不明である。しかし，学校における子どもの暴力行為などの不適応的行動を，その背景にケア葛藤とコントロール葛藤が存在する可能性を念頭において考えることによって，子どもに対する理解がより深まる可能性がある。

　レイダーとダンカンが指摘したケア葛藤とコントロール葛藤という未解決の心理的葛藤が世代間連鎖を生じる重要な要因の一つである可能性が高いことを考えるなら，教育現場においてこれら葛藤の解決を念頭においた関わりを展開することが「虐待の連鎖を断ち切るために教育現場ができること」の一つだといえないだろうか。

（西澤 哲）

| 注 |

⑴　西澤哲『子どもの虐待——子どもと家族への治療的アプローチ』誠信書房，1994年。

⑵　Herman, J., *Trauma and Recovery: The aftermath of violence—from domestic abuse to political terror,* New York, NY, Basic Books, 1992. ジュディス・L.ハーマン（中井久夫訳）『心的外傷と回復』みすず書房，1999年。

⑶　西澤哲『子ども虐待』講談社現代新書，2010年。

⑷　厚生労働省「児童養護施設入所児童等調査」2020年。

⑸　通告件数は，厚生労働省による各年度の「福祉行政報告例」より。一時保護件数は，同資料より算出。

⑹　Reder, P. & Duncan, S., Lost Innocents: A follow-up study of fatal child abuse, London, Routledge, 1999. ピーター・レイダー，シルヴィア・ダンカン（小林美智子，西澤哲監訳）『子どもが虐待で死ぬとき——虐待死亡事例の分析』明石書店，2005年。

おわりに ── 感謝をこめて

　現在の日本においては，経済的な格差が拡大し，子どもの貧困問題が深刻化しています。そうした中，社会経済的に厳しい条件におかれる子どもたちが直面する困難は，学校においても「荒れ」や「低学力」の問題として現れがちです。また，悲しいことに，家庭において子どもたちが虐待により死亡する事件も後を絶ちません。このような状況に対し，学校教育に何ができるのだろうか，と教育学に携わる一員として自問してきました。

　生野南小学校・田島中学校の実践と出合った時に，私自身，希望の光を見せていただいた心地がしました。新聞記事やテレビ番組で生野南小学校の取り組みが紹介されているのを見たことをきっかけに関心をもち，2021年3月に本書第3章で報告している実践を拝見する機会をいただきました。そこには，授業の時間延長をものともせず，お互いを支え合える状況をどう作ればよいのか，熱心に話し合う子どもたちの姿がありました。障害についての個別の配慮や環境調整といった専門的知識を，わかりやすい形に変換しつつも，そのまま子どもたちに伝えようとされている先生方の姿勢にも驚きました。こうして当校の実践に魅了され，2021年度には計15回，生野南小学校に足を運ぶこととなりましたが，そこにはいつも，10年前の「荒れ」が全く信じられないような温かいエートスがありました。10月には田島中学校の公開研究会に参加し，発達段階に応じた「『生きる』教育」の取り組みに，さらに感銘を受けました。

　「『生きる』教育」を必要とする全ての子どもたちに，このような実践が届くことを祈らずにはいられません。

　直接に実践づくりに貢献していない筆者が本づくりに取り組むのは不躾にも思われましたが，どうしてもこの実践の記録を残したいと思い，本書を企画しました。幸い当校の先生方や指導・助言されてきた先生方のご快諾をいただき，刊行に至ることができました。木村幹彦先生・塩見貴志先生はじめ両校の先生方，ならびに西澤哲先生・辻由起子先生をはじめとする関係の先生方に，心より感謝申し上げます。また，郷田栄樹さん・大澤彰さん・佐賀大夢さんはじめ日本標準の皆さまには，企画から刊行に至るまで多大なご支援・ご尽力をいただきました。本当にありがとうございます。

　今回の本づくりにあたっては，小野太恵子先生はじめ実践に取り組まれた先生方の原稿や指導案に加え，録画した授業のテープ起こしを踏まえて原稿を作成しました（読みやすくなるよう，指導言は文意を損なわない範囲で少し修正しています）。テープ起こしを担当してくださった明石寛太さん，川井怜士さん，清水一希さん，出口花さん，堀口叶夢さん，松本いづみさん，山﨑貴仁さん，森下航平さん，ならびに紙面の都合で全ての方のお名前を挙げることはできませんが，撮影を担当してくださった皆さんにも深く感謝したいと思います。なお，当校での調査については，JSPS科研費18H00976の助成を受けました。

　生野南小学校の実践の魅力は，「『生きる』教育」にとどまりません。本シリーズの第2巻では国語科教育，第3巻では学校づくりに注目したいと考えています。ご期待いただければ幸いです。

　2022年7月

　　　　　　　　　　　　　　　　　　　　　　　　　　　　　西岡加名恵

監修者・編者・執筆者一覧

監修者

西澤 哲　　　山梨県立大学人間福祉学部教授
西岡加名恵　　京都大学大学院教育学研究科教授

編　者

小野太恵子　　大阪市立生野南小学校（実践時，現 田島南小中一貫校）
木村幹彦　　　大阪市立生野南小学校校長（実践時，現 大阪市立南市岡小学校校長）
塩見貴志　　　大阪市立田島中学校校長（実践時，現 田島南小中一貫校校長）

執筆者 （五十音順に掲載）

才村眞理　　　元 帝塚山大学心理福祉学部教授
下川隆士　　　児童福祉施設田島童園理事長
竹内和雄　　　兵庫県立大学環境人間学部准教授
辻 由起子　　 社会福祉士，大阪府子ども家庭サポーター
西岡加名恵　　（上掲）
西澤 哲　　　 （上掲）
橋本和明　　　国際医療福祉大学大学院医療福祉学研究科教授

大阪市立生野南小学校（実践時，現 田島南小中一貫校）
　　猪子智也
　　上田 恵
　　小野太恵子
　　木村幹彦（上掲）
　　石毛美里
　　髙井可奈（現 大阪市立常盤小学校）
　　中島裕子（現 大阪市立阪南小学校）
　　別所美佐子

大阪市立田島中学校（実践時，現 田島南小中一貫校）
　　塩見貴志（上掲）
　　紙原大輔
　　田中 梓 ［養護］
　　西村建一郎

（所属は 2022 年 10 月現在）

※ 2022 年 4 月より生野南小学校と田島小学校を統合した田島南小学校が田島中学校敷地内に新設され，田島南小中一貫校として施設一体型の小中一貫教育が進められている。
※「田島南小中一貫校」は愛称。正式の学校名は「大阪市立田島南小学校」「大阪市立田島中学校」である。

［監修者紹介］

西澤 哲（にしざわ さとる）
山梨県立大学人間福祉学部教授
虐待などでトラウマを受けた子どもの心理臨床活動を行っている。
主な著書に，『子どものトラウマ』『子ども虐待』（講談社現代新書, 1997 年, 2010 年），『子ども
の虐待』（誠信書房, 1994 年），『トラウマの臨床心理学』（金剛出版, 1999 年），『子ども虐待へ
の挑戦──医療，福祉，心理，司法の連携を目指して』（編著，誠信書房, 2013 年），レノア・
テア『恐怖に凍てつく叫び──トラウマが子どもに与える影響』（訳，金剛出版, 2006 年），エ
リアナ・ギル『子どものポストトラウマティック・プレイ──虐待によるトラウマの心理療
法』（訳，誠信書房, 2022 年）など。

西岡加名恵（にしおか かなえ）
京都大学大学院教育学研究科教授
日本教育方法学会理事，日本カリキュラム学会理事など。
さまざまな学校と連携して，カリキュラムの改善やパフォーマンス評価の活用などに関する
共同研究開発に取り組んでいる。
主な著書に，『教科と総合学習のカリキュラム設計』（図書文化, 2016 年），『「資質・能力」を
育てるパフォーマンス評価』（編著，明治図書, 2016 年），『新しい教育評価入門　増補版』（共
編著，有斐閣, 2022 年），『グローバル化時代の教育評価改革』（共著，日本標準, 2016 年），
『「逆向き設計」実践ガイドブック』（共編著，日本標準, 2020 年），グランド・ウィギンズ，ジ
ェイ・マクタイ『理解をもたらすカリキュラム設計』（訳，日本標準, 2012 年）など。

生野南小学校 教育実践シリーズ　第1巻
「『生きる』教育」
──自己肯定感を育み，自分と相手を大切にする方法を学ぶ──

2022 年 10 月 20 日　第 1 刷発行
2024 年 10 月 10 日　第 2 刷発行

監修者─────西澤 哲・西岡加名恵
編　者─────小野太恵子・木村幹彦・塩見貴志
発行者─────河野晋三
発行所─────株式会社 日本標準
　　　　　　　〒350-1221　埼玉県日高市下大谷沢91-5
　　　　　　　電話　04-2935-4671
　　　　　　　FAX　050-3737-8750
　　　　　　　URL　https://www.nipponhyojun.co.jp/
印刷・製本───株式会社 リーブルテック